普通高等教育“十三五”规划教材

Jianming Xifang Jingjixue

简明西方经济学

主　编　刘　旭　刘建廷
副主编　曲文俏　侯　丽
参　编　李　飞　刘书兵　王硕珍　蔡　霞　王艳华
　　　　张　娟　魏丽丽　郭良超　赵雅南

中国轻工业出版社

图书在版编目（CIP）数据

简明西方经济学 / 刘旭，刘建廷主编. —北京：中国轻工业出版社，2017.12
ISBN 978-7-5184-0962-4

Ⅰ. ①简… Ⅱ. ①刘… ②刘… Ⅲ. ①西方经济学 Ⅳ. ①F091.3

中国版本图书馆CIP数据核字（2016）第131558号

责任编辑：张文佳　　责任终审：劳国强
整体设计：锋尚设计　　责任校对：晋　洁　　责任监印：张　可

出版发行：中国轻工业出版社（北京东长安街6号，邮编：100740）
印　　刷：河北鑫兆源印刷有限公司
经　　销：各地新华书店
版　　次：2017年12月第1版第2次印刷
开　　本：787×1092　1/16　　印张：13.75
字　　数：350千字
书　　号：ISBN 978-7-5184-0962-4　定价：35.00元
邮购电话：010-65241695
发行电话：010-85119835　传真：85113293
网　　址：http：//www.chlip.com.cn
Email：club@chlip.com.cn
如发现图书残缺请与我社邮购联系调换
171515J1C102ZBW

前　言

PREFACE

西方经济学是财经类专业必修的基础理论课，对学生各专业课程的学习及其素质的提高极为重要。任何一种经济理论的存在，都必须和现实相结合，必须为现实中的经济现象提供理论依据，或者说必须为现实解决问题。目前有很多的大学为适应新形势纷纷转型为应用型本科，理论课时压缩，实践课时增加，而现有教材内容过于偏重理论，过于偏重公式模型的数学证明推导，而忽视了经济理论本身是来自于生产实践这一事实，有些知识点在经济生活中是根本不存在的，有经济学等于数学的趋势。而理论的应用性与经济现象、企业的决策、政府的有关政策的连接没有体现出来，同时与专业课的连接没有体现出来，基础课的作用没有发挥。

本教材为适应应用型本科、高职高专、非经济类本科专业的需要，在保证课程体系完整的前提下，增加实用性内容，把理论与政府的大政方针和企业的有关决策建立联系，说明理论的用途；把相关课程中原理的出处与经济学中的原理建立连接，发挥其基础课的作用；教材内容体系的安排采用开篇经典案例引入，中间讲解理论、理论应用、与专业课的相关连接并辅以案例解释，最后在习题中加入案例分析以检验知识点的掌握状况。

教材的编写分工是：刘旭项目一、项目九，蔡霞项目二，赵雅南项目三，侯丽项目四，李飞项目五，王硕珍项目六、刘书兵项目七，曲文俏项目八，王艳华项目十，魏丽丽项目十一，张娟项目十二，郭良超项目十三。全书由刘旭、刘建廷统稿审阅并定稿。

本教材在编写过程中由于时间仓促，一定会存在一些问题，恳请广大同仁批评指正。

编者

2016年3月

目 录
CONTENTS

目 录

项目一

认识经济学

学习目标

1．理解经济学的内涵及研究对象

2．了解经济学的产生

3．把握经济学的研究方法

4．学会用经济学的思维去思考身边的各种现象

案例导入

中国的产能过剩行业究竟有多“过剩”？

据日经中文网报道，上海市郊外的钢材市场“松江钢材城”，一度被认为是云集了2000家钢铁贸易公司的上海最大的钢材市场，如今已经门可罗雀，关门大吉的公司也不在少数。

2010年的“煤飞色舞”行情，至今被投资者津津乐道，不过彼时的人们，很难预见到：这竟然是煤炭股最后的绝唱，从2010年至今的整整四年里，煤炭股迎来的是惨烈杀跌，一跌再跌，持有煤炭股的投资者，则亏损累累深度套牢。根据统计显示，煤炭行业亏损面已高达80%左右。

平板玻璃是中国政府认定的五大严重产能过剩行业之一。据中国的证券公司国泰君安证券统计，中国全境已有290条平板玻璃生产线，今年预计还将新增42条。平板玻璃也和钢材一样受供给过剩影响价格出现下滑。

资料显示，2013年，全国实际生产电解铝2194万吨，过剩率超过30%，产能过剩甚至超过了钢铁行业。从铝来看，当前我国铝价已经回到了25年前的12000元/吨左右，但当时电价仅1角多，人工成本和劳务材料等也大大低于当前，在这种情况下全国电解铝企业账面几乎很难赢利。中国铝业发布的2014年一季报显示，该公司当季归属于母公司的净利润亏损21.57亿元，亏损额较2012年同期增加11.81亿元，上年同期公司亏损9.75亿元。中国铝业将亏损的原因归为主

要产品的价格下滑，公告称，由于电解铝产能严重过剩，公司电解铝和氧化铝销售价格较去年同期分别下降10%和5%左右，增加亏损金额约为13亿元。

《2013年船舶工业经济运行分析》数据显示，2013年我国造船完工量、新接订单量和手持订单量占全球市场份额均有不同程度的提高，已连续3年位居世界第一。但在这“世界第一”的背后，中国有过半船企却是接近“零”接单。截止到2012年三季度的1168万修正总吨接单量都集中在中国69家船企中，其他80多家企业则均没有斩获，有些甚至已经处于停工状态，且订单主要集中在大型船企手中，中小船企获得的订单少之又少，出现了严重的两极分化现象。而即使大型船企，也避免不了亏损的结局。

目前，国内石化行业产能过剩问题普遍，传统产业和部分新兴产业情况严重，“十二五”后两年产能过剩将进一步加剧。中国石油和化学工业联合会副秘书长孙伟善称，除少量的有机产品和专用化学品外，从无机化工原料、农用化学品、橡胶制品到炼油以及大部分有机原料和合成材料，包括部分化工新材料，都出现不同程度的产能过剩，初步估算，产能过剩行业销售收入合计占全国石化、化工行业总销售收入的60%以上。而在2008年以前，仅有甲醇、聚氯乙烯等少量的行业产能过剩。

资源会不会枯竭，环境能否改善？

2005年我国能源和矿产品产量快速上升，原煤产量达到21.9亿吨、原油1.81亿吨、铁矿石4.21亿吨、粗钢3.52亿吨、10种有色金属1635万吨、磷矿石3044万吨、原盐4454万吨、水泥10.60亿吨。大宗短缺矿产品的进口量持续增加，2005年我国矿产品贸易总额超过3000亿美元，进口原油12682万吨、铁矿石27523万吨、锰矿石458万吨、铬铁矿302万吨、铜矿石406万吨、钾肥917万吨。“十五”期间，中国能源消费总量持续快速增长，从2001年的13.5亿吨标准煤增加到2005年的22.2亿吨标准煤，增长了64.4%。我国水资源总量占世界总量的6.5%，用水总量占世界总量的15.4%，黄河流域、淮河流域和海河流域水资源的开发利用率已分别高达70%、60%和90%，而国际上公认的河流水资源开发利用率应低于40%，否则将危害河流健康和流域安全。过去几年间，我国主要资源消费的增加量占世界总增加量的比例，包括能源、煤炭、石油和钢等均居世界第一位，资源开发利用的规模巨大。

我国的污染物排放总量大，单位GDP SO_2和氮氧化物排放量是发达国家的8～9倍，能源消费量和CO_2排放量均居世界第二位，日耗水量和日均污水排放量都居世界第一位，有机污水排放量相当于美国、日本和印度排放量的总和，单位GDP污染物排放量是发达国家平均水平的十几倍。2005年我国COD（化学需氧量）排放量为1414万吨，超过环境容量76.8%，SO_2排放量达到2549万吨，超过环境容量112.4%。我国目前的水环境、土壤环境、大气环境均受到严重污染。2005年，在国家环境监测网监测的陆地七大水系的411个地表水监测断面中，劣Ⅴ类水质的断面比例达到27%，全海域未达到清洁海域水质标准的面积约13.9万平方千米；土壤污染面积扩大，目前我国受镉、砷、铬、铅等重金属污染的耕地面积近2000万公顷，约占总耕地面积的1/5；城市空气污染严重，在监测的319个城市中，近45%的城市大气环境质量达不到二级标准，SO_2和颗粒物污染严重；酸雨污染加重，1/3的国土面积受到酸雨影响，全国527个市（县）中，出现酸雨的城市有298个，有些地区的酸雨频率达到100%。每年产生1亿多吨的城市生活垃圾，带来严重的固体废弃物污染。持久性有机污染物的危害开始显现，已对我国的生态环境安全和人群健康构成了严重威胁。核与辐射环境安全也存在隐患。此外，我国生态环境脆弱区环境状况恶化，生态系统服务功能退化，全国因水土流失每年流失土壤50亿吨，沙化土地面积达174万平方千米，荒漠化加剧，90%以上的天然草原退化，湿地面积不断减少，生物多样性锐减，各类生物物种受到威胁的比例普遍在20%～40%。

任务一　经济学的研究对象

一、经济学的定义

经济学就是研究各种资源的配置与利用的科学。

二、经济学的产生

（一）微观经济学的产生

1．消费欲望的无限性

欲望是人们为了满足生理和心理上的需要而产生的渴求和愿望。欲望的基本特点在于其无限性，即人们的欲望永远没有完全得到满足的时候。一种欲望满足了，又会产生新的欲望，永无止境。例如：清人胡澹庵编辑的《解人颐》一书中收录了一首打油诗，形象地描绘了人类欲望的无限性。

终日奔忙只为饥，方才一饱便思衣；衣食两般皆俱足，又想娇容美貌妻；
娶得美妻生下子，恨无田地少根基；买到田园多广阔，出入无船少马骑；
槽头扣了骡和马，叹无官职被人欺；县丞主簿还嫌小，又要朝中挂紫衣；
做了皇帝求仙术，更想登天跨鹤飞；若要世人心里足，除是南柯一梦西。

2．资源的稀缺性

西方经济学家把满足人类欲望的物品分为自由物品和经济物品两类。所谓自由物品，是指人类不需要付出任何代价就能自由取得的物品，其数量是无限的，如阳光、空气等。所谓经济物品，则是指人类必须付出代价方可得到的物品，即必须借助生产资源通过人类加工生产出来的物品，其数量有限。

因此，相对于人类的无穷欲望而言，经济物品或者说生产这些经济物品的资源总是不足的，这就是稀缺性。经济学上所说的稀缺性是相对的，也就是说，所谓稀缺不是指物品或资源绝对数量的多少，而是相对于人类欲望的无限性而言的。同时，稀缺性的存在又是绝对的，它存在于人类社会的任何时期和任何地方，是人类社会面临的永恒问题。

（二）选择

由于资源是稀缺的，人类社会就必须进行选择。所谓选择就是如何利用既定的资源去生产经济物品，以便更好地满足人类欲望，而选择的前提则是同样的资源具有两种或者两种以上的用途。比如，煤炭资源可以用于发电、炼钢，也可以用来做饭、取暖；时间，可以安排学习、工作，也可以用来郊游或体育锻炼；一定数量的收入，可以购买多种商品组合，在价格不变的情况下，增加A商品的购买量就必须减少B商品的购买量。总之，同一资源可以满足不同的欲望，但由于资源的稀缺，人类必须权衡利益，从而做出选择。通常，经济学中的选择性问题包括：

（1）生产什么。就是要解决生产什么物品与生产多少物品的问题。

（2）如何生产。就是解决用什么方法来生产的问题。

（3）为谁生产。就是如何把生产出来的产品分配给社会各成员的问题。

以上的三个问题被称为资源配置问题。

（三）宏观经济学的产生

1929年，一场空前的世界性的经济危机爆发了。危机首先从美国开始，股市崩盘、企业破产、银行倒闭、工人失业，经济陷入大萧条，然后波及到整个西方资本主义世界。这场危机从1929年持续到1933年，出现的问题之重，历经的时间之长，波及的范围之广，以至没有哪一个国家可以幸免。于是经济学家又提出了这样的问题：

（1）为什么会出现失业，如何解决失业问题，实现“充分就业”。

（2）经济水平及产量为什么会产生波动，如何实现经济增长。

（3）货币如何影响经济社会，如何对待通货膨胀问题。

这属于资源利用问题，所谓资源利用就是指人类社会如何更好地利用现有的稀缺资源，生产出更多的产品和提供更多的劳务。

三、生产可能性边界与机会成本

（一）生产可能性边界

整个社会的经济资源是有限的，资源条件和技术水平既定时，社会产品的生产势必受到约束。为了增加某种产品的数量，就不得不减少另一种产品的数量。假设社会把全部资源用于生产机器和食品两种产品，如图1-1所示。图中横轴表示可生产的食品数量，纵轴表示可生产的机器数量，则*A*、*B*、*C*、*D*、*E*的连线就构成了一条生产可能性曲线。该曲线表示在资源和技术水平一定的情况下，社会可生产出的两种不同产品的各种数量组合。在生产可能性曲线上的各点，恰好是资源被充分利用时的产量组合，这些数量组合也就是在资源和技术约束下的产量组合边界。在生产可能性曲线以内的点，如*H*点，是资源和技术条件可以达到的，但是该点表示资源并没有被充分利用。而在生产可能性曲线以外的点，如*G*点，则表示在既定的资源和技术约束下，是社会生产无法达到的产量组合点，但随着技术的进步或新的资源的发现，生产可能性边界会逐步向外移动，该点的数量组合就可以达到。

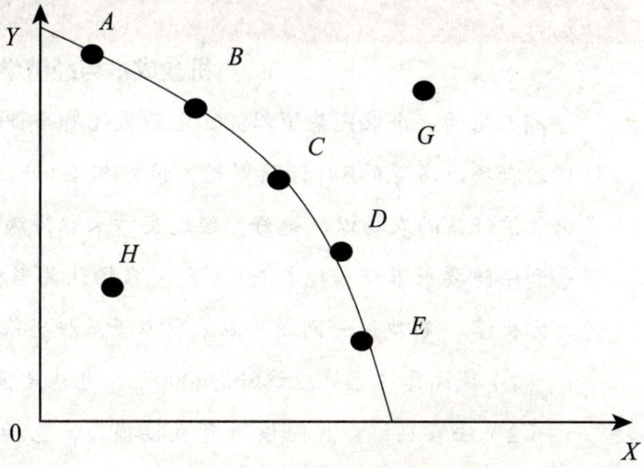

图1-1 生产可能性曲线

（二）机会成本

图1-1所示的生产可能性曲线表示，在资源和技术水平一定时，增加*X*商品的生产，必须要放弃*Y*商品的生产数量，当把一定资源用于生产某种产品时所放弃的其他用途中可能得到的最大产量或收益就是这种产品的机会成本。

机会成本是由选择问题直接引申出的一个概念，常用来对资源的最佳用途做出选择。例如，某人拥有一块土地，如果投入一定量的劳动和资金生产粮食，每年能得到600美元的收入。如果他用同样的投入种植棉花，每年可得到500美元的收入。如果用它来种植蔬菜，每年可得到700美元的收入。现在假定他选择了种植棉花，则他放弃的其他可供选择的用途为生产粮食和种植蔬菜。在他放弃的选择中，最好的用途是种植蔬菜（能带来700美元的收入）。所以，他种植棉花的机会成本就是他所放弃的种植蔬菜时可能获得的700美元收入。由于他种植棉花所获得的收入小于机会成本，这就表明他的资源配置没有达到最优状态。从收入最大化的角度讲，他应该把这块土地改种蔬菜。也就是说，只有当他的实际收入大于机会成本时，其生产决策才是合理的。资源的稀缺性决定了无论在何种经济活动中都存在着机会成本的问题。因此，在生产经营活动中，就有必要进行机会成本比较，使选择的机会成本最小，资源配置则达到最优状态。

相关链接

机会成本与经济学思维

湖南省的一个农民某甲以8000元购买优质品种的A种仔猪，目的是繁殖仔猪；但销售仔猪的农场以劣等的B种仔猪冒充，价格相差4倍。后来某甲繁殖的仔猪无人购买，发现是出售该仔猪的农场以次充好，经过交涉未取得满意结果，造成直接经济损失5万元。某甲告到法院要求农场赔偿损失5万元。农场认为当初双方的交易额是8000元，赔偿5万元是天方夜谭。解决这一问题可以采取以下三种思维方式：

（1）民间传统思维应该赔偿8000元，也就是骗人且骗多少就应该赔偿多少。

（2）法官思维：应赔偿所有直接损失，包括购买成本8000元，以及饲料、雇工工资、饲养场土地房舍等直接费用。如果要起到惩戒作用和从制度上消灭假冒伪劣产品的产生，就要贯彻“杀人抵命”的对等原则。如果要建立起有效的激励约束机制，还需要更大的赔偿。

（3）经济学思维：赔偿额要大于5万元。因为该农民除了直接费用开支外，还有一些间接的损失。例如，8000元购买仔猪款、饲料款、工资等费用若不用于购买仔猪进行饲养，将这些款存到银行可得到一定的利息。买了仔猪后这些存款的利息无疑也遭到了损失，这个利息在经济学中被称为机会成本。按照这一思维方式，农场不仅要赔偿5万元，还要包括赔偿这5万元如果不用于购买这些仔猪进行饲养而用于其他投资可能取得的最大纯收入。只有这样，才会让像这个农场那样做坏事的人真正“搬起石头砸自己的脚”。

四、经济体制

资源配置和资源利用是在一定的经济制度下进行的，不同的经济制度决定了不同的经济体制，不同的经济体制由于资源配置和资源利用的方式不同，其经济效率也有差异。

目前世界各国的经济体制大体分为三类。

1．计划经济或指令经济

计划经济就是通过中央计划来解决生产什么、如何生产和为谁生产的问题。具体来说，由中央计划机构决定产品的数量、品种、价格、投资、消费、就业、工资水平和经济增长速度等，各经济主体按上级的指令进行经济活动。实践证明，这种体制配置资源的效率较低。

2．市场经济

市场经济是通过价格机制来解决生产什么、如何生产和为谁生产的问题。具体来说，将价格作为生产经营活动的信号，按照价格的高低来决定生产什么产品，用什么样的生产要素来安排生产，并按生产要素的价格来进行产品的分配。这种体制经济效率高，但它却不能很好地解决资源利用及公平问题。

3. 混合经济

混合经济是兼有计划经济和市场经济两种特征的经济，是计划与市场不同程度的结合。这种体制能较好地协调效率与公平，因而被认为是最好的一种经济体制。目前，绝大多数国家采取的是混合经济体制，完全的计划经济和市场经济体制并不存在。

综上所述，可以看出，资源的稀缺性不仅引起了资源配置问题，而且还引起了资源利用问题，而资源配置和资源利用又与经济体制有关，所以，经济学就是研究在一定经济体制下资源配置和资源利用的科学，而现代西方经济学则是研究在混合经济体制下稀缺资源配置和利用的科学。

任务二　微观经济学与宏观经济学

现代西方经济学从内容上分为微观经济学与宏观经济学两部分。前者研究资源配置问题，后者研究资源利用问题。它们既互相联系又互相区别。

一、微观经济学

（一）微观经济学的定义

微观经济学以单个经济单位为研究对象，通过研究单个经济单位的经济行为和相应的经济变量单项数值的决定来说明价格机制如何解决社会的资源配置问题。

微观经济学的定义包含了以下几个方面的内容。

1. 研究的对象是单个经济单位的经济行为

最基本的单个经济单位是居民户（消费者）与厂商（生产者）。居民户与厂商经济行为的目标是实现利益最大化。微观经济学就是要研究居民户如何把有限的收入用于各种商品的消费，以实现个人满足程度的最大化；厂商如何把有限的资源用于各种商品的生产，以实现利润的最大化。

2. 解决的问题是资源配置

微观经济学从研究单个经济单位的最大化行为入手，来解决社会资源的最优配置问题。如果每个经济单位都实现了其所追求的利益最大化，则整个社会的资源配置也就实现了最优化。

3. 核心理论是价格理论

价格理论是微观经济学的核心，其他内容是围绕这一核心问题展开的。价格如同“一只看不见的手”，调节着整个社会的经济活动，从而使资源配置达到最优化。因此，微观经济学也被称为价格理论。

4. 研究方法是个量分析

个量分析是研究经济变量的单项数值如何决定。例如某种产品价格和产量就是经济变量的单项数值，微观经济学分析这类个量的决定、变动及其相互关系。

（二）微观经济学的基本假设

1．经济人假设

经济人假设是指参与经济活动的居民户和厂商都是以利己为目的的经济人，他们自觉地按利益最大化的原则行事，把最大化作为目标，同时也知道如何实现最大化。也就是说，作为具有完全理性的经济人，居民户和厂商的行为都是最优的，因此价格的调节能使整个社会的资源配置实现最优化。

2．市场出清

价格的自由变化可以使市场实现均衡的状态。如商品价格的调节使商品市场供需均衡，利率（资本的价格）的调节使金融市场货币供需均衡，工资（劳动的价格）的调节使劳动力市场均衡。而在这种均衡的状态下资源得到充分利用，不存在资源闲置或浪费问题。因此，微观经济学的市场出清假设也可以说是在资源充分利用的前提下来研究资源配置问题。

3．完全信息

完全信息是指消费者和厂商可以免费而迅速地获得各种市场信息。“看不见的手”调节经济活动的一个重要前提就是信息是完全的，参加市场活动的各个经济单位都能迅速地获得充分与完全的信息，并根据完全信息做出行为决策。

（三）微观经济学的基本内容

（1）均衡价格理论也称价格理论。它研究商品的价格如何决定，价格的变化又如何调节市场以及调节整个经济的运行。它是微观经济学的核心内容，其他内容都是围绕这一核心而展开的。

（2）消费者行为理论。研究消费者如何把有限的收入分配于各种商品的消费上，以实现满足程度的最大化或效用最大化。

（3）生产者行为理论。研究生产者如何把有限的资源用于生产各种产品，以实现利润的最大化。

（4）市场理论。研究不同的市场结构类型，以及在不同的市场结构中厂商的赢利与亏损状况以及决策。

（5）要素的分配理论。即生产要素价格决定的理论。研究产品按什么原则分配给社会的各个成员，即工资、利息、地租和利润怎样决定。这一部分是运用价格理论来说明为谁生产的问题。

（6）市场失灵与微观经济政策。研究市场机制本身的缺陷以及如何利用微观经济政策纠正市场机制的缺点，弥补市场机制的不足。

二、宏观经济学

（一）宏观经济学的定义

宏观经济学是以整个国民经济为研究对象，通过研究国民经济中有关经济总量的决定及其变化，来说明资源怎样才能得到充分利用的科学。

宏观经济学的定义包含了以下几个方面的内容：

（1）研究对象是整个国民经济。宏观经济学不研究经济中的单个经济单位，而研究各个经济单位构成的整体。

（2）解决的问题是资源利用。宏观经济学把资源配置作为既定前提，研究现有资源不能得到充分利用的原因，达到充分利用的途径以及如何保持经济增长和稳定等问题。

（3）核心理论是国民收入决定理论。在宏观经济分析中，国民收入是一个最基本的经济总量，它综合反映了其他的经济总量以及变动状况。宏观经济学以国民收入决定理论和就业分析为中心来研究社会资源的充分利用问题，分析整个国民经济的运行。宏观经济学的其他理论都是围绕这一核心而展开的。因此，国民收入决定理论被称为宏观经济学的核心。

（4）研究方法是总量分析。总量分析就是分析社会经济活动中的总量的决定、变动及其相互关系，并通过这种分析说明经济的运行状况，决定经济政策。如宏观经济学中的价格不再是某种商品的价格，而是总体价格水平，产量也不再是某种商品的数量，而是指整个社会的产出，收入不是指个人或家庭的收入，而是指国民收入水平。因此，宏观经济学也被称为“总量经济学”。

（二）宏观经济学的基本假设

宏观经济学产生于20世纪30年代，其基本假设有两个。

1．市场机制是不完善的

20世纪30年代发生于资本主义世界的大危机，使经济学家认识到，仅靠市场机制来调节经济会出现失灵，因此必须借助市场以外的力量来调控宏观经济的运行。

2．政府有能力调节经济

在从事经济活动的过程中，政府可以通过观察和研究认识经济运行的规律，并采取适当的手段进行调节。

（三）宏观经济学的主要内容

1．国民收入决定理论

国民收入决定理论是宏观经济学的核心，是从总需求和总供给的角度出发，分析国民收入决定及其变动的规律。

2. 失业与通货膨胀理论

失业与通货膨胀是世界各国政府面临的宏观经济运行中的重要问题。宏观经济学分析失业与通货膨胀产生的原因、解决的对策以及两者的相互关系，把失业与通货膨胀这两大经济现象与国民收入等宏观经济指标以及相应的宏观经济政策联系起来。

3. 经济周期与经济增长理论

通过分析国民收入周期波动的原因、经济增长的源泉等问题，以寻求促进经济长期稳定的发展方式。

4. 开放经济理论

现实的经济都是开放型的经济。开放经济理论要分析一国国民收入的决定与变动与其他国家的相互作用与影响，同时也要分析开放经济条件下一国经济如何达到均衡的问题。

5. 宏观经济政策

宏观经济政策是为国家干预经济提供具体的措施。但由于不同的经济学家对经济运行的分析与认识不同，他们提出的政策主张也就不同，从而形成了不同的宏观经济学流派，如新古典综合派、货币主义与理性预期学派、供给学派等。

三、微观经济学与宏观经济学的区别与联系

1. 区别

（1）研究对象不同。微观经济学的研究对象是单个经济单位，如家庭、厂商等。正如美国经济学家J.亨德逊所说“居民户和厂商这种单个单位的最优化行为奠定了微观经济学的基础”。而宏观经济学的研究对象则是整个经济，研究整个经济的运行方式与规律，从总量上分析经济问题。正如保罗·萨缪尔森所说，宏观经济学是“根据产量、收入、价格水平和失业来分析整个经济行为”。美国经济学家E.夏皮罗则强调了“宏观经济学考察国民经济作为一个整体的功能”。

（2）解决的问题不同。微观经济学要解决资源配置问题，宏观经济学要解决资源利用问题，这就是说，在微观经济学中，把资源得到充分利用作为既定的前提，研究如何使资源得到最优配置。在宏观经济学中，把资源得到最优配置作为既定的前提，研究如何使资源得到充分利用。

（3）基本假设不同。微观经济学的基本假设是市场出清、完全理性、充分信息，认为“看不见的手”能自由调节实现资源配置的最优化。宏观经济学则假定市场机制是不完善的，政府有能力调节经济，通过“看得见的手”纠正市场机制的缺陷。

（4）与宏观经济学各自的中心理论不同。微观经济学的中心是价格理论，所有的理论与政策都是围绕价格的决定展开的。宏观经济学的中心是国民收入决定理论，所有的理论与政策都是围绕国民收入的决定展开的。

（5）研究方法不同。微观经济学用个量分析方法，即分析经济变量的单项数值如何决定。例如，某种物品价格与数量的决定等。宏观经济学用总量分析方法。总量是能反映整个经济运行情况的经济变量，包括个量的总和和平均量。总量分析就是分析这些总量的决定、变动及其相互关系。

2．联系

（1）微观经济学与宏观经济学是互相补充的。经济学的目标是要实现社会经济福利的最大化。为了达到这一目的，既要实现资源的最优配置，又要实现资源的充分利用。微观经济学研究在资源充分利用的情况下，如何实现其最优配置；宏观经济学研究在资源配置最优的情况下，如何实现资源的充分利用。二者互为条件，互相补充，共同组成经济学的基本理论。

（2）微观经济学与宏观经济学都采用了实证分析法。微观经济学与宏观经济学都不涉及体制问题，只分析经济现象本身的内在规律，即解决客观经济现象是什么的问题，而不涉及应该是什么的问题。经济学的科学化也就是经济学的实证化，努力摆脱对所研究问题的价值判断，只分析经济现象之间的联系，是微观经济学与宏观经济学共同的目的。因此，微观经济学与宏观经济学都属于实证经济学的范畴。

（3）微观经济学是宏观经济学的基础。整体经济是单个经济单位之和。所以，分析单个经济单位行为的微观经济学就是分析整体经济的宏观经济学的基础。宏观经济行为的分析总是要以一定的微观分析为其理论基础的。例如，就业理论、失业理论以及通货膨胀理论等宏观经济理论，必然涉及劳动的供求与工资的决定的工资理论，以及商品价格如何决定的价格理论。

任务三　经济学的研究方法

一、实证分析和规范分析

1．实证分析

实证分析是指超脱或排除一切价值判断，只研究经济本身的内在规律，并根据这些规律，分析和预测人们经济行为的效果。它要回答“是什么”的问题。

2．规范分析

规范分析是指以一定的价值判断为基础，提出某些标准作为分析处理经济问题的标准，树立经济理论的前提，作为制定经济政策的依据，并研究如何才能符合这些标准的分析方法。它要回答“应该是什么”的问题。

我们可以举一个例子来说明实证分析与规范分析之间的区别。例如当我们考察货币供给量对一国的经济影响时，我们发现，货币供给量与经济增长率、失业率和通货膨胀率之间存在着密切的联系。在其他条件不变的情况下，货币供给量增加有利于一国的经济增长、有利于降低失业率，提高就业率，但同时也会使通货膨胀率上升。反之，当一国货币供给量减少时，虽能使一国的通货膨胀率有所降低，但同时却会使一国的经济增长速度放慢，使失业率上升。这种分析就属于实证分析。但在解决失业率与通货膨胀率的矛盾上，一国政府究竟是选择扩张性的货币政策，以承受较高的通货膨胀率来促进经济增长，降低失业率呢，还是选择紧缩性的货币政策，以放慢经济增长速度和以较高的失业率为代价来降低通货膨胀率，这一决策的论证过程就属于规范分析。在规范分析中，价值判断通常与分析主体的社会背景、经济利益等因素有关。因此，价值判断的标准往往随分析主体的不同而存在差异。

在经济学研究中，尽管这两种分析方法存在着上述重大差别，但它们之间又存在着一定的联系。规范经济分析要以实证分析为基础，而实证经济分析也离不开规范分析的指导。目前，在现代经济学中，实证方法仍是主要的分析方法。

根据研究方法的不同，经济学一般分为实证经济学和规范经济学。用实证方法来分析经济问题叫实证经济学，用规范方法来分析经济问题叫规范经济学。

二、均衡分析

19世纪末，英国经济学家马歇尔把均衡这一物理学中的概念引入到经济学中用于分析各种经济变量之间的关系，说明均衡的实现及其变动。

均衡是指经济中各种对立的、变动着的力量处于相对静止、不再变动的状态。均衡分析可分为局部均衡分析和一般均衡分析。局部均衡分析是在其他条件不变时，就单个市场或部分市场的供求与价格之间的关系和均衡状态进行分析。一般均衡分析就是对一个经济社会中所有市场的供求与价格之间的关系和均衡状态进行分析。一般均衡认为各种商品的价格是互相影响和联系的，任何一种商品的需求和供给，不仅是这一商品价格本身的函数，而且也是所有其他商品价格的函数。因此，任何一个商品的价格必须同时由其他商品的价格联合决定。一般均衡方法是法国经济学家瓦尔拉斯首创的。一般均衡分析涉及市场经济生活的方方面面，而且各经济因素之间的联系非常复杂，所以在现代西方经济学的研究中，大多采用局部均衡分析。

三、静态分析和动态分析

与均衡分析紧密相关的有静态分析和动态分析。当代西方经济学家认为，静态分析和动态分析的基本区别在于前者是状况分析，后者是过程分析。

所谓静态分析，是完全抽象掉时间因素来分析任一时点上某一经济变量与有关经济变量达到均衡状态时的条件。比较静态分析是指当某些经济变量变化之后，将两种静态均衡结果进行比较的分析方法。比如我们在分析价格与供求关系时，在一定的市场供求状态下会存在一个均衡点，该均衡点对应的均衡价格和均衡数量是多少，这个问题的分析就属于静态分析。如果由于消费者的收入增加了，收入变化后对商品的需求会产生变化，新的供需会产生新的均衡点，与原有的均衡进行比较，均衡价格和均衡数量都发生了变化，这就是比较静态分析。动态分析的根本特征则是引入了时间因素，把经济现象的结果当作一个连续的过程来考察，分析各种变量怎样随着时间的变动而相互影响、相互制约，最终达到一种新的均衡。动态分析在对通货膨胀、经济周期和经济增长的研究中起着重要的作用。

四、边际分析

边际分析是19世纪后期奥国学派的门格尔、维塞尔、庞巴维克等人开创的，目前已经成为西方经济学普遍应用的基本方法，其要点是把经济变量之间的关系看作一种函数关系，研究“自变量的增量”所引起的“函数的增量”的变化，其目的是要确定一个最佳的自变量值和函数值。

五、理论的表述方法

1．叙述法

叙述法就是用文字来表述理论的方法。

2．列表法

列表法就是用数字表格来表述理论的方法。

3．图形法

图形法就是用几何图形来表述理论的方法。

4．模型法

模型法就是用函数来表述理论的方法。例如，$D(p)=S(p)$。

习题

一、名词解释

1．经济学

2．机会成本

3．生产可能性曲线

4．实证分析

5．边际分析

二、单项选择题

1．经济学研究的是（　　）。

A．如何赚钱的问题　　B．资源的有效配置和利用问题

C．如何建立经济模型的问题　　D．政府如何管理的问题

2．资源稀缺性是指（　　）。

A．世界上资源最终会由于人们生产更多的物品而消耗光

B．相对于人们无穷的欲望而言，资源总是不足的

C．生产某种物品所需资源的绝对数量很少

D．资源、稀缺和浪费都不存在

3．经济学家讨论人们的收入差距大小的好坏问题属于（　　）所要研究的问题。

A．实证经济学　　B．规范经济学

C．宏观经济学　　D．微观经济学

4．“世界上没有免费的午餐”的说法的前提是（　　）。

A．任何事物都有机会成本　　B．人是自私的

C．政府不总是补贴食品生产　　D．不应出现食品银行

5．现有资源不能充分满足人们的欲望这一事实被称作（　　）。

A．经济物品　　B．资源的稀缺性

C．机会成本　　D．人类欲望的无限性

6．作为经济学的两个组成部分，微观经济学与宏观经济学是（　　）。

A．相互对立的　　B．相互补充的

C．没有联系的　　D．不清楚

三、简答题

1．稀缺性是指什么？

2．西方经济学的研究对象是什么？

3．微观经济学与宏观经济学存在哪些区别和联系？

4．经济学的研究方法和分析工具有哪些？

四、计算题

假如你打工挣了100元。你可以选择现在花掉它，也可以选择以5%的年利率在银行存一年。那么现在花掉100元的机会成本是多少呢？

五、案例分析

我国水泥行业早在2003年就出现产能过剩的苗头，从2013年年初开始，我国在建和拟建的生产线还有220条，熟料产能是2.8亿吨，折合水泥产能是4.5亿吨。如果这些生产线全部建成，水泥产能大概要达到35亿吨，而“十二五”规划中确定的水泥需求量大约是22亿吨。而现在，房地产市场低迷不振，水泥市场何去何从？

1．此案例属于资源配置问题还是属于资源利用问题？

2．你对解决产能过剩问题有什么建议？

项目二

需求、供给与均衡价格

学习目标

1．掌握需求、供给的定义

2．理解导致需求变动和供给变动的因素

3．能区分需求量变动和需求变动、供给量变动和供给变动

4．能解释供求相互作用如何决定均衡价格和均衡数量

5．能运用供给和需求图形来预测价格和数量的变化

6．掌握需求弹性和供给弹性的类型及影响因素

7．掌握弹性的应用

案例导入

海南的菠萝

海南的菠萝今年获得了丰收，但上等品果平均收购价卖不到0.4元/斤，次等品果收购价平均0.07元/斤，远远低于往年。

情人节的玫瑰

记者走访鲜花市场发现，情人节期间10元一枝的玫瑰花，现在零售价3元，据从事鲜花生意的业内人士预计，随着三八节的到来，鲜花价格又将上涨。

任务一　需求理论

一、需求与需求量

经济分析所说的需求，是指某一时期内，在每一价格水平上消费者愿意并且能够购买的该商品或劳务的数量。作为需求必须具备两个条件：一是具有购买欲望，即愿意购买；二是具有购买能力，即能够购买。

除了需求这个概念外，还经常用到需求量这个概念。需求量是指在一定时期内，对应于某一确定的价格水平，消费者对某种商品或服务愿意且能够购买的数量。

这两个概念的区别在于，需求是在各种可能的价格水平上，消费者对某种商品或服务愿意且能够购买的数量。而需求量则是指在某一确定的价格水平上，消费者对某种商品愿意且能够购买的数量。需求这个概念经常用于理论分析，而对应于现实来说，我们所提及的“需求”往往是指在确定价格水平上的需求，也就是需求量。

二、影响需求的主要因素

一种商品需求数量是由许多因素决定的，其中主要的因素有：消费者嗜好或编好、消费者的收入、商品自身的价格、相关商品的价格、消费者对商品价格的预期等。

1. 消费者嗜好或偏好

社会消费风尚的变化，将促使消费者在商品价格未发生变化的情况下改变对某商品的需求。消费者偏好的变化受很多因素的影响，如风俗习惯，社会时尚，广告宣传等。商业广告的主要目的之一，是通过提供该商品的一些信息，影响人们的嗜好，从而影响对该商品的需求。

2. 消费者的收入

一般说来，在其他条件给定不变的情况下，人们的收入越高，对商品的需求越多。因此，从市场需求来看，一个市场上消费者的人数和国民收入分配的情况，显然是影响需求的重要因素。

3. 商品自身的价格

人们从大量经验事实中观察到，商品的价格越高或提高，人们对该商品的购买量越少或减少；价格越低或价格下降，人们的购买量越多或增加，商品的价格与其需求量之间，为什么会存在着这种相当稳定的反方向关系？我们将在下面论述“需求定理”时加以说明。

4. 相关商品的价格

人们从经常观察到的事实中发现，某些在效用上能相互替代的互替商品，如棉织品和化纤产品，在棉织品价格既定条件下，棉织品需求量随化纤产品的价格的下降而减少，随化纤产品价格的提高而增加。而某些所谓互补商品，如汽车和汽油，汽油价格提高会引起人们对汽车的需求量的减少。由此可见，人们对于一种商品的需求量，除了取决于该商品的价格以外，还受到与该商品有某种联系的其他商品的价格的影响。

5．消费者对商品价格的预期

消费者对未来商品价格的预期也会影响到该商品的需求。例如人们预料棉布价格会上涨，就会增加对棉布的当前购买量；人们预料猪肉价格会上升时一般也会多买一点鸡蛋在冰箱里。

三、需求函数

所谓需求函数是表示一种商品的需求和影响该需求的各种因素之间的相互关系的函数。也就是说，在以上的分析中，影响需求的各个因素是自变量，需求是因变量。用函数的形式来表示，记作：

$Q_d=f(P, P_m, P_c, T, I, E, \cdots)$

式中，Q_d为某商品的需求数量；P为该商品的价格；P_m为该商品替代品的价格；P_c为该商品互补品的价格；T为消费者的偏好；I为消费者的收入；E为消费者对该商品未来价格的预期。

在这里，由于一种商品的价格是决定需求量的基本因素，所以，假定其他因素不变，仅仅分析一种商品的价格对该商品需求量的影响，即把一种商品的需求量仅仅看成是这种商品的价格函数，于是，需求函数就可以用下式表示：

$Q_d=f(p)$

式中，Q_d为某商品的需求数量；P为该商品的价格。

四、需求量与价格的关系

（一）需求表

需求表是在表格中用数字来表示某一商品价格和需求量之间的函数关系。表2-1为某商品的需求表。

表2-1　某商品的需求表

价格—需求量组合	A	B	C	D	E	F	G
价格（元）	1	2	3	4	5	6	7
需求量（单位数）	700	600	500	400	300	200	100

从表2-1中可以看到商品价格与需求量之间的函数关系。例如，当商品价格为1元时，商品的需求量为700单位；当价格上升为2元时，需求量下降为600单位；当价格进一步上升为4元时，需求量下降为更少的400单位；如此等等。

（二）需求曲线

需求曲线是表示商品价格和需求量之间函数关系的几何图形。根据需求表2-1中的商品不同的价格—需求量的组合，在平面坐标图中描绘相应的各点A、B、C、D、E、F、G，然后顺次连接这些点，便得到需求曲线$Q=f(P)$，如图2-1所示。

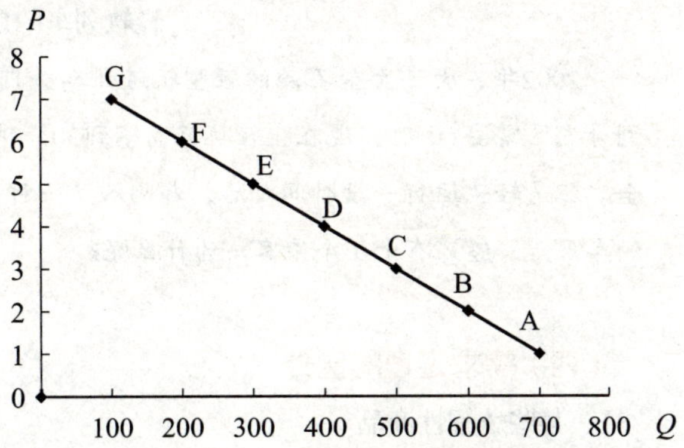

图2-1　某商品的需求曲线

在图2-1中，横轴0*Q*表示商品的数量，纵轴0*P*表示商品的价格。应该指出的是，与数学上的习惯相反，在微观经济学中分析需求曲线和供给曲线时，通常以纵轴表示自变量*P*，以横轴表示因变量*Q*。

（三）需求定理

需求曲线具有负的斜率，在图2-1中即为向右下方倾斜的走向，它反映了需求的基本规律——需求定律，即：在影响需求的其他因素不变的条件下，一种商品的需求量与其价格之间存在反方向变动关系：价格越高（或提高），需求量越小（或减少）；价格越低（或降低），需求量越大（或增加）。

商品的需求量与其价格之间存在着反方向关系。需求定理所反映的这种现象普遍存在。那么，为什么商品的需求量与其价格之间存在着这种反方向的关系呢？需求定理作为一种科学定理，不能只是经验的归纳，还必须做出理论的解释。

需求定理所说明的需求量与价格反方向变动是替代效应和收入效应共同作用形成的。比如某商品价格下降，其替代品的价格就会相对上升，这时人们就会减少替代品的购买，增加对该商品的购买，所以对该商品的需求量就会上升，这是替代效应；该商品价格下降后，在人们的货币收入不变的情况下，实际收入会增加，实际收入增加自然会导致对该商品的需求量上升，这是收入效应。

如果从理论上更深一步考察需求量同价格的关系，则涉及西方经济学说的“边际效用价值论”。西方经济学家认为，效用是价值的源泉。一种商品越稀缺，其边际效用越大，价值也就越大。当人们消费某种商品时，随着商品数量的不断增加，商品对人们的效用不断递减，其价值也因此不断下降，这样就形成了需求的负斜率曲线。关于效用理论，将在第三章作详细介绍。

相关链接

轻轨列车的票价

2002年，大连至金石滩的轻型轨道列车一期工程通车。过去，人们坐小客车从大连到开发区需要1小时，现在坐轻轨只需不到30分钟。而且轻轨内部环境好，运行过程也安全。但是轻轨运行一段时间之后，却陷入了一种非常尴尬的境地，每节可以容纳100余人的车厢，一般只有十几个乘客。为什么呢？

（四）需求定理的例外

1．某些炫耀性商品

炫耀性消费就是人们通过购买某些商品进行炫耀以引起别人的夸奖或嫉妒，从而得到虚荣心或者荣誉感满足的一种消费行为。用于炫耀性消费的商品就是炫耀性商品，包括珠宝首饰、豪华轿车、高档时装等能够彰显使用者身份与社会地位的商品。

炫耀性商品会给消费者带来虚荣效用，即通过消费某种特殊的商品而受到其他人尊敬所带来的满足感。由于这类商品只有价格高才会有炫耀作用，所以商品价格与需求量呈同方向变化。

2．某些珍贵、稀罕性商品

例如，古董、古画、珍邮之类珍品，往往是价格越高越显示出它们的珍贵性，从而对它们的需求量就越大。

3．某些低档商品

在特定条件下当价格下跌时，需求会减少；而价格上涨时，需求反而增加。最著名的是以英国人吉芬而得名的“吉芬商品”。吉芬发现，在1845年爱尔兰发生灾荒时，马铃薯的价格虽然急剧上涨，但它的需求量反而增加。原因是灾荒造成爱尔兰人民实际收入急剧下降，不得不增加这类生活必需的低档食品的消费。

4．投机性商品

某些商品小幅度升降价，需求按正常情况变动；大幅度升降价，人们就会采取观望的态度，需求将出现不规则的变化。例如，证券、黄金市场上就常有这种情况。

五、需求与需求量的变动

经济学文献中，需求量的变动和需求的变动是两个相互联系、相互区别的概念。需求量的变动和需求的变动都是需求数量的变动，它们的区别在于引起这两种变动的因素是不相同的，而且，这两种变动在几何图形中的表示也是不相同的。

需求量的变动是指在其他条件不变时，由某种商品的价格变动所引起的该商品的需求数量的变动。在几何图形中，需求量的变动表现为商品的价格—需求数量组合点沿着同一条既定的需求曲线的运动。例如，在图2-1中，这种商品价格的上升将引起消费者对它的需求数量的减少，而且这种变动是沿着同一条需求曲线进行的。

需求的变动是指在某商品价格不变的情况下，由于商品自身价格以外的其他因素变动所引起的该商品的需求数量的变动。这里的其他因素变动是指消费者收入水平变动、相关商品的价格变动、消费者的偏好变动和消费者对商品的价格预期的变动等。在几何图形中，需求的变动表现为需求曲线的位置发生移动。

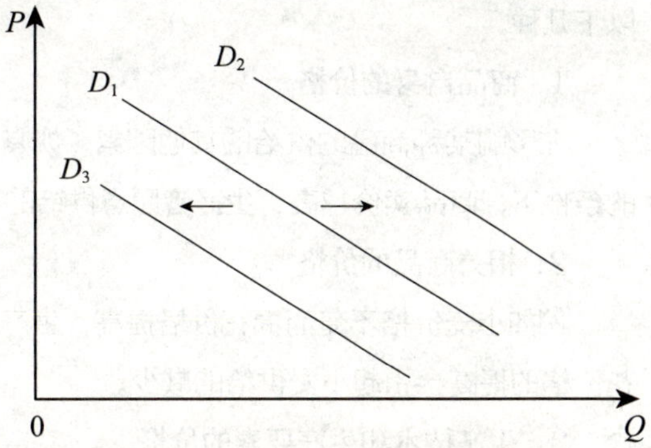

图2-2 需求的变动与需求曲线的移动

在图2-2中，原有的需求曲线D_1在商品价格不变的前提下，如果其他因素的变化（如消费者收入水平提高）使得需求增加，则需求曲线向右平移，如由图中的D_1曲线向右平移到D_2曲线的位置。如果其他因素的变化（如消费者对该商品的偏好变小）使得需求减少，则需求曲线向左平移，如由图中的D_1曲线向左平移到D_3曲线的位置。总之，需求的变动所引起的需求曲线的位置的移动，表示整个需求情况的变化。

任务二 供给理论

一、供给与供给量

经济学中所讲的供给是指在一定时期内，在每一价格水平上，生产者愿意而且能够供应的商品或劳务量。所以供给也是出售愿望与供给能力的统一，如果只有供给能力而无出售愿望，那就不形成实际的供给。

所谓供给量是指在一定时期内，对应于某一确定的价格水平，生产者对某种商品或服务愿意且能够生产或提供的数量。

这两个概念的区别在于，供给是在各种可能的价格水平上生产者对某种商品或服务愿意且能够生产或提供的数量。而供给量则是指在某一确定的价格水平上，生产者对某种商品愿意且能够生产或提供的数量。供给这个概念经常用于理论分析，而对应于现实来说，我们提及的“供给”是指在确定价格水平上的供给，也就是供给量。

二、影响供给的主要因素

一种商品的供给量是由许多因素决定的，有经济因素，也有非经济因素，概括起来主要有以下几种。

1．商品自身的价格

在影响某种商品的供给的其他因素（如其他有关商品的价格和生产要素的价格）既定不变的条件下，商品卖价越高，生产者愿意供给的产量越高。

2．相关商品的价格

例如小麦价格不变而棉花价格提高，生产者将缩减麦地种植面积，多生产棉花。这表示棉花价格的提高会引起小麦供给的减少。

3．生产技术和生产要素的价格

技术进步或由于任何原因引起的生产要素价格下降，将由于单位产品的成本下降而使得与任一价格对应的供给量增加。一般说来，商品成本越低，供给就会越大。这是因为在商品价格既定的情况下，成本降低，单位商品的利润就会增加，因而企业愿意提供商品的数量也会增加；反之，商品的成本提高，供给就会减少。商品成本的高低，是由企业的生产技术水平、原材料价格和生产率水平等因素决定的。

4．厂商对未来的预期

如果厂商对未来的经济持乐观态度，则会增加供给。如果厂商对未来的经济持悲观态度，则会减少供给。

5．政府的政策

对一种产品的课税使卖价提高，在一定条件下会通过需求的减少而使供给减少。反之，减低商品租税负担或政府给予补贴，会通过降低卖价刺激需求，从而引起供给增加。

影响供给的因素要比影响需求的因素复杂得多，在不同的时期，不同的市场上，供给要受多种因素的综合影响。还应该强调的是，供给的变动与时间因素密切相关。一般来说，在价格变动之后的极其短期内，供给只能通过调整库存来做出反应，变动不会很大。在短期内可以通过变更原料、劳动力等生产要素来调节供给，变动会较大。但只有在长期中才能变更厂房、设备等生产要素，使供给适应价格而充分变动。

三、供给函数

商品的供给数量受许多因素的影响，我们可以将某种商品的供给数量与其影响因素之间的关系用函数形式表示出来，这个函数就是供给函数。下面我们给出一个典型的供给函数。

$Q_s=f(P, P_x, C, E, \cdots)$

式中，Q_s为对某种商品的供给数量；P为该商品的价格；P_x为该商品相关商品的价格；C为生产该商品的成本；E为生产者对商品价格的预期。

一种商品的供给数量是所有影响这种商品供给数量的因素的函数，如果假定其他因素均不发生变化，仅考虑该商品的价格变化对其供给数量的影响，即把一种商品的供给数量只看成是这种商品价格的函数，则供给函数就可以表示为：

$Q_s=f(P)$，表示一种商品的供给量和该商品价格之间一一对应的关系。

式中，Q_s为对某种商品的供给数量；P为该商品的价格。

四、供给与价格的关系

1．供给表

供给表是在表格中用数字来表示某一商品价格和供给量之间的函数关系，如表2–2所示。

表2–2　某商品的供给表

价格—供给量组合	A	B	C	D	E
价格（元）	2	3	4	5	6
供给量（单位数）	0	200	400	600	800

表2–2中清楚地表示了商品的价格和供给量之间的函数关系。例如，当价格为6元时，商品的供给量为800单位；当价格下降为4元时，商品的供给量减少为400单位；当价格进一步下降为2元时，商品的供给量减少为零。

2．供给曲线

供给曲线是表示商品价格和供给量之间函数关系的几何图形，如图2–3所示，横轴表示商品数量，纵轴表示商品价格，根据供给表2–2中的商品不同的价格—供给量的组合，在平面坐标图中描绘相应的各点A、B、C、D、E，然后顺次连接这些点，便得到供给曲线$Q=f(P)$。它表示在不同的价格水平下生产者愿意而且能够提供出售的商品数量。

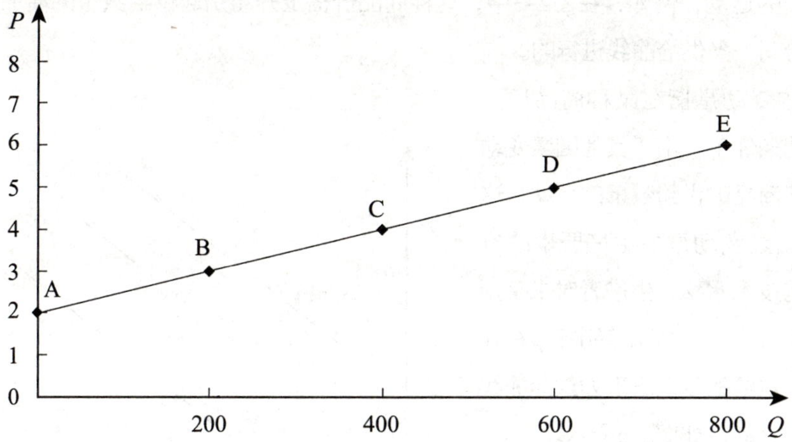

图2–3　某商品的供给曲线

3．供给定理

供给曲线具有正的斜率，在供给曲线图中即为向上倾斜的走向，它反映了供给的基本规律——供给定理，即：在影响供给的其他因素给定不变的条件下，一种商品的供给量与其价格之间存在正方向关系，价格越高（或提高），供给量越大（或增大）；价格越低（或降低），供给量越小（或减少）。

4．供给定理的例外

供给定理是一般商品一般情况下的规律，对于有的特殊商品来说也有例外。例如劳动力也是一种商品，但这种商品并不始终遵循供给规律。在开始阶段，工资即劳动价格增加，劳动者将会提供更多的劳动。一旦工资增加到很高水平时，劳动者对闲暇的需要极为强烈，这样，工资水平的进一步上升不会引诱更多的劳动供给，反而有可能减少劳动供给。因此，劳动供给曲线先是正态递增，继而垂直，最后向后弯曲的曲线，如图2-4所示。

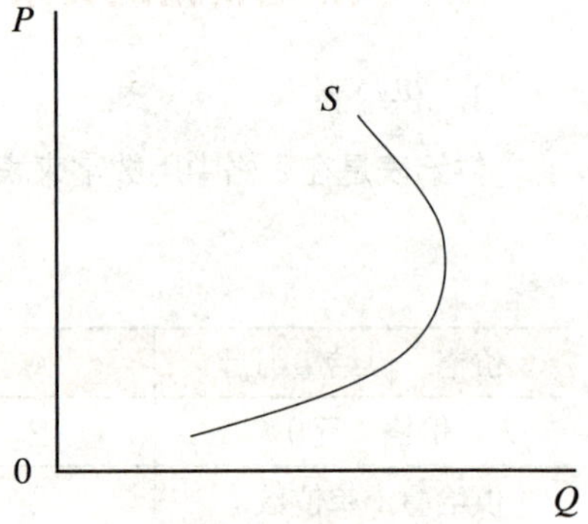

图2-4　供给曲线的例外情况

五、供给的变动与供给量的变动

供给量的变动和供给的变动是两个相互联系、相互区别的概念。供给量的变动和供给的变动都是供给数量的变动，它们的区别在于引起这两种变动的因素是不相同的，这两种变动在几何图形中的表示也是不相同的。

供给量的变动是指在其他条件不变时，由某种商品的自身价格变动所引起的该商品的供给数量的变动。在几何图形中，供给量的变动表现为商品的价格—供给数量组合点沿着一条既定的供给曲线的运动，例如，在图2-3中，这种商品价格上升将引起供给数量的增加，而且这种变动是沿着同一条供给曲线进行的。

供给的变动是指在某种商品自身价格不变的条件下，由于其他因素变动所引起的该商品的供给数量的变动。这里的其他因素变动是指生产要素的价格、生产的技术水平、生产者对未来预期以及政府税收、补贴和管制等。在几何图形中，供给的变动表现为供给曲线的位置发生变动，如图2-5所示。

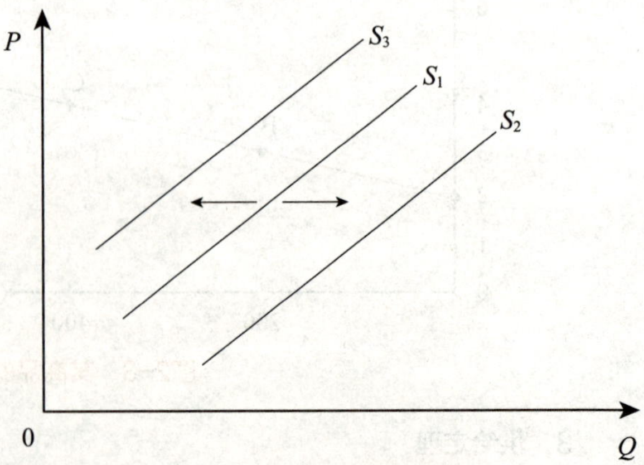

图2-5　供给的变动与供给曲线的移动

在图2-5中，原有的供给曲线为S_1。在商品价格不变的前提下，如果其他因素的变化（如生产的技术水平提高）使得供给增加，则供应曲线向右平移。如由图中的曲线S_1向右平移到S_2曲线的位置；如果其他因素的变化（如果政府的税收增加）使得供给减少，则供给曲线向左平移。如由图中的曲线S_1向左平移到S_3曲线的位置。总之，供给的变动所引起的供给曲线的位置的移动，表示整个供给情况的变化。

任务三　均衡价格的决定

一、均衡、均衡价格与均衡数量

关于需求与供给的分析，只说明了消费者和生产者在不同的价格水平下，对某种商品的需求量和供给量，如果要说明商品的市场价格的决定，必须将需求和供给结合起来分析，这便是均衡与均衡价格问题。

（一）均衡与均衡价格的概念

均衡是“相等”“平衡”的意思。物理学上的均衡是指物体受到方向相反且相等的力作用时而处于静止的状态。西方学者将这个术语引入经济学，用于说明各种相对立的经济量处于一种力量相当、相对静止、不再变动的状态。但是均衡不一定是静态的，也可以是动态的，即始终在变动。这就是说，均衡一旦形成之后，如果有某种力量使它离开原来均衡的位置，则会有其他力量使之恢复到均衡。

在市场上，需求和供给两种力量同时存在，任何价格要能成为一种使供求双方成交的价格，就必须是为需求和供给双方同时接受的价格。需求价格是需求一方所愿意接受的价格，供给价格是供给一方所愿意接受的价格。一种商品的需求价格与供给价格相一致时的价格就是供求双方都愿意接受的价格，这个价格称为均衡价格。

所以，均衡价格是由需求和供给两种力量共同决定的。从图形上看，均衡价格就是一种商品的市场需求曲线与市场供线曲线相交时对应的价格。这时需求量与供给量相等，称为均衡数量。均衡数量是在均衡价格时的成交量，如图2-6所示。

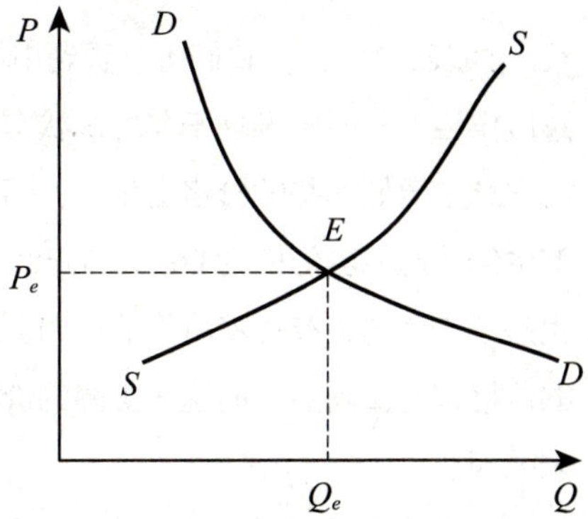

图2-6　均衡价格与均衡数量

在图2-6中，横轴表示数量（需求量与供给量），纵轴表示价格（需求价格和供给价格），*DD*线是某种商品的市场需求曲线，*SS*线是该商品的市场供给曲线。*DD*线*SS*线相交于*E*点，*E*点表示该商品市场达到均衡状态时的均衡点。E点所对应的价格P_e就是均衡价格，E点所对应的数量Q_e就是均衡数量。

均衡点确定了市场的均衡价格和均衡数量，只要需求曲线和供给曲线不移动，到达均衡点后，价格和成交量就没有进一步变动的趋势，便实现了市场均衡。

二、均衡价格的形成

在不存在任何外力干预（如国家的干预、垄断的存在）的条件下，均衡价格是通过市场上需求和供给的相互作用及价格波动自发形成的。这可从两个方面来理解：一是价格过高的情况。价格过高，会刺激生产者增加商品的供给量，但会减少消费者的需求量，这样会导致该商品的需求量少于供给量，造成供过于求。供过于求会形成一种迫使市场价格下降的压力，促使生产者减少该商品的生产或供给，使供给趋向于均衡点；二是价格过低的情形。当一种商品的价格过低时，对该商品的需求量会增加，供给量会减少，需求数量多于供给数量，造成供不应求。这样会形成提高价格的推力，抑制需求刺激供给，使供求趋向于均衡点。

让我们看一个具体的例子。

表2-3　某一地区番茄的市场供需表

价格（元/千克）	市场需求量（千克/月）	市场供给量（千克/月）	供求状态	价格的变动趋势
6.0	0	288	供过于求	降价
5.4	88	348	供过于求	降价
4.8	178	308	供过于求	降价
4.2	268	268	供求相等	均衡
3.6	358	288	供不应求	涨价
3.0	488	188	供不应求	涨价
2.4	538	148	供不应求	涨价

如表2-3所示，我们可以看到市场价格4.8元、5.4元或6元时，供给量超过需求量，出现了过度供给，此时市场处于非均衡状态，存在着降价压力。这种压力来自生产者，因为有些生产者愿意在更低一些的价格上生产，而更低一些的价格又会促使消费者购买更多的数量而克服过度供给状态。当价格为3.6元、3元、2.4元时，需求量超过供给量，出现了过度需求，此时市场也是不均衡的，存在着涨价的压力。这种压力来自购买者，因为有一部分购买者愿意支付更高的价格来购买商品，而这一更高的价格又将促使生产者生产更多的产量，从而逐渐克服过度需求的现象。

从需求曲线和供给曲线的角度看一下均衡价格的形成过程，如图2-7所示。

假设市场价格为P_1时，市场需求量为Q_1，而供给量为Q_2，供给量大于需求量，此时，出现过度供给，存在着价格下跌的趋势，所以P_1不是一个能待得住的价格，即不是均衡价格；当市场价格为P_2时，市场供给量为Q_3，市场需求量为Q_4，需求量大于供给量，此时出现供不应求，价格必然存在上升趋势，因此，P_2也不是能待得住的价格，即也不是均衡价格；只有当市场价格为P_e时，市场的供给量和需求量正好相等，它们均为Q_e，此时市场出现了均衡，此时的商品价格为均衡价格，商品数量为均衡数量。

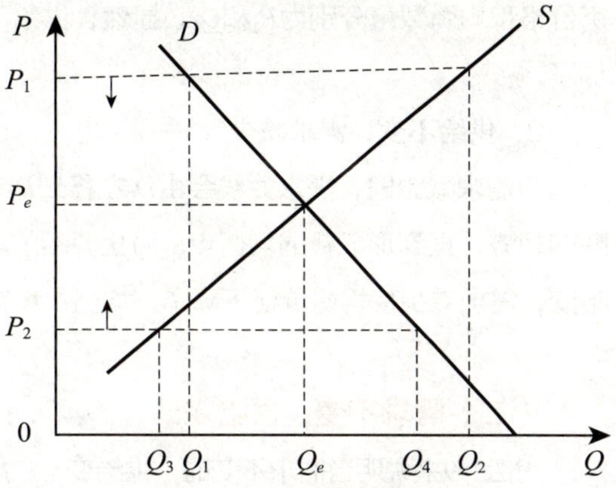

图2-7 均衡价格的形成

可以得到以下重要结论：需求和供给的相互作用以及价格的波动，最终会使一种商品的价格确定在供给量等于需求量的水平上。在这个水平上，既没有供过于求，也没有供不应求，价格没有任何变动的压力，市场实现了均衡。因此，均衡价格就是市场供需均衡时的价格，或者说，这种价格能促使供给和需求趋向平衡，形成稳定的市场。

三、均衡价格的变动与供求定理

如果其他条件发生变化，引起需求、供给的变动，市场均衡就会发生相应的变化，也就会形成新的均衡价格和均衡数量。需求与供给的变动对均衡价格和均衡数量的变动的影响有以下几种情况。

（一）供给不变，需求变动

用图2-8来说明当供给不变时，需求变动对均衡的影响，又可以分为两种情况：需求增加和需求减少，即需求曲线右移和左移。

1．供给不变，需求增加

假设由于人们收入的增加或其他因素的影响，导致市场需求增加。这样需求曲线就会从D_0右移到D_1。在原均衡价格P_0上就会出现过度需求，且价格有上升的趋势，直到形成新的均衡点E_1为止。新的均

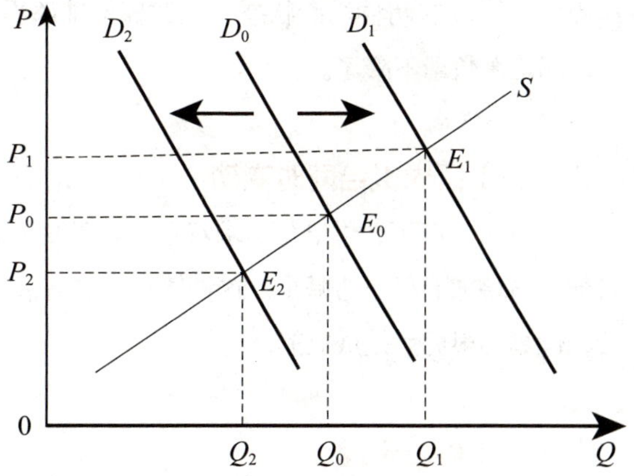

图2-8 需求变动对均衡影响

衡价格和均衡数量分别为P_1和Q_1。显然，供给不变，需求增加使均衡价格上升了，均衡数量增加了。

2．供给不变，需求减少

当需求减少时，需求曲线会由D_0左移到D_2。在原均衡价格P_0上会出现供过于求，价格有下降的趋势，直到形成新的均衡点E_2为止。新的均衡价格和均衡数量分别为P_2和Q_2。显然，供给不变，需求减少使均衡价格下降了，均衡数量减少了。

（二）需求不变，供给变动

用图2-9来说明当需求不变时，供给变动对均衡的影响。也可分为两种情况：供给增加和供给减少，即供给曲线右移和左移。

1．需求不变，供给增加

当供给增加时，供给曲线会从S_0右移至S_1。在原有均衡价格P_0上，会出现供过于求的市场供求状况，因此有降价的趋势，直到形成新的均衡点E_1为止，此时新的均衡价格和均衡数量分别为P_1和Q_1。比较这两种均衡状态，显然能够看到：需求不变，供给增加使得均衡价格下降了，而均衡数量增加了。

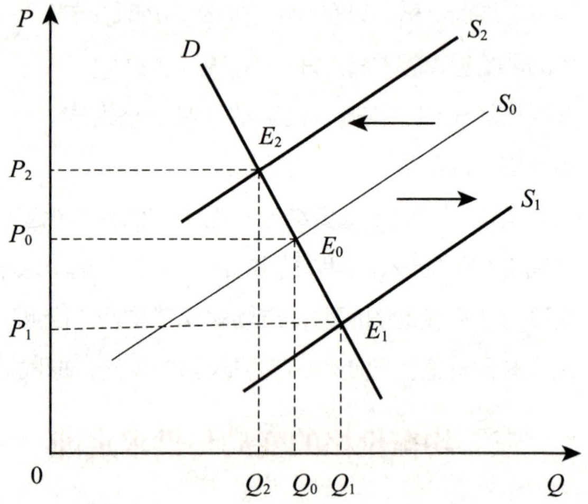

图2-9　供给变动对均衡影响

2．需求不变，供给减少

当供给减少时，供给曲线会从S_0左移到S_2。在原来的均衡价格P_0上，就会出现供不应求的市场供求情况，市场有涨价的压力，直到形成新的均衡点E_2，此时均衡价格和均衡数量分别为P_2和Q_2。比较这两种均衡状态，此时显然能够看到：需求不变，供给减少使得均衡价格上升了，而均衡数量下降了。

（三）需求供给同时变动

在许多情况下，供给与需求双方会同时发生变动，可能双方都增加，可能双方都减少，也可能一方增加而另一方减少。这种情况比较复杂，需要结合双方变动的方向、变动的程度来分析，但是结果仍然是成立的。

（四）供求定理

微观经济学把由于供求变化所引起的市场价格波动现象称为供求定律，并认为市场的一切交易活动和价格变动都受这一定理的支配。从以上的分析，我们可以将供求定理表述如下：均衡价格和均衡数量与需求呈正相关同方向变动关系；均衡价格与供给呈负相关方向变动关系；均衡数量与供给呈正相关同方向变动关系。

四、均衡价格的缺陷与治理

由市场供求关系所决定的价格调节着生产和消费，使资源得到合理配置；同时还引进了竞争机制，只有成本低于均衡价格的企业才能生存。但价格调节是在市场上自发进行的，有其盲目性。所以，有时由供求关系所决定的价格对社会经济的发展并一定是最有利的，因而价格常常受到国家的干预。政府对市场价格的干预方式主要有两种，即支持价格政策和限制价格政策。

1．支持价格政策

支持价格政策也称保护价格政策，是指政府为了扶植和保护某一行业的生产，对该行业产品规定高于市场均衡价格的最低价格。

实行支持价格政策的目的是为了保护扶持某个行业。例如，政府为了扶持农业，或为了农场主的利益，对某些农产品实行支持价格，即规定农产品的最低价格，使这种价格高于由市场需求和市场供给决定的均衡价格。

由于均衡价格有其自发性和合理性，人为的干预会出现明显的副作用，会导致产品严重过剩，如图2-10所示。

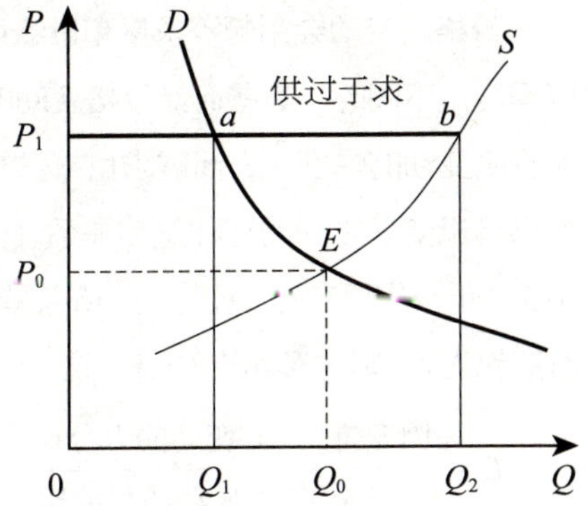

图2-10　支持价格

假定农产品的市场均衡价格为P_0，但政府为了扶持农业以防出现大起大落，规定其产品价格为P_1，P_1高于P_0，那么需求者对P_1这一价格的反应就是需求减少，其需求量为Q_1；而供给者的反应是多供给，供应量为Q_2。这样就出现供过于求，Q_2-Q_1就是供过于求的部分。为了维持这种支持价格，政府必须收购过剩的部分产品，或用于储备，或用于出口或援外，会带来政府财政负担加重和外贸摩擦等副作用。

2．限制价格政策

限制价格也称冻结价格或封顶价格，是指政府为了限制某些生活必需品的价格上涨或抑制某些产品的生产而规定的低于市场均衡价格的最高价格。

实行限制价格政策的目的是为了保护居民的生活水平等。例如，法国在第二次世界大战后，对关系国计民生的煤炭、电力、煤气、交通与邮电服务等，实行了限制价格政策；在英国、瑞典、澳大利亚等国，则对房租实行限制价格政策。

由于均衡价格有其自发性和合理性，人为的干预会出现明显的副作用，会导致产品供给严重不足，如图2–11所示。

假定某一生活必需品的市场均衡价格应为P_0，但政府为了把其价格控制在比较低的水平，规定其最高价格为P_1，P_1低于P_0，那么需求者对这一低价位的反应就是多需求，需求量为Q_1；而供给者的反应是少供给，供给量为Q_2。这样就出现了供不应求，Q_1–Q_2就是供不应求部分。

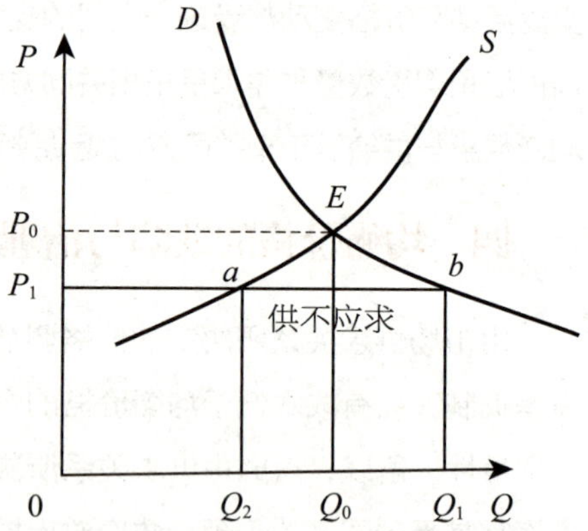

图2–11　限制价格

为了解决这个问题，政府往往要通过票证的方式来强制压缩超过供给部分的需求，但是又会出现排队购买、抢购、黑市贸易，甚至还出现腐败问题。限制价格政策只适用于短期的特殊情况，保持的时期过长会挫伤投资者的积极性，使短缺变得更加严重，因此，经济学家们一般都反对长期实行限制价格政策。

任务四　弹性理论及其运用

价格的变动会引起需求量和供给量的变动，但不同商品的需求量和供给量对价格变动的反应程度是不同的，有些商品价格变动的幅度小，而需求量或供给量变动的幅度大，另有一些商品价格变动的幅度大，而需求量或供给量变动幅度小。弹性理论就是要说明价格变动与需求量和供给量变动之间的这种量的关系。一般地说，弹性（elasticity）是指一变量对另一变量的微小变动的反应程度的一种量度，所以弹性就是因变量对自变量变动的反应的程度。设自变量为X，因变量为Y，则对形如$Y=f(X)$这一函数，其弹性的一般表达式为：

$$E=\frac{因变量（Y）变动的百分比}{自变量（X）变动的百分比}=\frac{\Delta Y/Y}{\Delta X/X}=\frac{\Delta Y}{\Delta X}\cdot\frac{X}{Y}$$

弹性E的含义为：自变量X每变动1个百分点，因变量Y要变动几个百分点。弹性也称为弹性系数（elasticity coefficient）。在需求函数和供给函数中，需求量和供给量是因变量，因此弹性分为需求弹性和供给弹性。

一、需求弹性

需求弹性反映需求量变动与价格、收入或其商品价格变动之间的关系，分为需求价格弹性、需求收入弹性和需求交叉弹性三种类型，其中最重要的是需求价格弹性。因此，狭义的需求弹性就是指需求价格弹性。

（一）需求价格弹性

1. 定义与定义公式

需求价格弹性又被简称为需求弹性，表示在一定时期内一种商品的需求量对于商品的价格变动的反应程度。或者说，表示在一定时期内当一种商品的价格变化百分之一时所引起的该商品的需求量变化的百分比。其公式为：

E_d =需求量变动的百分比/价格变动的百分比

$= (\Delta Q/Q)/(\Delta P/P) = (\Delta Q/\Delta P)\cdot(P/Q)$

式中：E_d为需求的价格弹性系数；P为价格；ΔP为价格的变化量；Q为需求量；ΔQ为需求量的变化量。

由于商品的需求量和价格是成反方向变动的，所以，为了便于比较，我们在需求弹性公式中加了一个“-”，从而使需求弹性系数E_d取正值。

2. 点弹性

当需求曲线上的两点之间的变化趋于无限小时，需求弹性可以用点弹性来表示。也就是说，它表示需求曲线上某一点的需求量变动对于价格变动的反应程度。我们假定需求函数为$Q=f(P)$，以d_Q和d_P分别表示需求量和价格的无穷小的变动量，以E_d表示需求弹性系数，则需求点弹性的公式为：

$$E_d = (\Delta Q/Q)/(\Delta P/P) \qquad (\Delta P\to 0)$$
$$= (d_Q/Q)/(d_P/P)$$
$$= (d_Q/d_P)\times(P/Q)。$$

3. 弧弹性

需求弧弹性用来表示某种商品需求曲线上两点之间的需求量的相对变动对于价格的相对变动的反应程度，它表示的是需求曲线上两点之间的弹性。弹性系数与定义公式相同。

4. 弧弹性的修正

对于弧弹性来说，要注意的一个问题是，对需求曲线上任意两点的起点，终点的不同选择而计算出来的弧弹性的结果是不同的，如图2-12所示。图中需求曲线上a、b两点的价格分别为5和4，相应的需求量分别为200和400。根据需求弹性公式，由a点到b点和由b点到a点的弧弹性计算结果是不同的：

由a点到b：E_d=5，由b到a点：E_d=2。

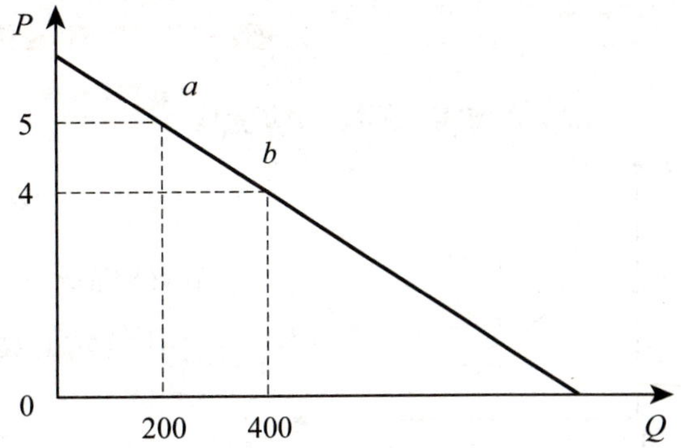

图2-12　需求弧弹性

显然，由a点到b点和由b点到a点的需求弹性系数值是不相同的。其原因在于：尽管在上面的两个计算中，ΔP和ΔQ的绝对值相等，但是由于P和Q所取的基数值不相同，所以，它们的计算结果也不相同。这样一来，在需求曲线的同一条弧上，涨价和降价产生的需求弹性系数值是不相等的。

因此，我们也可以取两点价格的平均值 $\frac{P_1+P_2}{2}$ 和两点需求量的平均值 $\frac{Q_1+Q_2}{2}$ 来分别替代需求弹性公式中的P和Q值，于是，需求弧弹性计算公式又可以写为：

$E_d=(\Delta Q/\Delta P)\times[(P_1+P_2)/(Q_1+Q_2)]$

此公式被称为需求弧弹性的中点公式。根据需求弧弹性的中点公式，上例中的a、b两点间的需求弧弹性为：$E_d=3$。

5．需求的价格弹性的分类

不同商品的需求价格弹性也是不同的。根据商品弹性系数绝对值的大小可分为五种类型，如图2–13所示。

（1）需求完全无弹性，即$E_d=0$。

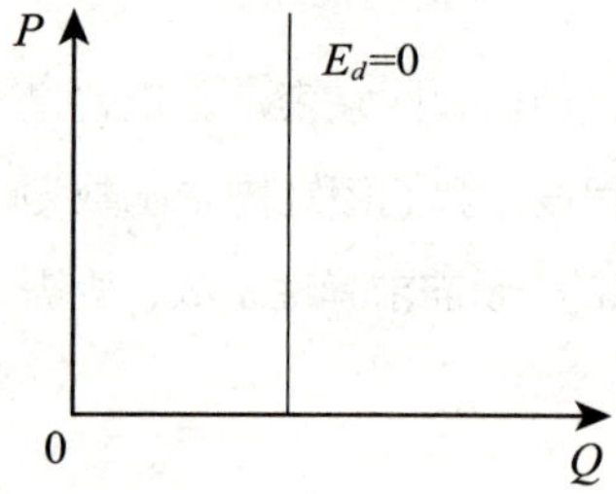

在这种情况下，无论价格如何变动，需求量都不会变动。例如，糖尿病人对胰岛素这种药品的需求就是如此。

图2–13　需求价格弹性五种类型（1）

（2）需求完全有弹性，即$E_d=\infty$。

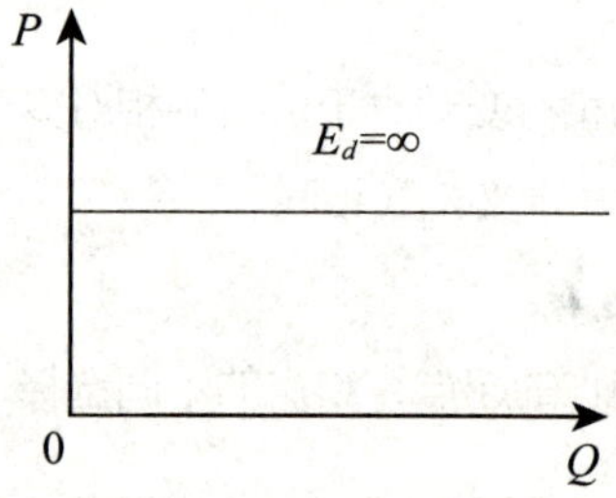

在这种情况下，当价格为既定时，需求量是无限的。例如，银行以一固定价格收购黄金，无论有多少黄金都可以按这一价格收购，银行对黄金的需求是无限的。

图2–13　需求价格弹性五种类型（2）

（3）单位需求弹性，即$E_d=1$。

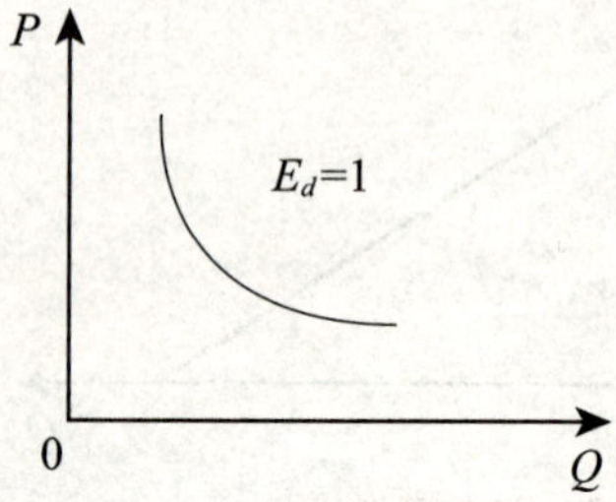

在这种情况下，需求量变动的比率与价格变动的比率相等。这时的需求曲线是一条正双曲线。

图2–13　需求价格弹性五种类型（3）

以上三种情况都是需求弹性的特例，在现实生活中是很少见的。现实中常见的是以下两种。

（4）需求缺乏弹性，即$0<E_d<1$。

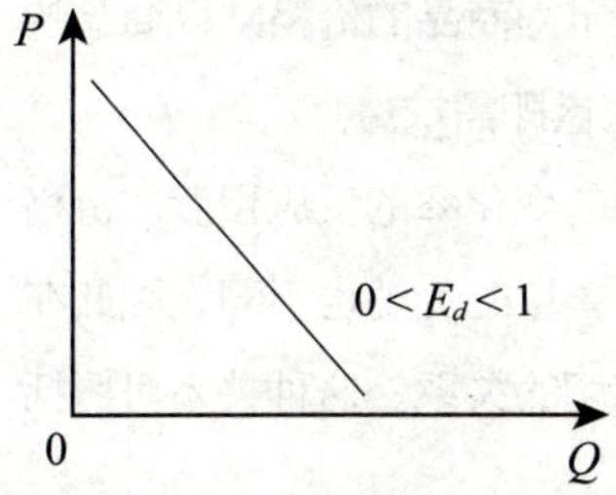

在这种情况下，需求量变动的比率小于价格变动的比率。生活必需品，如粮食、蔬菜等属于这种情况。

图2-13　需求价格弹性五种类型（4）

（5）需求富有弹性，即$1<E_d<\infty$。

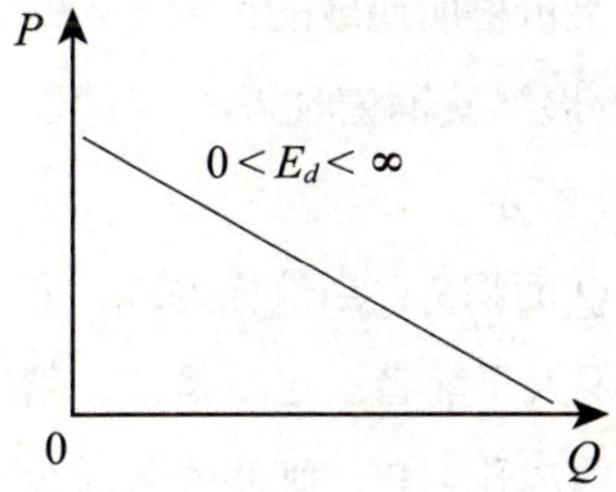

在这种情况下，需求量变动的比率大于价格变动的比率。奢侈品，如汽车、珠宝、国外旅游等属于这种情况。

图2-13　需求价格弹性五种类型（5）

6．影响商品价格弹性的因素

影响商品价格弹性的因素很多，主要有以下几种：

（1）消费者对某种商品的需求程度，也就是说某种商品对消费者的重要程度。一般来说，生活必需品的价格弹性较小，非必需品的价格弹性较大。如，鸡蛋的需求弹性较小，而电影票的需求弹性较大。

（2）商品的可替代性。一般来说，一种产品的替代品越多，相似程度越高，价格弹性越大，相反则缺乏弹性。如在市场上，如果甜橙的价格上升，人们则会减少对其的购买，而购买其他水果替代，它的需求弹性就较大。又如，对于食盐，没有很好的替代品，所以价格的变化几乎不影响需求的变化，它的需求弹性就较小。

（3）商品本身用途的多样性与广泛性。一般来说，商品用途越是广泛，它的需求弹性就可能越大，相反，用途越窄，需求弹性可能越小。如电力E_d=1.2而小麦E_d=0.08。

（4）商品的消费支出在消费者预算总支出中所占的比重。消费者在某商品上的消费支出占消费者预算总支出的比重越大，该商品的价格弹性可能越大，反之越小。如肥皂，食盐等商品本来消费比例就很小，所以价格弹性也较小。

（5）商品使用时间的长短。使用时间长的商品，需求弹性大，使用时间短的商品，需求弹性小。

7．价格弹性的应用

我们知道，厂商的销售收入等于商品的价格乘以商品的销售量。在此假定厂商的商品销售量等于市场上对其商品的需求量。这样，厂商销售收入就又可以表示为商品的价格乘以商品的需求量，即$TR=P\cdot Q$，其中，P表示商品的价格，Q表示商品的销售量即需求量。

商品的需求的价格弹性表示商品需求量的变化率对于商品价格的变化率的反应程度。价格变动后销售量也会变动，不同商品的需求弹性不同，价格引起的销售量的变动也不同，因此在商品的需求价格弹性和提供该商品的厂商的销售收入之间存在着密切的关系。这种关系可概括为以下两种情况：

第一种情况：对于$E_d>1$的富有弹性的商品，价格变动时，需求量变动的比率大于价格变动的比率。降低价格会增加厂商的销售收入；提高价格会减少厂商的销售收入。即商品的价格与厂商的销售收入成反方向变动。这是因为，当$E_d>1$时，厂商降低产品价格所造成的销售收入的减少量必定小于需求量增加所带来的销售收入的增加量，所以降价最终使销售收入$P\cdot Q$值增加。相反，提价最终使销售收入$P\cdot Q$值减少，此情况如图2–14（a）所示。

当价格为P_1，需求量为Q_1时，销售收入$P\cdot Q$相当于矩形$0P_1aQ_1$面积S_1；当价格为P_2，需求量为Q_2时，销售收入$P\cdot Q$相当于$0P_2bQ_2$的面积S_2。显然后者面积大于前者。这就是说，若厂商将价格由P_1降到P_2，会使收入增加$\Delta S=S_2-S_1$；若厂商将价格由P_2升到P_1，则使收入减少$\Delta S=S_2-S_1$。

第二种情况：对于$E_d<1$的缺乏弹性的商品，价格变动时，需求量变动的比率小于价格变动的比率。降低价格会减少厂商的销售收入，提高价格会增加厂商的销售收入，即商品的价格与厂商的销售收入成同方向变动。这是因为，当$E_d<1$时，厂商降低产品价格所造成的销售收入的减少量必定大于需求量增加所带来的销售收入的增加量，所以降价最终使销售收入$P\cdot Q$值减少。相反，提价最终使销售收入$P\cdot Q$值增加，此情况如图2–14（b）所示。

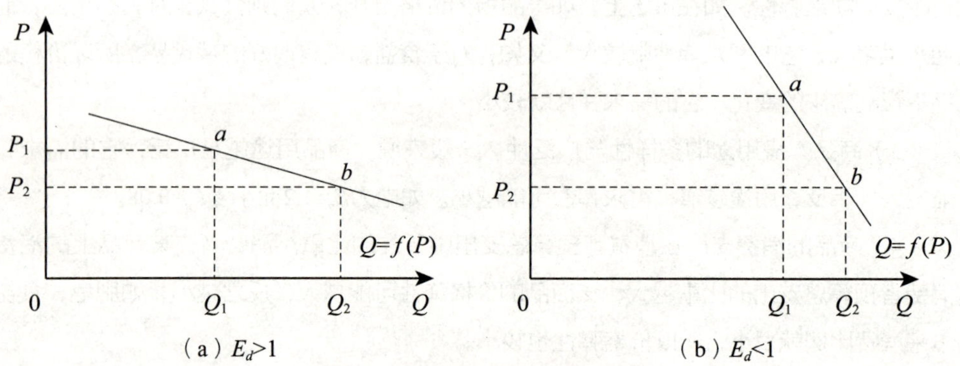

图2–14　需求弹性与厂商的收益

当价格为P_1，需求量为Q_1时，销售收入$P \cdot Q$相当于矩形$0P_1aQ_1$面积S_1；当价格为P_2，需求量为Q_2时，销售收入$P \cdot Q$相当于$0P_2bQ_2$的面积S_2。显然前者面积大于后者。这就是说，若厂商将价格由P_1降到P_2，会使收入减少$\Delta S=S_1-S_2$；若厂商将价格由P_2提高到P_1，则使收入增加$\Delta S= S_1-S_2$。

相关链接

（1）农民为什么增产不增收？为什么政府要推行城镇化政策？

（2）牛奶为什么倒掉？

不久前我在报纸上看到一则报道，西南乳业老大——成都市华西乳业公司工人把成吨的鲜牛奶倒入下水道，以避免巨额的损失。很快和其有合同关系的奶牛养殖户也不得不把部分牛奶倒入下水道。这使我联想起20世纪30年代美国经济萧条时的一幕：工人把成吨的鲜牛奶倒入下水道，以避免巨额的损失。牛奶为什么要倒掉?其实原因很简单：用我们学过的弹性理论分析，无论是美国还是我们现在的中国，牛奶是生活必需品，弹性小，降价增加的销售收益，弥补不了降价的损失。因为养奶牛毕竟不是做服装，生产周期长，供给弹性小，对市场感应并不灵敏。3年前，成都地区乳业发展看好，所以很多企业（在政府的鼓励下）纷纷从事乳业生产，这样奶源偏紧，曾经出现鲜奶短缺。牛奶价格上升，由于需求弹性小，提高价格增加了奶牛养殖量和华西乳业公司的收入和利润。因此，市场调节（加上政府鼓励）的结果是，使奶牛养殖量增大，大大小小奶牛饲养户加起来，1天的产奶量可达1000吨。其中，80吨鲜奶潮水般涌进了四川三强之一的华西乳业有限公司。3年后的今天，在大大小小各家乳业公司的参与下，市场这个蛋糕在目前的技术水平下已经被挖到极致，换句话说，市场供给量增加而消费者的需求根本就没有消化这么多牛奶的能力。反映在华西乳业公司，只能按照每天处理60吨鲜奶的规模运作，过剩了整整20吨。这20吨怎么处理，和奶农定的合同是长期合同，不能随便毁约，否则就会丧失奶源，无论是降价收购还是拒绝收购都会断掉未来的业务联系。在如今乳业诸强以规模优势争夺市场和资源的时候，如此做法，就是把自己的货源拱手下滑，最后的损失不是倒掉这些牛奶能比拟的。即使目前倒了部分牛奶，市场也有了反映，300毫升的华西奶售价已从春节前的2.20元骤降至1.50元；每件华西奶也由50多元降至39元，比可乐、中档纯净水还要便宜。由于牛奶缺乏弹性降价的结果是减少收入和利润。

市场经济发展到今天，中国人也开始逐步对这样的事情不太怎么吃惊了，不会像过去一样问出“弱势群体还买不起牛奶，你们却把它倒掉，怎么可以？”这样对市场经济完全陌生的问题了。美国20世纪30年代的大萧条时期把牛奶倒进河里是由于缺乏政府宏观调控，无政府经营的恶果，那么中国造成倾倒牛奶这一现象则是什么原因呢？这足以引起我们的思考。

（二）需求的收入弹性

1. 定义

需求的收入弹性就是反映需求量对消费者收入水平变化的反应程度，简称收入弹性。需求的收入弹性的计算公式：

$E_I = \Delta Q/Q/\Delta I/I = (\Delta Q/\Delta I)/(I/Q)$

式中，E_I是需求的收入弹性；I是收入；ΔI为收入的变化量；Q为需求；ΔQ为需求的变化量。

2. 需求的收入弹性的种类

（1）$E_I > 0$。一般情况下，需求收入弹性E_I是大于零的，这意味着随着收入增加，对这些商品的需求也上升了。我们把这些商品称为正常品。在正常品中，如果E_I大于1，说明收入的变化对需求的影响大［（图2–15（a）］，该类商品为奢侈品，如精美首饰。如果E_I的值虽然大于0但是小于1，则认为这类商品收入的变化对需求的影响不大，这类商品为生活必需品，比如居民家庭用水、煤气等［（图2–15（b）］。

（2）$E_I < 0$。这意味着随着收入的提高，这些商品的消费反而减少［图2–15（c）］，我们把这些商品称为低档品。这三条线是以19世纪的德国统计学家恩格尔的研究成果命名，因此称之为恩格尔曲线。

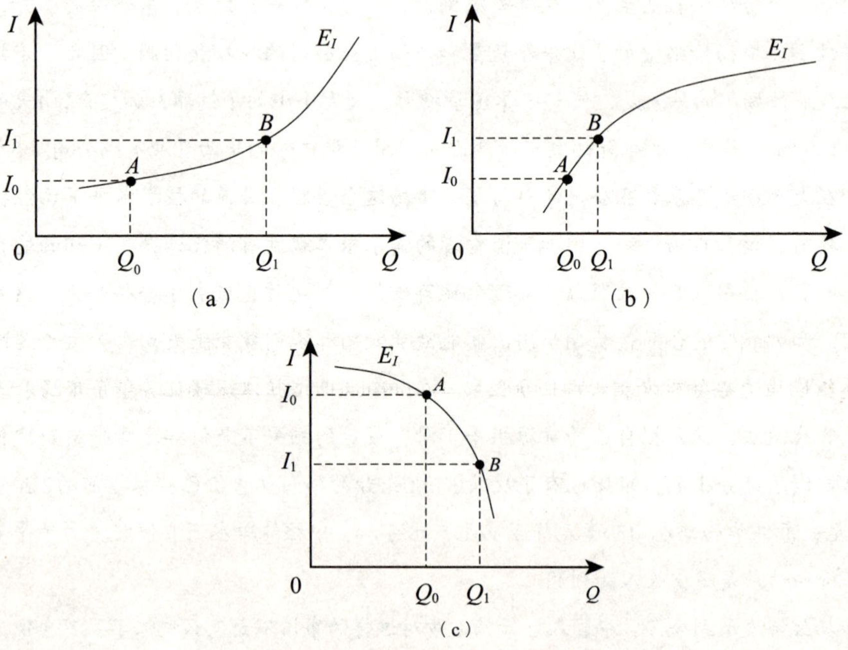

图2–15 需求收入弹性的类型

3. 恩格尔系数与恩格尔定律

恩格尔在对大量家庭的预算开支数据的统计分析中发现：随着收入的增长，用于食品的支出在收入中所占的比重越来越小，这就是恩格尔定律。

食品支出占总支出的比例被称作恩格尔系数，它被作为衡量经济发展水平的一个经济指标。因此，一个国家（或一个家庭）在食品上的支出所占其收入比重的大小标志着这个国家（或家庭）的富裕程度，较富裕的国家（或家庭）的食品支出在其收入中所占的比重小于较贫穷的国家（或家庭）。

4．收入弹性的应用

收入弹性是国家制定产业政策的依据之一，国家往往支持收入弹性大的行业，如果一个行业缺乏收入弹性，那么此行业的重要性就会降低，以至于逐渐被淘汰。

相关链接：为什么我国要大力发展汽车工业和房地产业?

（三）需求的交叉弹性

需求交叉弹性是表示一种商品对另一种相关商品价格变化的反应程度。也就是说，如果另一种相关商品的价格变化百分之一，这种商品的需求量将变化百分之几，即：

$$E_{xy}=\frac{\text{另一种商品的需求量变化百分比}}{\text{一种相关商品的价格变化百分比}}$$

$$=\frac{\frac{\Delta Q_x}{Q_x}}{\frac{\Delta P_y}{P_y}}=\frac{\Delta Q_x}{\Delta P_y}\cdot\frac{P_y}{Q_x}$$

式中．E_{xy}为需求交叉弹性；P_y为Y商品的价格；ΔP_y为Y商品价格的变化量；Q_x为X商品的需求量；ΔQ_x为X商品需求量的变化量。

1．交叉弹性值的分类

（1）交叉弹性为正值（$E_{xy}>0$）。说明商品Y价格的变动与商品X需求量的变动方向一致。如苹果价格提高，会使梨的需求量增加。这表明两种相关商品是替代品，即两种商品对消费者具有相似的效用，任何一种均可代替另一种使用，如大米与面粉。

（2）交叉弹性为负值（$E_{xy}<0$）。说明商品Y价格的变动与商品X需求量的变动方向相反。如汽油价格提高会使汽车的需求量减少。这表明两种相关商品是互补品，即两种商品必须合作使用，才能对消费者产生更大的效用，如剃须刀架与刀片。

2．交叉弹性的应用

交叉弹性主要用处在于指导企业的定价，企业在变动价格时，要充分考虑相关产品的价格，否则产品的定价则无法实行。

二、供给弹性

与需求弹性一样，供给弹性也可以分为供给价格弹性、供给收入弹性与供给交叉弹性，但由于供给价格弹性是其最基本、最主要的一种类型，所以，供给弹性通常是指供给价格弹性。

（一）供给价格弹性的含义与计算

供给价格弹性是指一种商品的供给量对供给价格变动的反应程度或灵敏度，它等于供给量变动的百分比与供给价格变动的百分比的比值。若以E_s表示供给弹性系数，$\Delta Q/Q$表示供给量变动的百分比，$\Delta P/P$表示价格变动的百分比，则供给的价格弹性系数的计算公式为：

$$E_s=\frac{\text{供给量变动的百分比}}{\text{价格变动的百分比}}$$

$$=\frac{\Delta Q/Q}{\Delta P/P}=\frac{\Delta Q}{\Delta P}\cdot\frac{P}{Q}$$

根据供给法则，供给量与价格一般成同方向变动，即价格上升（或下降），供给量增加（或减少），即$\mathrm{d}Q/\mathrm{d}P>0$，所以供给弹性系数一般为正数。

（二）供给价格弹性的五种类型

与需求价格弹性系数相类似，供给弹性系数也可以分为五种类型。

1. $E_s=0$

$E_s=0$称供给完全无弹性。其供给曲线是一条垂直于横轴的直线，如图2-16（a）所示。文物、名画等商品的供给就属于这种情况。

2. $E_s=\infty$

$E_s=\infty$称供给有无限弹性或供给完全有弹性。其供给曲线是一条平行于横轴的直线，如图2-16（b）所示。只有在商品出现严重过剩时，才可能出现类似的情况。

3. $E_s>1$

$E_s>1$称供给富有弹性。此时供给量对供给价格变化反应灵敏，供给量变动的幅度大于价格变动的幅度，其供给曲线是一条比较平缓的向右上方倾斜的曲线，如图2-16（c）所示。劳动密集型产品、投资小见效快的手工业品、轻工业品等的供给属于这种情况。

4. $E_s=1$

$E_s=1$称供给单位弹性。在这种情况下，供给量变动的百分比正好等于供给价格变动的百分比，其供给曲线是一条从原点出发的直线，如图2-16（d）所示。这也是现实中一种极端特殊的情况。

5. $E_s<1$

$E_s<1$称供给缺乏弹性。此时供给量变动的幅度小于供给价格变动的幅度，其供给曲线是一条比较陡峭的向右上方倾斜的曲线，如图2-16（e）所示。通常，农副产品、鲜花等商品的供

给类似这种情况。

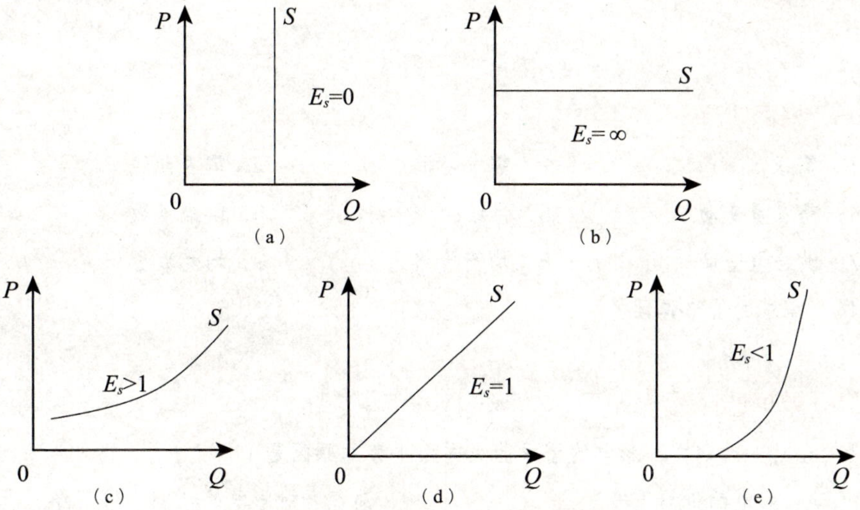

图2-16　供给价格弹性的五种类型

（三）影响供给价格弹性的因素

供给取决于生产。影响供给价格弹性的因素比影响需求价格弹性的因素要复杂得多，主要有下列一些因素：

（1）生产要素的供给弹性。供给受制于生产要素的供给。因此，生产要素的供给弹性大，产品的供给弹性也大；反之，生产要素的供给弹性小，产品的供给弹性也小。

（2）生产的难易程度。在一定时期内，容易生产的产品，当价格变动时，其产量的变动速度快，供给弹性大；反之，供给弹性小。

（3）生产规模和规模变化的难易程度。生产规模大的资本密集型企业，因受设计能力和专业设备的制约，其生产规模较难变动，调整的周期较长，因而其产品的供给弹性小；反之，生产规模小的劳动密集型企业，其产品的供给弹性大。

（4）生产成本的变化。如果一种产品产量的增加，只引起单位成本的稍稍提高，那么，供给弹性就较大；反之，如果产品的增加促使成本的大幅度增加，供给弹性就较小。

（5）时间的长短。商品价格变化后，要改变供给量需要有一段调整生产的时间，即价格变动后供给量的变化有一个“时滞”。时间越短，供给弹性越小；时间越长，供给弹性越大。

（6）对价格的预期。当产品价格上涨时，厂商是否立即增加生产以及增加幅度的大小，取决于厂商预期这种上涨的价格能否持久；同样，当产品价格下跌时，厂商对这种下跌的价格的预期，也会影响厂商是否减产及减产多少。

供给弹性对制定和调整价格政策具有重要意义。由于价格对供给量的影响与供给量调整变化之间有一个时滞，因此，价格的调整一定要充分考虑到供给弹性的大小和时滞的长短。

习 题

一、名词解释

1．需求 2．需求函数 3．需求曲线

4．需求量变动 5．供给 6．供给函数

7．供给量变动 8．均衡价格 9．均衡数量

10．需求的价格弹性

二、单项选择题

1．在某一时期内，彩电的需求曲线向左平移的原因是（ ）。

A．彩电的价格上升 B．消费者对彩电的预期价格下降

C．消费者的收入水平提高 D．黑白电视机的价格上升

2．当汽油的价格上涨时，消费者对小汽车的需求将（ ）。

A．减少 B．增加

C．不变 D．无法确定

3．如果咖啡的价格急剧上涨，消费者对茶叶的需求量将（ ）。

A．无法判断 B．增加

C．减少 D．保持不变

4．下列哪种情况不可能引起玉米的需求曲线移动（ ）。

A．消费者收入增加 B．玉米价格上升

C．大豆供给量锐减 D．大豆价格上升

5．下列组合中，一种商品需求量与另一种商品价格呈反方向变动的是（ ）。

A．香蕉和苹果 B．照相机和胶卷

C．汽车和收音机 D．面包和方便面

6．假设个人电脑的供给和需求都增加，再假设个人电脑供给的增加大于个人电脑需求的增加。在个人电脑市场上，我们可以预期（ ）。

A．均衡数量增加，而均衡价格上升

B．均衡数量增加，而均衡价格下降

C．均衡数量增加，而均衡价格保持不变

D．均衡数量增加，而均衡价格的变动是无法确定的

7. 鼓励生产者增加供给的政策是（　　）。

A. 支持价格政策　　B. 限制价格政策

C. 提高生产税　　D. 降低生产税

8. 如果某种商品的需求弹性为负值，说明该商品是（　　）。

A. 必需品　　B. 高档品

C. 正常品　　D. 吉芬商品

9. 假定某商品的价格从3元降到2元，需求量从9单位增加到11单位，则该商品的总收益将（　　）。

A. 增加　　C. 保持不变

B. 减少　　D. 不确定

10. 若某商品的消费随着消费者收入的增加而减少，则该商品是（　　）。

A. 正常品　　B. 劣等品

C. 互补品　　D. 互替品

三、计算题

1. 已知某商品需求曲线为$D=100-2P$，供给曲线为$S=50+3P$，请计算其均衡价格和均衡数量。如果政府对该商品实行支持价格政策，支持价格为20，将会出现多少产品过剩?

2. 香烟的需求价格弹性是0.4，如果现在每盒香烟为12元，政府想减少20%的吸烟量，价格应该提高多少?

3. 某商品原来价格为1元/千克，销售量为2000千克，该商品需求弹性系数为2，若降价至0.8元/千克，此时销售量是多少?降价后的总收益如何变化?

四、简答题

1. 说明均衡价格的决定和变动。

2. 说明商品的价格弹性与厂商的销售收入之间的关系。

五、案例分析

许多厂商在节假日选择部分商品降价促销，目的是为了吸引消费者，但这些厂商并不是对所有的商品都采用降价促销方法的。比如：电器、衣服、饮料等商品常会采用降价促销方式，而食盐、公共汽车票等通常不会降价促销，为什么?

六、实训

辩论会：房产调控政策对房产价格有什么影响。

背景资料：2009年以来，我国各地房产价格呈节节上升的趋势，为保障房产市场的健康运行，2010年国务院出台调控房产市场的“新十条”，严格二套房贷管理，首付不得低于40%，提出地方政府对稳定房价、推进保障性住房建设工作不力，影响社会发展和稳定的，要追究责任。在此背景下，各地政府纷纷出台政策，在土地供应、保障房建设、房产税收、银行贷款等方面采取措施，打压房价。

请大家从经济学的角度讨论政府干预政策对房产价格有些什么影响?为什么这些政策的出台在某些城市已经见效，而在北京等城市好像效果不是很明显呢?

项目三

消费者行为理论

学习目标

1．掌握效用的含义

2．掌握基数效用论和序数效用论的内涵

3．掌握基数效用论和序数效用论来说明消费者做出选择所依据的原则

4．掌握边际效用价值论的内容

5．掌握消费者剩余的概念与应用

案例导入

春晚的怪圈

大约从20世纪80年代初期开始，我国老百姓在过春节的年夜饭中增添了一道诱人的内容，那就是春节联欢晚会。记得1982年第一届春晚的出台，在当时娱乐事业尚不发达的我国引起了极大的轰动。晚会的节目成为全国老百姓街头巷尾和茶余饭后津津乐道的题材。晚会年复一年地办下来了，投入的人力和物力越来越大，技术效果越来越先进，场面设计越来越宏大，节目种类也越来越丰富，但不知从哪一年开始，人们对春晚的评价却越来越差了。原来街头巷尾和茶余饭后的赞美之词变成了一片骂声，春晚成了一道众口难调的大餐，晚会陷入了“年年办，年年骂；年年骂，年年办”的怪圈。问题：春晚的怪圈是如何产生的?

任务一 效用论概述

一、欲望与效用

（一）欲望

欲望是研究消费者行为的出发点。欲望是指消费者对物品的一种缺乏的感觉和想得到满足的愿望，是人们消费行为的根本动机和内在动力。欲望的种类有多种，如吃的欲望、穿的欲望、用的欲望等。作为一种心理现象，欲望具有无限性，也就是说一种欲望满足之后，又会产生新的欲望，没有穷尽，所以欲望只能相对满足，而不能绝对满足。同时，欲望的强度是有限的，即欲望具有递减性。在一定时期内消费者对某物品的欲望强度随该物品消费数量的增加而减弱。这是由德国经济学家戈森在19世纪中期提出的，被后人称为“戈森第一定理”。

（二）效用

效用是指商品满足人的欲望的能力，或者说是指消费者在消费商品时所感受到的满足程度。满足程度越高，效用就越大；满足程度越低，效用就越小。如果消费者从消费某种物品中感受到痛苦，则为负效用。由于消费物品或劳务所获得的满足是一种主观心理感受，因此产品效用的大小因人、因地、因时而异。比如，辣椒对于喜欢辣椒的人来说，效用很大，但对于不喜欢辣椒的人来说则效用很小，甚至是一种负担或痛苦，会产生“负效用”。同一物品不仅对不同的人效用不同，即使对同一人在不同时间或不同地点其效用也可能不同。例如，电风扇在夏天或热带地区可以给某人带来很大效用，但在冬天或寒冷地带则没有太大的效用。效用本身不仅没有客观评价标准，而且也不受道德规范的制约。一种商品是否具有效用，要看它能否满足人的欲望和需要，而不论这一欲望或需要是否符合伦理道德。例如吸毒是为满足人的某种不正当的欲望，也危害人的身体健康，但对于一个吸毒者而言，却有很大效用。

相关链接

最好吃的东西

兔子和猫争论，世界上什么东西最好吃。兔子说：“世界上萝卜最好吃。萝卜又甜又脆又解渴，我一想起萝卜就要流口水。”

猫不同意，说：“世界上最好吃的东西是老鼠。老鼠的肉非常嫩，嚼起来又酥又松，味道美极了!”兔子和猫争论不休、相持不下，跑去请猴子评理。猴子听了，不由得大笑起来：“瞧你们这两个傻瓜蛋，连这点儿常识都不懂!世界上最好吃的东西是什么?是桃子!桃子不但美味可口，而且长得漂亮。我每天做梦都梦见吃桃子。”

地主与长工

从前，有一个长工在地主家打工，地主非常苛刻，经常拖欠工资，每个月到发工资的时候就给长工几个红薯作为抵押品。某日该地区闹起了水灾，洪水吞没了土地和房屋。人们纷纷爬上了山顶和大树，想要逃脱这场灾难。在一棵大树上，地主和长工聚集到一起。地主紧紧地抱着一盒金子，警惕地注视着长工的一举一动，害怕长工会趁机把金子抢走，长工则提着一篮红薯，呆呆地看着滔滔大水。除了这篮红薯，长工已一无所有了。几天过去了，四处仍旧是白茫茫一片。长工饿了就吃几口红薯，地主饿了却只有看着金子发呆。地主舍不得用金子去换红薯，长工也不愿白白地把红著送给地主。又几天过去了，大水终于退了。长工高兴地爬到树下继续生活，地主却静静地躺着，永远留在大树上了。

二、基数效用论与序数效用论

消费者行为理论是研究效用的最大化问题。一些经济学家认为效用可以用具体的数字来表示，一些经济学家则认为效用作为一种心理现象，是不能用数字来表示的。因此就产生了两种不同的消费者行为理论：基数效用论和序数效用论。

基数效用论认为效用是可以计量并加总求和的，即效用的大小可以用基数（1、2、3、……）来表示。基数效用论利用边际效用分析法来说明效用最大化问题。序数效用论认为效用作为一种心理现象无法计量，也不能加总求和，只能表示出满足程度的高低与顺序，因此，效用只能用序数（第一、第二、第三、……）来表示。序数效用论利用无差异曲线作为分析工具来说明效用最大化问题。

任务二　基数效用论

一、总效用与边际效用

（一）总效用

总效用是指消费者在一定时间内从一定数量的商品的消费中所得到的效用量的总和。

例如，消费者消费5块面包的效用分别表示为U_{Q1}、U_{Q2}、U_{Q3}、U_{Q4}、U_{Q5}单位的效用，而将这些单位的效用加总起来即可得到消费面包的总效用（total utility，可以简写为TU），即$TU=U_{Q1}+U_{Q2}+U_{Q3}+U_{Q4}+U_{Q5}$。假定消费者在一定时间内对一种商品的消费数量为$Q$单位，则总效用函数可表示为$TU=U(Q)$。

（二）边际效用

边际效用是指消费者在一定时间内增加一单位商品的消费所得到的效用量的增量。例如，一个人吃香蕉，从第一个吃到第五个，每一个给他带来的满足程度是不一样的，最后一个香蕉所带来的效用即为边际效用。如果用ΔQ表示消费商品数量的变化量，用ΔTU表示总效用的变化量，$MU_Q=\Delta TU/\Delta Q$，假如商品的消费数量Q是无限可分的，那么边际效用可用下式表示：

$$MU=\frac{\mathrm{d}(TU)}{\mathrm{d}Q}$$

（三）总效用与边际效用的变动规律

1. 效用表

表3-1　总效用与边际效用

果汁的消费量（瓶/天）	总效用	边际效用
0	0	–
1	30	30
2	50	20
3	60	10
4	65	5
5	68	3
6	70	2
7	70	0
8	65	-5

如表3-1表示，消费者随着所消费的果汁数量的增加，在一定范围内所获得的总效用也会增加。他消费一瓶果汁所获得的效用为30个效用单位，消费两瓶果汁所获得的总效用为50个效用单位，消费三瓶果汁所获得的总效用为60个效用单位……该表还表示，当他的果汁消费量由一瓶增加到两瓶时，他从增加的这瓶果汁所获得的效用（即边际效用）为20个效用单位，消费量从两瓶果汁增加到三瓶果汁时，他从第三瓶果汁中所获得的效用（即边际效用）为10个效用单位，当他的消费量从六瓶果汁增加到七瓶果汁时，他获得的总效用并无变化，都是70个效用单位，这表示

消费量为七瓶果汁时的边际效用等于零，或者说第七瓶果汁所带来的总效用增量为零。而当他消费第八瓶果汁时，其总效用量开始下降，第八瓶果汁的边际效用则出现了负值。

2. 效用曲线

根据表3-1可以做出总效用曲线和边际效用曲线，如图3-1（Ⅰ）中，横轴代表消费量，纵轴表示总效用，*TU*为总效用曲线。图3-1（Ⅱ）中，横轴表示消费量，纵轴表示边际效用，*MU*为边际效用曲线。总效用曲线是一条先递增后递减凸向上方的曲线，而边际效用曲线是一条从左上方向右下方倾斜的曲线。

二、边际效用递减规律

从图3-1中可以看出，随着果汁消费数量的增加，总效用开始增加，增加到一定程度后开始下降，但边际效用却一直是下降的。也就是说对果汁的消费超过一定量后，不但不能增加消费者的满足和享受，反而会使消费者对果汁产生厌恶情绪。由此可见，同一商品的每一单位给消费者带来的满足程度是不同的。一定时间内，在其他商品的消费数量保持不变的条件下，随着消费者对某种商品消费量的增加，消费者从该商品连续增加的每一消费单位中所得到的效用增量即边际效用是递减的。我们将这种物品的边际效用递减的趋势称为边际效用递减规律。

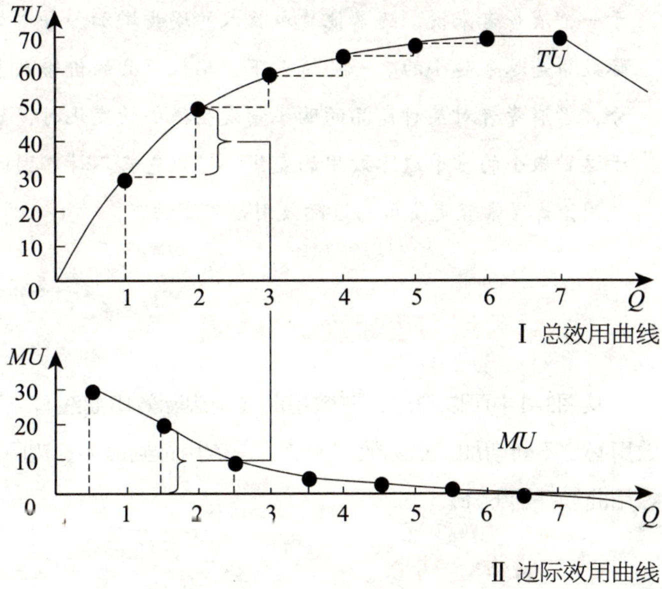

图3-1　总效用曲线和边际效用曲线

根据西方学者的解释，边际效用递减有两个方面的因素：一是因为生理和心理的原因。人的欲望是多种多样的，当消费者消费一种商品时，随着消费数量的增加，其生理上得到的满足或心理上对重复刺激的反应就递减了，此时增加消费，反而会引起讨厌的感觉；二是来自商品本身的用途，每种商品都有多种多样的用途，当某种商品数量很少时，人们会根据自己的判断把它用到最需要、满足程度最高的地方，如果数量增加，人们就会用于满足程度较低的其他用途。例如，消费者有三块巧克力，他把第一块用于最重要的充饥，第二块用于赠送朋友，第三块用于赐舍。所以，某物品的一定数量消费中的最后一个单位给消费者提供的效用，一定会小于前一单位提供的效用，这样就形成了边际效用递减现象。

相关链接

吃三个面包的感觉

美国总统罗斯福连任三届后，曾有记者问他有何感想，总统一言不发，只是拿出一块三明治面包让记者吃，这位记者不明白总统的用意，又不便问，只好吃了。接着总统拿出第二块，记者还是勉强吃了。紧接着总统拿出第三块，记者为了不撑破肚皮，赶紧婉言谢绝。这时罗斯福总统微微一笑："现在你知道我连任三届总统的滋味了吧。"这个故事揭示了经济学中的一个重要原理：边际效用递减规律。

基数效用论者认为，货币如同商品一样，也具有效用。消费者用货币购买商品，就是用货币的效用去交换商品的效用。商品的边际效用递减规律对于货币也同样适用。对于一个消费者来说，随着他货币收入的逐步增加，每增加一元钱给该消费者所带来的边际效用是越来越小的。一般情况下，单位商品的价格只占消费者总货币收入中的很小部分，当消费者对某种商品的购买量发生很小的变化时，货币的边际效用变化非常小。对于这种微小的货币边际效用的变化，可以忽略不计。因此，在分析消费者行为时，基数效用论者通常假定货币的边际效用是不变的。

三、总效用与边际效用的关系

从图3-1中可以看出，总效用曲线与边际效用曲线有以下几点关系：边际效用大于零，总效用必定不断增加；边际效用为零，总效用达到最大；边际效用为负值，总效用开始减少，总效用曲线开始下降。

四、消费者剩余

消费者剩余是指消费者在购买一定数量的某种商品时愿意支付的总数量和实际支付的总数量之间的差额。以消费者对苹果的购买行为为例，需求如表3-2所示。

表3-2　某消费者对苹果的需求

购买量（千克）	消费者愿意支付的价格（元）	消费者实际支付的价格（元）	消费者剩余（元）
1	12	6	6
2	10	6	4
3	8	6	2
4	6	6	0
5	5	6	-

表3-2表示消费者在不同价格下愿意购买苹果的数量。当他购买1千克苹果时，愿意支付12元；当他购买2千克苹果时，第一千克愿意支付12元，第二千克愿意支付10元；如果他购买4千克苹果，则第一千克愿意支付12元，第二千克愿意支付10元，第三千克愿意支付8元，第四千克愿意支付6元，共愿意支付36元，但他实际却只支付了24元（4×6=24），比愿意支付的少了12元，这12元就是消费者剩余。

消费者剩余也可以用图形加以说明，如图3-2所示。图3-2是与表3-2数字相对应的某消费者对于苹果的需求图形。该需求图形呈阶梯状。横轴0Q为苹果的消费量，纵轴0P为苹果的价格，阶梯状的曲线为苹果的实际价格线。当苹果的实际价格为每千克6元时，消费者的消费量为4千克，所支付的货币总额为24元，消费者剩余就是图中阶梯状曲线与虚线围成的区域的面积。

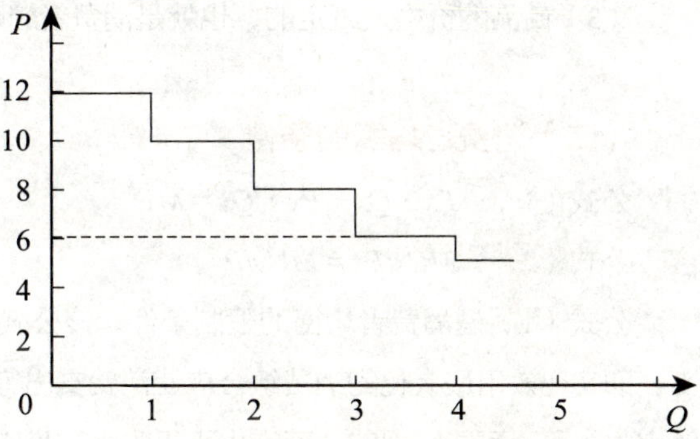

图3-2　边际效用递减与消费者剩余

消费者剩余的形成是由于物品的边际效用递减规律。消费者按他对物品效用的评价来决定他愿意支付的价格，对不同数量的物品，消费者常常是愿意支付不同的价格的。然而消费者在市场上所面临的同种商品的价格一般是相同的，这样，消费者为一定量某种商品愿意支付的价格和他实际支付的价格之间，就可能出现差额，即消费者剩余。此外与社会福利状况水平与专业化分工也有关系。

五、消费者剩余的应用

消费者剩余这一概念是分析某些问题时的一种重要工具。如道路、水坝、生态林投资的成本—收益分析中，消费者剩余是非常有用的工具。由于公共物品由政府投资，消费者无偿使用，因而它不能带来实际收入，政府对其收益的计量应根据消费者剩余来估算。另外，消费者剩余还可以用来分析垄断存在所产生的社会福利损失及对社会福利的评价。

六、消费者均衡

消费者均衡是研究单个消费者如何把有限的货币收入分配在各种商品的购买中，以获得最大的效用。也可以说，它是研究消费者在既定收入下实现效用最大化的均衡条件。这里的均衡是指消费者实现最大效用时的商品购买组合，是一种最佳的不应再作调整的相对稳定的商品购买组合。

（一）消费者均衡的假设

在研究消费者均衡时，我们假设：

（1）消费者的嗜好是既定的，也就是消费者对各种商品效用与边际效用的评价是既定的，不会发生变动。

（2）消费者的收入是既定的，也就是消费者用于购买商品的收入是既定的。

（3）商品的价格是既定的，也就是消费者想购买的各种商品的价格是已知和既定的。

（二）消费者均衡的条件

公式（1）：$Px \cdot Qx + Py \cdot Qy = M$；

公式（2）：$MUx/Px = MUy/Py$。

公式（1）是消费者均衡的限制条件。该公式说明，在收入既定的条件下，实现消费者均衡，即实现效用最大化的消费组合应使消费支出等于收入。若支出大于收入，这种消费组合是既定收入所不可能实现的；若支出小于收入，肯定不能实现效用最大化，因为还有潜在的增加消费支出，以增加效用的可能。

公式（2）是消费者均衡的条件。该公式说明，若要实现效用最大化，最佳消费组合应使两种商品的边际效用与其价格之比相等。

假设某消费者用既定的收入购买n种商品，P_1，P_2，…，P_n分别为n种商品的既定价格，MU_M表示货币的边际效用，Q_1，Q_2，…，Q_n表示n种商品的购买量，MU_1，MU_2，…，MUn分别表示n种商品的边际效用，则消费者效用最大化的均衡条件可以用两个公式来表示：

公式（1）：$P_1Q_1 + P_2Q_2 + \cdots + P_nQ_n = M$；

公式（2）：$MU_1/P_1=MU_2/P_2=\cdots=MU_n/P_n$。

任务三 序数效用论

序数效用论用无差异分析方法来说明消费者均衡的实现，这一方法是借助两个工具来实现的，即无差异曲线和预算线。

一、消费者偏好的假定

序数效用论者对消费者偏好有以下三个基本的假设条件：

（1）对于任何两个商品组合A和B，消费者总是可以做出，而且也仅仅只能做出以下三种判断中的一种：对A的偏好大于对B的偏好（$U_A > U_B$）；对A的偏好小于对B的偏好（$U_A < U_B$）；对A和B的偏好相同，也被称作A和B是无差异的（$U_A=U_B$）。

（2）对于任何三个商品组合A、B和C，如果某消费者已经做出判断：对A的偏好大于（或小于或等于）对B的偏好，对B的偏好大于（或小于或等于）对C的偏好，那么，该消费者可做出对A偏好大于（或小于或等于）对C的偏好的判断。也就是说，如果$U_A>$（<或=）U_B，$U_B>$（<或=）U_C，则$U_A>$（<或=）U_C。

（3）如果两个商品组合的区别仅在于商品数量的不同，那么，消费者总是偏好商品数量较多的那个组合。

二、无差异曲线

1．无差异曲线的定义

无差异曲线是指能够给消费者带来同等效用水平或满足程度的两种商品不同数量组合的点的轨迹。

若用横轴代表X商品的数量0X，纵轴代表Y商品的数量0Y，每个点的物品组合提供给消费者的效用都相等，所以也叫作等效用曲线，如图3-3所示。

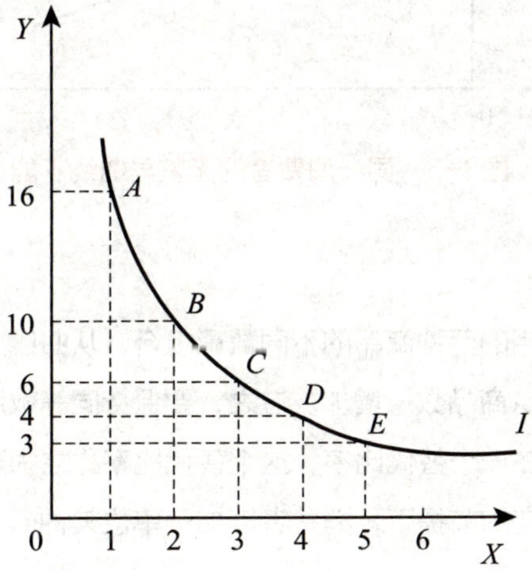

图3-3　无差异曲线

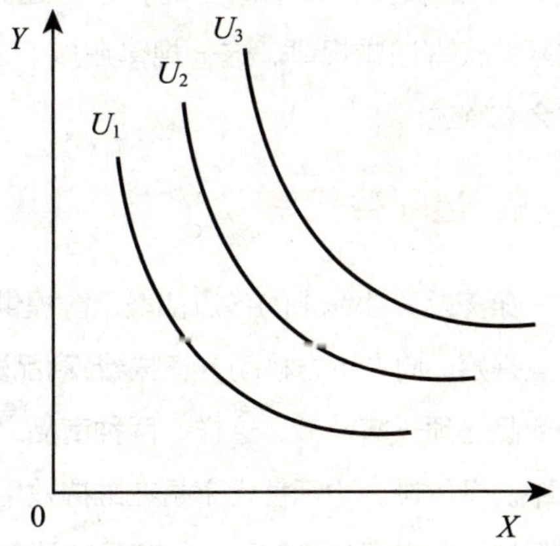

图3-4　无差异曲线群

在现实生活中，消费者对两种可替代商品的需求水平可能是多种多样的。比如，当总收入水平提高时，消费量X和Y都可能增加，并且同比例地增加。这样，就可以在同一坐标图上画出无数条无差异曲线U_1、U_2、U_3、……，并且每一条无差异曲线代表消费者某一既定的效用。无差异曲线所组成的坐标图，称为无差异曲线群，如图3-4所示。

2．无差异曲线的特点

无差异曲线具有四个重要特点：

第一，无差异曲线是一条由左上方向右下方倾斜的曲线，其斜率为负值。这就表明，在收入与价格既定的条件下，消费者为了得到相同的总效用，在增加一种商品的消费时，必须减少另一种商品的消费。

第二，在同一坐标平面上可以有无数条无差异曲线。同一条无差异曲线代表相同的效用，不同无差异曲线代表不同的效用。离原点越远的无差异曲线，代表的效用越大。离原点越近的无差异曲线代表的效用越小。这一点可以用图3–4来说明，U_1、U_2、U_3是三条不同的无差异曲线，它们代表不同的效用，其顺序为：$U_1 < U_2 < U_3$。

第三，在同一无差异曲线图上，任意两条无差异曲线不能相交。不同的无差异曲线代表不同的收入或支出水平下消费者获得的总效用。如果两条曲线相交，如图3–5所示。相交点A与曲线U_1上的任意一点C所代表的总效用相同；同时，相交点A与曲线U_2上的任意一点B所代表的总效用也相同，则C点和B点所代表的总效用相同。而这显然与我们上面所讨论的U_1和U_2是代表不同的总效用相矛盾。

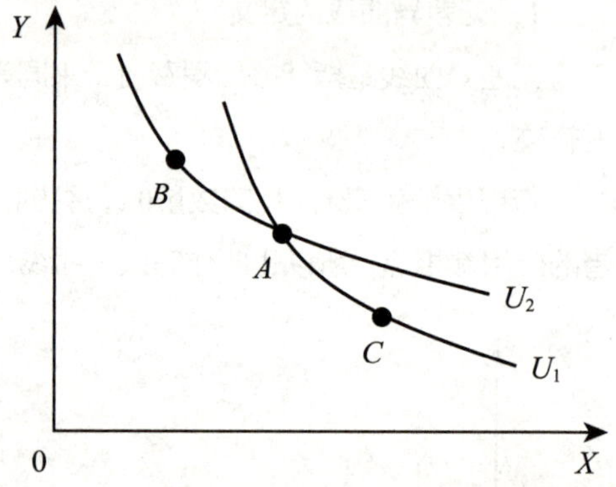

图3–5　同一消费者的无差异曲线不能相交

第四，无差异曲线是一条凸向原点的曲线，这是由边际替代率递减规律所决定的。随着X的增加，为了使效用水平不变，每增加一单位X所要放弃的Y的数量是逐渐减少的，这种趋势被称为边际替代率递减规律。这一规律在接下来的内容中会有阐述。

三、边际替代率

一条无差异曲线上的各点都表示能提供同等效用的两种商品的不同数量组合，从曲线上任意一点开始，向右下方移动，意味着Y商品数量减少X商品数量增加。总之，要保持同等效用，两种商品必须一增一减。这样，两种商品之间就存在一个替代比率，这个替代比率称之为边际替代率。具体说，边际替代率是在维持效用水平不变的前提下，消费者增加一单位某种商品的消费数量时所需要放弃的另一种商品的消费数量。

用MRS_{XY}表示商品X对商品Y的边际替代率，则公式为：

$$MRS_{XY}=-\frac{\Delta Y}{\Delta X}$$

$$MRS_{XY}=-\frac{dY}{dX}$$

由于在无差异曲线中，ΔX和ΔY总是呈反向变动，X的增加必然伴随着Y的减少，所以边际替代率计算出来必然是负数。为简便起见，通常取其绝对值。

无差异曲线的边际替代率可以从曲线上任何相邻的两个点的数值计算出来。我们仍以消费者消费X和Y两种商品的情况为例，列出X代替Y的边际替代率，如表3–3所示。

表3-3　X商品代替Y商品的边际替代率

变动情况	ΔX	ΔY	MRS_{XY}
从A到B	1	3	3
从B到C	1	1	1
从C到D	1	1/2	1/2

我们比较A点和B点，X商品从1个单位增加到2个单位，即ΔX=+1，Y商品则从6个单位减少到3个单位，即ΔY=−3。也就是说，增加1个单位X商品的效用等于减少3个单位Y商品的效用。同理，当从B点到C点时，增加1个单位X商品的效用等于减少1个单位Y商品的效用。由此可见，在无差异曲线上从A点经B点和C点向D点的移动，所引起的X商品的增加而得到的效用正好等于Y商品的减少而丢失的效用，即$|\Delta X|\cdot MU_X=|\Delta Y|\cdot MU_Y$

因为$|\Delta Y/\Delta X|=MRS_{XY}$，所以$X$商品与$Y$商品的边际替代率实际上也是这两种商品的边际效用的比率，即：

$$MRS_{XY}=\frac{MU_X}{MU_Y}$$

从表3-3中，我们还可以发现，X商品代替Y商品的边际替代率是逐步递减的，这就是边际替代率递减规律。它说明了在连续增加某一商品时，人们愿意牺牲的另一种商品的数量是递减的。这是因为，随着某种商品的增加，它的边际效用在递减；随着另一种商品的减少，它的边际效用在增加。所以某种商品能替代的另一种商品的数量就会越来越少。

从几何意义上讲，边际替代率实际上就是无差异曲线上某一点的负斜率，换句话说，斜率的绝对值就是边际替代率。所以，边际替代率递减规律决定了无差异曲线的斜率的绝对值也是从左上方往右下方逐渐减少的，即无差异曲线是凸向原点的曲线（图3-6）。

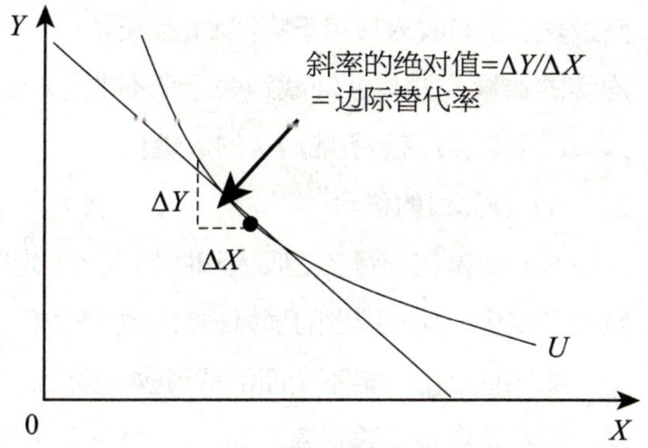

图3-6　边际替代率与无差异曲线的斜率

四、预算线

1．定义

预算线又称消费可能线，是指在收入和商品的价格一定的条件下，消费者的全部收入所能购买到的两种商品的不同数量组合的点的轨迹。

在现实生活中，消费者的主观愿望还要受到客观条件的制约。也就是说，对某一消费者而言，在收入水平和两种商品的价格一定的情况下，他的购买将受到收入和价格的制约。

2．预算方程

假定消费者的货币收入为M，X、Y物品的价格分别为P_X，P_Y，并假定该消费者用全部收入M来购买X和Y两种商品，购买X商品的数量为Q_X，购买Y商品的数量为Q_Y，那么花费在X上的支出为$Q_X \cdot P_X$，花费在Y上的支出为$Q_Y \cdot P_Y$，由于该消费者用全部收入M来购买这两种商品，则M与P_X，P_Y之间存在以下关系：

$$Q_X \cdot P_X + Q_Y \cdot P_Y = M$$

此方程称为预算方程，此方程在坐标轴上图示出来，即得到一条直线，该直线就称为预算线。

3．预算线的特点

如图3-7所示，预算线向右下方倾斜，斜率为负值，其斜率在数量上等于$-P_X/P_Y$，也可以说，预算线斜率的绝对值为两种商品的价格比率。预算线规定了消费者在既定收入和价格之下所能购买到的两种商品的最大数量组合，为消费者提供了一个可能的范围。其与横轴截距表示所有收入只用于购买X商品所能购买的数量，其与纵轴截距表示所有收入只用于购买Y商品所能购买的数量。

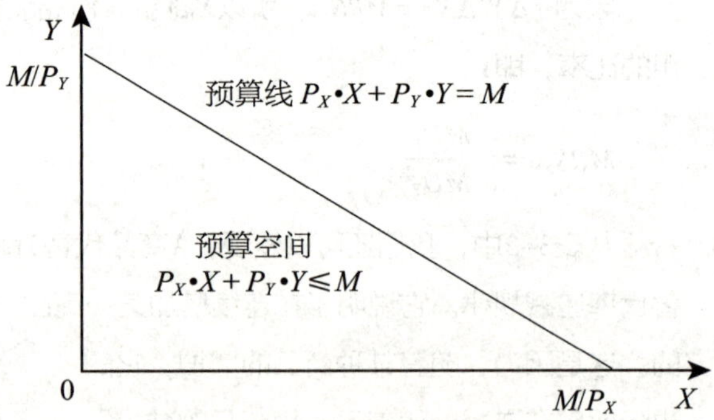

图3-7　预算线及预算集

4．预算线的移动

预算线是在消费者的收入和商品价格既定的条件下做出的，如果消费者收入或商品的价格发生了变化，则消费者的预算线将发生移动。

如果商品的价格不变而消费者收入变动，则消费者预算线斜率不变，将会平行移动。当收入增加，消费者预算线向右上方平行移动，如图3-8中由AB移动到$A'B'$。

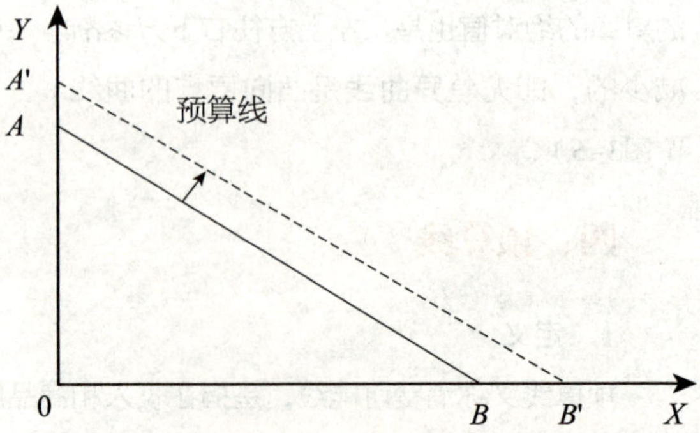

图3-8　消费者的收入变动对预算线的影响

如果货币收入不变，商品价格变动，消费预算线也将移动。若X商品的价格下降而Y商品价格不变，则预算线外移由AB至AB'，如图3-9所示。由于Y商品的价格不变，预算线在Y轴上的截距不变，而X商品价格下降，所有收入所能购买的X商品数量增加，预算线的移动则以预算线在Y轴上的截距点A为轴心向外侧旋转。以上仅介绍收入变化和其中一种商品价格变化后预算线发生变动的情况，而实际上预算线的变动情况复杂。比如在价格变化时，一种商品价格变化和两种商品价格同时发生变化情况不同，两种价格发生变化时，同比例发生变化和不同比例的变化情况也不同。

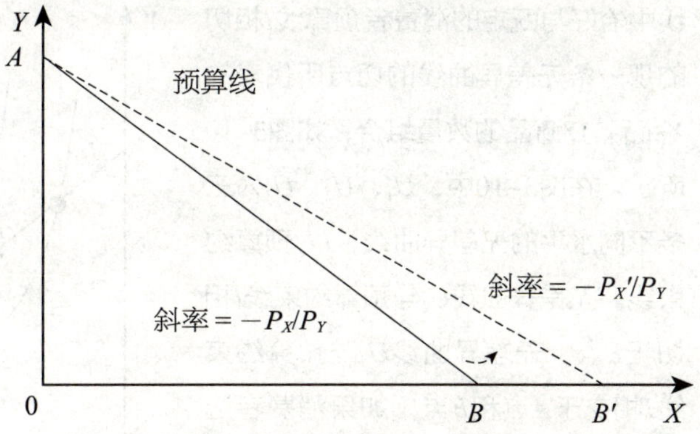

图3-9　商品价格的变动对预算线的影响

五、消费者均衡

1．假设

在研究消费者均衡时，假设：第一，消费者的偏好既定。也就是说消费者对各种商品的评价不会发生变化；第二，消费者的收入既定。也就是对消费者来说，每一单位的货币边际效用是相等的；第三，商品价格既定。因此，所谓的消费者均衡，就是在偏好、商品价格一定的情况下，消费者把有限的收入用于消费各种物品，以获取最大的效用。此时，消费者既不想再增加也不想再减少任何商品的购买数量。

2．消费者均衡的条件

在前面的内容中我们曾介绍过总效用和边际效用的关系问题。在边际效用为零时，总效用最大。其实这一结论说明了一个问题，就是在消费者连续消费一种商品时，如果增加一单位商品的消费所带来的效用增量是零，也就是说，此时消费的单位商品的边际效用为零，消费者的总效用水平达到最大。所以我们说，在消费者连续消费一种商品时，消费者效用最大化的条件是：边际效用为零。即：MU=0，TU最大。这是在基数效用论中的消费者均衡问题。

序数效用论中的消费者均衡是指在一定收入和一定价格条件下，消费者购买商品的最佳数量组合，以获得最大满足的经济状态。

从主观方面讲，无差异曲线表示了消费者根据其主观愿望对不同商品进行多种组合以获得最大效用的偏好，离原点越远的无差异曲线效用越高。但是客观上，消费者必须受到其货币收入和商品价格的限制，这种限制由预算线表示出来。如何在既定的收入和价格条件下在不同商品之间做出最佳购买决定，以求得最大效用，这是消费者追求的目标，是消费者主观选择和客观限制的统一。

因此，我们要研究的问题就是：消费者应买进X商品和Y商品各多少，才使他花费M元钱获得的效用为最大值。可以证明，消费者购买X商品与Y商品的最佳数量组合，是许多条无差异曲线中恰好与既定的消费者预算线I相切的那一条无差异曲线的切点所代表的X商品与Y商品的数量组合，如图3-10所示。在图3-10中，U_1、U_2、U_3为三条不同水平的无差异曲线，I为预算约束线。无差异曲线U_2与预算约束线I相切于E点，无差异曲线U_1与预算约束线I相交于A点和B点。如果消费者选择曲线U_1上C点的商品组合，由于C点处于预算空间内，消费者没有用完他的全部收入，也就没有获得最大的满足。如果消费者选择A点或B点的商品组合，尽管他的收入用完了，但由于曲线U_1所代表的效用量较低，消费者仍未获得最大的满足。如果消费者选择了曲线U_3上D点的商品组合，由于D点处于预算空间之外，则他无法实现其主观愿望，因为这个商品组合已超过了他的购买能力。只有在E点上，消费者才能保证既用完了全部收入，又获得了最大的满足。也就是说，只有此时，其全部收入的支出所获得的效用才达到最大化。无差异曲线U_2和预算约束线I的相切点E点就是消费者均衡点。

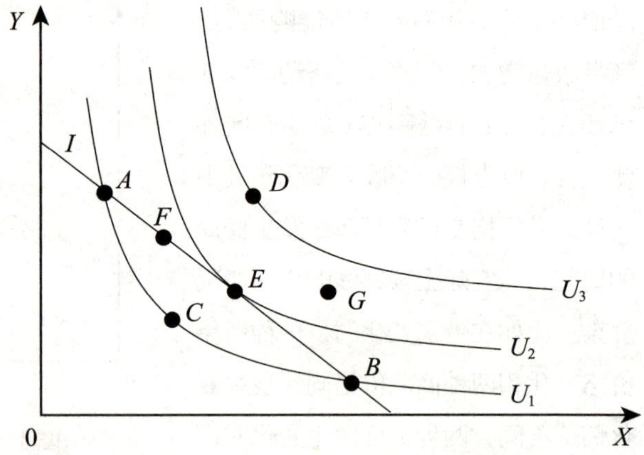

图3-10 消费者均衡

在消费者均衡点E点上，无差异曲线的切线的斜率和预算约束线的斜率是相等的，根据我们前面对无差异曲线特点的介绍，$MRS_{XY}=MU_X/MU_Y$，因此预算线斜率与无差异曲线切线的斜率的相等意味着：

$$MRS_{XY}=\frac{MU_X}{MU_Y}=\frac{P_X}{P_Y}$$

这就是消费者均衡的条件。我们可以描述为：两种商品的边际效用之比等于两种商品的价格之比。

以上的公式可以变形为：

$$\frac{MU_X}{P_X}=\frac{MU_Y}{P_Y}$$

这个公式的意义在于我们可以把以上消费两种商品的情况推广至消费多种商品。具体可以表述为：如果消费者的货币收入固定不变，消费者从所购买的每一种商品所得到的边际效用与其价格的比例都相同；或者说，消费者使自己花在每一种商品上的最后一元钱所带来的边际效用都相等。

以上条件存在时，消费者达到均衡，实现效用最大化。当消费者没有达到均衡时，可以通过调整商品的购买数量达到均衡，比如当$MRS_{XY}<P_X/P_Y$时，消费者将减少对X商品的消费，而增加对Y商品的消费。

习 题

一、名词解释

1. 效用　2. 边际效用　3. 消费者剩余　4. 无差异曲线
5. 预算线　6. 边际替代率　7. 消费者均衡　8. 恩格尔系数

二、单项选择题

1. 如果某商品的边际效用等于零，那么（　　）。

A. 该商品的总效用也等于0

B. 该商品不是消费者想去消费的物品

C. 该商品的总效用已经是最大

D. 该商品没有效用

2. 边际效用递减规律说明（　　）。

A. 随着对某商品消费量的增加，该商品的总效用有下降趋势

B. 随着对某商品消费量的减少，该商品的总效用有下降趋势

C. 随着收入的增加，边际效用有下降趋势

D. 随着对某商品的消费量的增加，其边际效用有下降趋势

3. 假定消费者的收入为50元，商品*X*的价格为5元，商品*Y*的价格为4元。消费者计划购买6单位的*X*和5单位的*Y*商品，商品*X*、*Y*的边际效用分别为60元和30元。如果要得到最大效用，他应该（　　）。

A. 增购*X*和减少*Y*的购买量　　B. 增购*Y*和减少*X*的购买量

C. 同时减少*X*和*Y*的购买量　　D. 同时增加*X*和*Y*的购买量

4. 一个消费者愿意为第一杯啤酒付11元，第二杯付7元，第三杯付4元，第四杯付2元，第五杯付1元。如果啤酒价格为2元，消费者剩余将是（　　）元。

A. 24　　B. 22　　C. 20　　D. 15

5. 带来相同效用水平的商品组合，集中在消费者的（　　）。

A. 预算约束线上　　B. 无差异曲线上

C. 需求曲线上　　D. 生产可能性曲线上

6. 同一条无差异曲线上的不同点表示（　　）。

A. 效用水平不同

B. 效用水平相同，但所消费的两种商品的组合比例不同

C．效用水平不同，两种商品的组合比例不同

D．效用水平不同，两种商品的组合比例相同

7．无差异曲线上任一点商品X、Y的边际替代率等于它们的（　　）。

A．价格之比　　B．数量之比

C．边际效用之比　　D．边际成本之比

8．任何预算约束线的位置和图形取决于（　　）。

A．消费者的偏好、收入水平

B．所购商品的价格

C．消费者的偏好

D．所购商品的价格和收入水平

9．对正常品，收入增加时不准确的是（　　）。

A．预算线向外平行移动

B．需求曲线向右移动

C．需求量增加

D．更多的钱用在这种商品的消费上

三、简答题

1．水对人类的重要性要远大于钻石，为什么其价格却不及后者的千分之一？

2．基数效用论与序数效用论有哪些联系与区别？

四、论述

运用序数效用论的理论说明消费者如何通过比较和确定所选择的不同商品或商品组合的效用，最终达到消费者均衡的过程，并说明消费者效用最大化的条件。

五、案例分析

假如你有一张周杰伦的签名CD专辑。因为你不是周杰伦迷，你决定把该专辑以拍卖的方式卖出。四个周杰伦迷出现在你的拍卖会上，他们分别为A、B、C、D。他们每一个人都想拥有这张专辑，但每一个人愿意付出的代价不一样。每一个人愿意付出的最高价格称为支付意愿。A最高愿意出100元；B最高愿意出80元；C最高愿意出70元；D最高愿意出50元。为了卖出你的专辑，你得从低价开始叫价，比如说从10元开始。由于四个人愿意支付的价格较多，价格很快上升。当A报价为80元时，叫价停止。因为在这一点上另外

三个人不愿叫出高于80元的价格。A付出80元得到了专辑。但是A愿意支付的最高价格是100元，我们说A得到了20元的消费者剩余。

问题：请你根据消费者行为理论分析上述案例，并说说本案例带给你的启示。

六、实训项目

讨论如何应对沉迷网络游戏的措施

背景资料：网络游戏以它明快的节奏、角色代入的快感、虚拟现实的成就吸引了众多的游戏爱好者。适度的网络游戏可以排解烦恼、减轻压力，给人带来一种精神上的愉悦，但虚拟的快乐让一部分玩家沉迷于中，不可自拔。不断有新闻报道一些网络游戏成瘾的青少年因为过度沉迷导致学业荒废、家庭不和甚至陷入犯罪的事实，也有很多专家在研究如何解决沉迷网络游戏的问题。

实训题目：我们是否可以利用经济学中边际效用递减规律来应对这一问题呢?请来讲讲你的解决方案。

项目四 生产理论

学习目标

1. 理解短期生产函数和长期生产函数
2. 掌握总产量、边际产量、平均产量的含义
3. 掌握总产量、边际产量、平均产量的变动规律
4. 掌握要素的最优配置原理
5. 理解规模报酬与规模经济的概念

案例导入

为什么大商场平时不延长营业时间

像燕莎、银座等这样的大商场，在平时一般不延长或很少延长营业时间，但周末、“五一”“十一”黄金周、春节期间，都大规模地延长营业时间，这是为什么？

任务一 生产概述

一、企业

企业，又称厂商，是为达到一定目的而从事商品生产或服务的单个经济决策单位。企业可以分为个人企业、合伙制企业、公司制企业。

二、生产和生产要素

生产就是把投入转化为产出的过程。在生产过程中，需要投入不同的资源，即生产要素。

一般来说，生产要素可以分为以下几种：

劳动：是指生产过程中的人力消耗，包括脑力劳动和体力劳动。

资本：是指生产过程中使用的各种资本品，包括：物质资本（如厂房、机械设备、原材料等）、货币资本（流动资金、票据和有价证券）、无形资本（商标、专利和专有技术）和人力资本（经教育、培育和保健获得的体力、智力、能力和文化）。

土地：是指生产过程中所使用的，以土地为主要代表的各种自然资源，如土地、水、原始森林、各类矿藏等。

企业家才能：是指生产过程中所必需的经营整个企业的组织能力、控制能力、管理能力和创新能力等。

三、生产函数

生产函数是表示在一定时期内，在技术水平不变的情况下，生产中所使用的各种生产要素的数量与所能生产的产量之间的关系的函数。

以Q表示产量，L，K，N，E分别代表劳动、资本、土地、企业家才能，则生产函数一般表达式为：

$Q=f(L, K, N, E)$

在分析生产要素与产量的关系时，一般地，以土地为代表的自然资源是既定的，企业家才能又难以具体估算。因此，生产函数可以简化为：

$Q=f(L, K)$

它表明，在一定技术水平下，生产Q的产量，需要一定数量劳动与资本的组合。同样地，在劳动与资本的数量与组合为已知时，也就可以推算出最大的产量。

生产函数需要注意：第一，生产函数假定所有投入要素都得到了有效使用，没有任何浪费和闲置，所以，生产函数所反映的产量，是在既定技术条件下投入要素所能获得的最大可能产量；第二，技术水平不变条件下，生产要素的投入量不同，其产出也不同；第三，技术进步和生产要素质量的变化会导致新的生产函数关系产生；第四，在生产过程中，为生产一定量产品所需要的各种生产要素之间的组合比例一般称为技术系数，如果各种要素之间不能替代，即这个组合比例是不可改变的，则称为固定技术系数；如果生产要素之间可以相互替代，即要素组合比例可以改变，则称为可变技术系数。

四、短期生产函数和长期生产函数

经济学上所说的“短期”“长期”，不是指具体的时间跨度，而是指生产者能否来得及调整全部生产要素的时期。短期指生产者来不及调整全部生产要素投入数量，至少有一种生产要素投入数量是固定不变的时间周期。长期指生产者可以根据环境的变化调整全部生产要素投入数量，对生产进行调整的时间周期。在短期和长期划分的基础上，相应地可以把投入要素分为不变投入和可变投入。不变投入又称为固定投入，是指在所考察的时期内其数量不能改变的投入要素。不管产量如何变动，不变投入的数量都是固定的，如厂房、机器设备、土地等。可变投入是指在所考察的时期内其数量可以改变的投入要素。当产量变化时，可变投入的数量也会发生变化，如直接生产工人、原材料、燃料等。在短期内，企业为了实现产量目标，只能调整可变投入，而来不及调整固定投入。长期内所有的生产要素都是可变的，因而也就没有可变投入和固定投入的区分。不同的行业，短期和长期的时间长度不同。例如，对一个汽水摊来说，长期可能仅一两天；而在汽车制造厂，长期也许是三五年。

明确了短期与长期的概念后，我们可以将生产函数区分为短期生产函数和长期生产函数。

短期生产函数是在其他要素的投入不变，一种生产要素的投入和产量之间的关系。假设资本投入量不变，劳动投入量可变，短期生产函数可表示为：

$Q=f(L)$

长期生产函数是多种要素投入和产量之间的关系。在长期中，资本和劳动都是可变的，因此，长期生产函数可以表示为：

$Q=f(L,K)$

任务二　短期生产函数

一、总产量、平均产量和边际产量

假定生产某种产品投入的生产要素只有劳动（L）和资本（K）两种生产要素，短期情况下，厂商在一定技术条件下用劳动和资本生产一种产品，厂商的可变投入只有劳动，资本为不变投入，此时短期生产函数可写成：$Q=f(L)$，这个函数只有一种可变要素投入。在考察这个函数中劳动投入量与产量间的关系时，首先要明确总产量、平均产量和边际产量的关系。

总产量是指一定量生产要素投入后所生产出来的全部产量，用TP来表示：$TP=f(Q)$；

平均产量是指平均每单位某种可变生产要素所生产出来的产量，用AP表示：$AP=TP/Q$；

边际产量是指增加一单位某种生产要素所增加的产量，用MP表示：$MP=\Delta TP/\Delta Q$。其中ΔQ表示这种生产要素的增量，ΔTP表示产量的增量。

二、总产量、平均产量与边际产量的变动规律

可以通过表4-1来说明。根据表4-1并加以平滑，我们可以得到图4-1，图中分别画出了总产量、边际产量和平均产量的曲线。

表4-1　总产量、平均产量与边际产量变动规律表

资本量（K）	劳动量（L）	劳动增量（ΔL）	总产量（TP）	边际产量（MP）	平均产量（AP）
10	0	0	0	0	0
10	1	1	8	8	8
10	2	1	22	14	11
10	3	1	42	20	14
10	4	1	60	18	15
10	5	1	76	16	15.2
10	6	1	90	14	15
10	7	1	90	0	12.86
10	8	1	80	-10	10
10	9	1	63	-17	7
10	10	1	40	-23	4

通过以上的图表可知，总产量线是先递增上升，后递减上升，然后下降的一条曲线。当边际产量最大时，总产量线上出现拐点，当边际产量为零时，总产量最大。边际产量曲线和平均产量曲线都是呈倒U型的，即都是先上升后下降的曲线，边际产量曲线从上而下穿过平均产量曲线的最高点处。

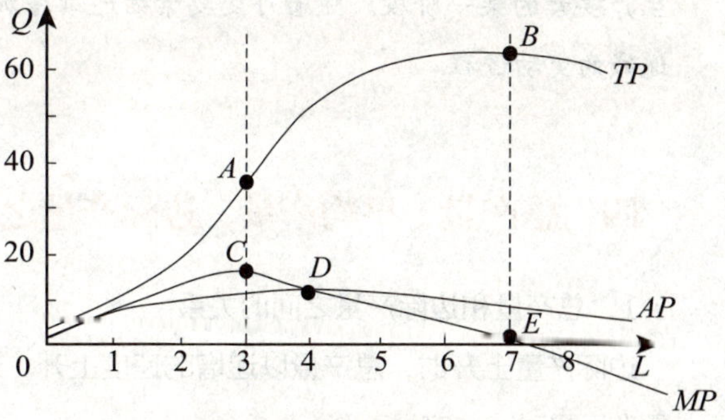

图4-1　总产量、平均产量和边际产量的规律

三、边际收益的递减规律

从上面的例子可以发现，当劳动投入量增加到一定程度时，其边际产量就会递减，这不是一个偶然的现象，而是一个普遍的规律。就是说，在技术水平和其他生产要素不变的情况下，对于可变比例的生产函数，连续增加某种可变投入会使边际产量先增加，增加到某一点后又不断减少，我们把这种现象称为边际收益递减规律。边际收益递减的原因就在于，其他生产要素不变的情况下，连续增加相同单位的可变生产要素，会使要素的配置逐渐趋于合理又趋于不合理，所以出现了这样的变动规律。

相关链接

施肥量越多越好吗?

早在1771年英国农学家杨格就用在若干相同的地块上施以不同量肥料的实验，证明了肥料施用量与产量增加之间存在着这种边际产量递减的关系。这不是偶然的现象而是经验性规律。假如农民在一亩土地上撒一把化肥能增加产量1千克，撒两把化肥增产3千克，但一把一把化肥的增产效果会越来越差，过量的施肥量甚至导致土壤板结粮食减产。边际产量递减规律是从社会生产实践和科学实验中总结出来的，在现实生活的绝大多数生产过程中都是适用的。

要理解这一规律，要注意以下几点：

（1）此规律只存在于技术系数可变的生产函数中。对于固定技术系数的生产函数，仅增加一种要素投入时，其产量增量为零。

（2）此规律是以技术不变为前提的，如果生产技术进步了，则一般会推迟出现边际收益递减现象。

（3）边际收益递减规律只出现在其他生产要素的投入固定不变，连续增加某种可变生产要素的某一阶段。随着可变要素的连续增加，其边际收益一般要经过增加、不变和递减的变动过程。

四、总产量、平均产量、边际产量之间的关系

1．总产量和边际产量之间的关系

边际产量上升时，总产量以递增的速度上升；边际产量为零时，总产量达到最大；当边际产量小于零时，总产量下降。

2．边际产量和平均产量的关系

当边际产量大于平均产量时，平均产量是上升的；当边际产量小于平均产量时，平均产量是下降的；而当边际产量等于平均产量时，平均产量达到最大。如图4–1中，边际产量线和平均产量线的交点是D点，该点也是平均产量的最高点。边际产量和平均产量之间的这种关系是不难理解的。因为边际产量表示的是增加单位生产要素投入以后引起的产量增加量，只要这个增加量比在此之前的平均产量高，说明是相当于在原有平均数的基础上加上一个更大的数进行平均，那么，考虑这一生产要素投入以后的平均产量必然上升。

五、厂商的合理投资区域

根据短期生产的总产量、平均产量和边际产量曲线间的相互关系，可以把生产分为三个阶段，如图4–2所示。

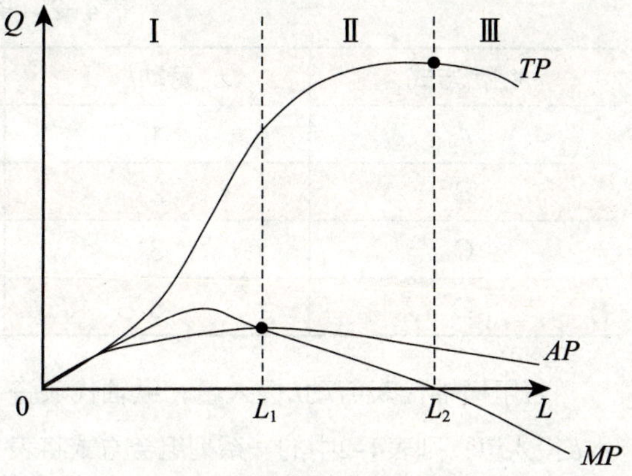

图4-2　生产的三个阶段

第Ⅰ阶段，可变投入要素的数量小于L_1。这一阶段产量曲线的特征为：可变要素的边际产量先递增然后递减，且始终大于平均产量，总产量和平均产量一直呈上升趋势。这说明：在这一投入阶段，相对于固定投入要素来说，可变投入要素相对不足，只要增加可变投入要素，不仅会更充分利用固定生产要素，而且可以使总产量以递增的速度增加，所以，理性厂商不会把可变要素投入量限制在这一区域内。

第Ⅱ阶段，可变投入要素的数量在L_1和L_2之间。这一阶段，可变要素的边际产量递减且小于平均产量，但仍为正值。平均产量呈递减趋势，总产量仍呈上升趋势。

第Ⅲ阶段，可变投入要素的数量大于L_2。这个阶段生产函数的特征是边际产量为负值，总产量和平均产量均呈递减趋势。这时每增加单位可变生产要素不仅不能提高反而降低了总产量，表明与固定要素投入相比，可变要素投入相对过剩。显然，理性厂商也不会在这一区域进行生产。

由此可见，理性厂商必然选择在第二阶段进行生产。这一区域被称为生产要素的合理使用区域或经济区域。

但是在第二区域的生产中，生产者究竟投入多少可变生产要素可以实现利润最大化，不仅取决于生产函数，还取决于成本函数。

任务三　长期生产函数之要素的最优配置

一、等产量线

1．定义

等产量线是在一定的技术条件下，能够给生产者带来同等产出水平的两种生产要素不同数量组合的点的轨迹。

假设有两种生产要素L和K，它们有A、B、C、D四种组合方式可以产出等量的产品，见表4-2。

表4-2 要素组合表

组合方式	劳动L	资本K	产量（Q）
A	1	6	100
B	2	3	100
C	3	2	100
D	6	1	100

若用横轴代表劳动L投入量，纵轴代表资本K投入量，则表4-2中的一系列组合方式将表现为许多点，连接这些点所形成的平滑曲线即为等产量线，如图4-3所示。在等产量线上，每个点代表的生产要素投入数量组合不同，但是却能带来同等数量的产出。

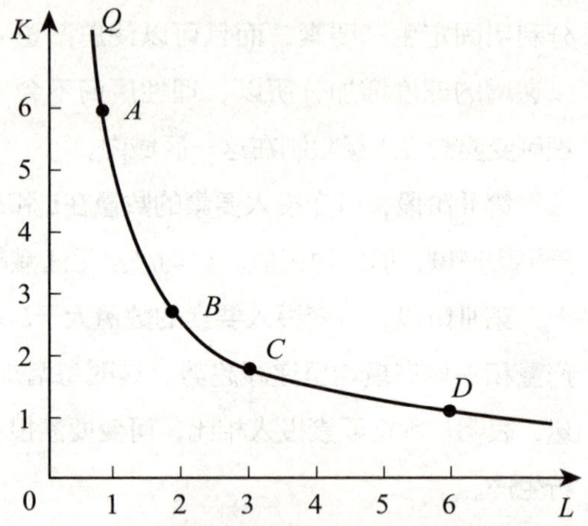

图4-3 无差异曲线

2．特点

通过以上分析可以看出，可变比例生产函数对应的等产量曲线有如下特点：

（1）等产量曲线是一条向右下方倾斜的曲线，其斜率为负。这说明厂商要维持同一产量，必须在增加劳动投入量时减少资本投入量，或者在增加资本投入量时减少劳动投入量，即资本与劳动之间存在替代关系。

（2）在同一坐标平面上有无数条等产量曲线，不同等产量曲线代表不同的产量，而且，距离原点越远的等产量曲线所代表的产出越大。

（3）同一坐标平面上任意两条等产量曲线不能相交。

（4）等产量曲线是一条凸向原点的曲线。这是因为边际技术替代率是递减规律造成的。从表4-2中可以看出，随着L的增加，为了使产出不变，每增加一单位L投入所要放弃的K投入数量是逐渐减少的，这种趋势被称为边际技术替代率递减规律。在接下来的内容中关于这一规律会有阐述。

3．边际技术替代率

为了说明生产中劳动L和资本K两种生产要素之间的这种替代关系，我们引入边际技术替代率这一概念。所谓边际技术替代率，是指在维持同一产量水平时，每增加一单位某种生产要素而必须减少的另一种生产要素的数量，记为$MRTS$。

用$MRTS_{LK}$表示劳动L对资本K的边际技术替代率，则公式为：

$$MRTS_{LK}=-\frac{\Delta L}{\Delta K}$$

由于ΔL和ΔK呈反向变动，L的增加必然伴随着K的减少，所以边际技术替代率计算出来必然是负数。为简便起见，通常取其绝对值。

边际技术替代率可以从等产量线上任何相邻的两个点的数值计算出来。如图4–3所示，由A点到B点，L要素投入量增加了一个单位，即$\Delta L=1$，K要素投入量从6个单位减少到3个单位，即$\Delta K=-3$，则$MRTS_{LK}=1/3$。也就是说，为了保持同样的产出水平，增加1个单位L要素投入必须要减少3个单位K要素的投入。换句话说，在等产量线上由A点经B点、C点向D点的移动，由于增加L使用量所带来的产量的变化正好等于减少K使用量所带来的产量变化，即$|\Delta L|\cdot MP_L=|\Delta K|\cdot MP_K$。

因为$|\Delta L/\Delta K|=MRTS_{LK}$，所以$L$与$K$的边际技术替代率实际上也是这两种生产要素的边际产量的比率，即：

$$MRTS_{LK}=-\frac{MP_L}{MP_K}$$

从表4–2和图4–3中，我们还可以发现，边际技术替代率是逐步递减的。它说明了为了保持同等的产出水平，增加一种生产要素的投入量所放弃的另外一种要素投入量越来越少。这是由于边际收益递减规律造成的。

等产量曲线上某一点的边际技术替代率就是等产量曲线在该点切线斜率的绝对值，如图4–4所示。

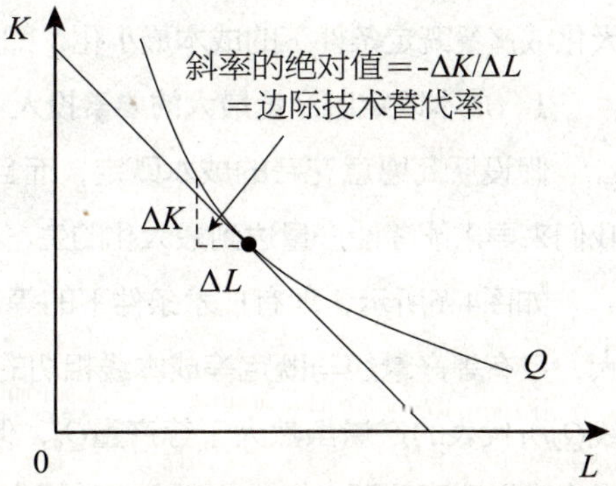

图4–4　边际技术替代率与等产量曲线的斜率

二、等成本曲线

1. 定义

等成本曲线又叫生产预算线，是指在生产者成本支出和生产要素价格一定的条件下，厂商所能够买到的生产要素最大数量的各种组合。

2. 成本方程

如图4–5所示，假定生产某种产品使用两种投入要素劳动（L）和资本（K），并已知劳动与资本的价格分别为P_L和P_K，厂商的总成本支出为C，则能够购买到的两种生产要素数量Q_L和Q_K满足成本方程：

$$P_LQ_L+P_KQ_K=C$$

等成本线就是厂商生产的限制条件。厂商购买的劳动投入和资本投入所付出的成本，大于货币成本的实现不了，如图4–5中的A点；小于货币成本又不能实现最大产量，如图4–5中的B点；唯有等成本线上的任何一点，才表示用既定的全部成本能刚好购买到的劳动和资本的最大数量组合。

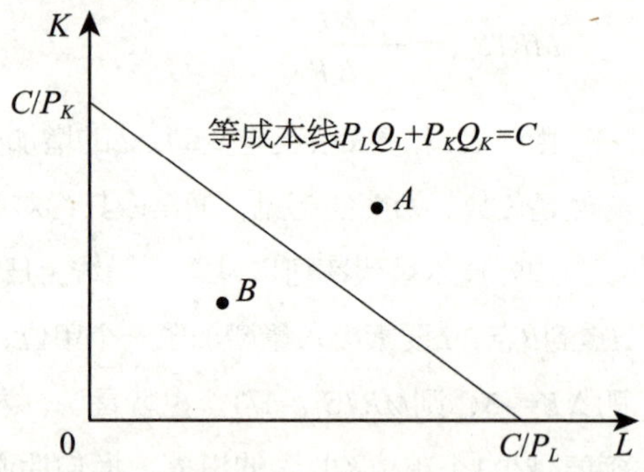

图4–5　等成本线

3．等成本线的特点

等成本线具有如下特点：等成本线向右下方倾斜，斜率为负。等成本线斜率的绝对值等于两种生产要素的价格比。因此，在生产要素价格既定，只改变厂商总成本支出时，等成本曲线的斜率都相同。即总成本增加使等成本线向右上方平行移动，总成本减少时使等成本线向左下方平行移动。

三、生产者均衡

假定投入的成本和产品价格不变，厂商选择最佳投入组合，达到成本既定条件下的产量最大化或产量既定条件下的成本最小化，即达到了生产者均衡。

1．成本既定时产量最大的要素投入

假设厂商愿意花费的成本既定，而且生产要素的价格确定，从而等成本线AB是确定的。我们来寻求能够使产量达到最大化的生产要素投入组合。

如图4–6所示，现有技术条件下的等产量线有很多，但为了使一定成本下的总产量达到最大，只有等产量线与既定等成本线相切的切点E处才是符合要求的要素投入组合。因为等产量线Q_2所代表的产量虽然大于等产量Q_0，但所需要的总成本也比较大，也就是说，现有的成本支出难以购买到那么多生产所需要的投入要素；至于等产量线Q_1与既定的等成本线有交点，且交点处代表的成本也没有增加，但其产量小于Q_0，也就是说，用既定成本购买到的生产要素组合不能使产量达到最大。因此，同前述一样，成本既定条件下的要素最优投入组合在等产量线与等成本线的切点处。

在等成本线与等产量曲线相切的切点，两种生产要素的投入组合调整到了最优状态，也就是达到了生产者均衡状态。此时，等产量曲线的斜率等于等成本线的斜率。等产量线的斜率的绝对值$=MRTS_{LK}=MP_L/MP_K$，等成本线的斜率的绝对值$=P_L/P_K$。

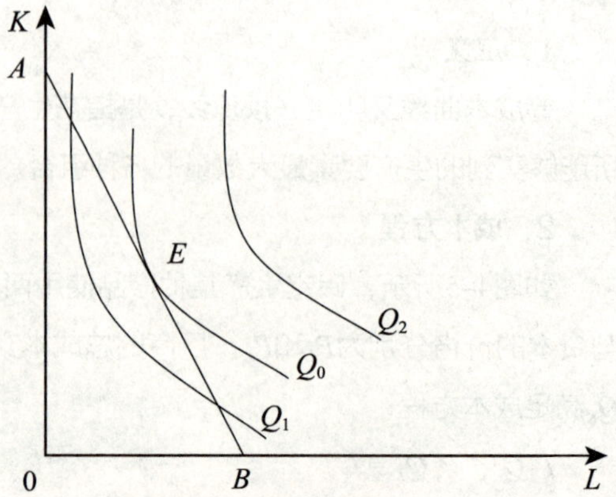

图4–6　成本既定条件下产量最大的要素投入组合

生产均衡的条件可以表示为：

$MP_L/ MP_K = P_L /P_K$或$MP_L/P_L = MP_K /P_K$。

以此类推，如果使用的投入要素不止两种，而是n种，则投入要素最优组合的条件为：$MP_1/P_1 = MP_2 /P_2 = \cdots = MP_n /P_n$。

这说明，在两种生产要素都可变的生产决策中，要实现利润最大化，厂商投入的生产要素必须满足以上条件，即：两种生产要素的边际产量之比等于两种生产要素的价格之比，或者最后一单位货币购买到的不同生产要素所带来的边际产量相同。

相关链接

三个和尚没水吃

山上有座小庙，庙里有个小和尚。他每天挑水、念经、敲木鱼，给观音菩萨案桌上的净水瓶添水，夜里不让老鼠来偷东西，生活过得安稳自在。不久，来了个高和尚。他一到庙里，就把半缸水喝光了。小和尚叫他去挑水，高和尚心想一个人去挑水太吃亏了，便要小和尚和他一起去抬水，两个人只能抬一只水桶，而且水桶必须放在扁担的中央，两人才心安理得。这样总算还有水喝。后来，又来了个胖和尚。他也想喝水，但缸里没水。小和尚和高和尚叫他自己去挑，胖和尚挑来一担水，立刻独自喝光了。从此谁也不挑水，三个和尚就没水喝。大家各念各的经，各敲各的木鱼，观音菩萨面前的净水瓶也没人添水，花草枯萎了。为什么？

2．产量既定时成本最小的要素投入

由于产量既定，所以某一产量下的等产量线就是已知的，假设生产要素的价格也是确定的，那么等成本线的斜率的绝对值也可以知道，即两种要素的价格比：P_L/P_K。如图4-7所示，在众多的等成本线中必有一条，而且也只有一条等成本线与既定的等产量线相切。在等成本线AB上除切点外的其他任何一点代表的要素所费成本，同切点所代表的要素成本虽然相同，但不能生产出所要求的既定产量；等成本线AB左侧的等成本线虽然代表的成本支出比较少，但生产不出要求的既定产量；等成本线AB右侧的有些要素组合虽然可以生产出要求的既定产量，但相应的成本也随之增加，因此，只有在等产量曲线与等成本线相切的切点E位置才是符合条件的要素投入组合。

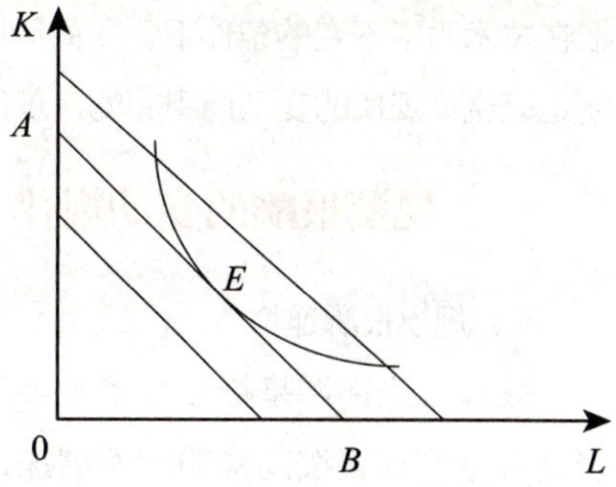

图4-7　产量既定条件下成本最小的要素投入组合

四、生产扩展线

如果生产者的成本增加，则等成本线向右上方平行移动，不同的等成本线与不同的等产量曲线相切，形成不同的生产要素最优组合点，将这些点连接起来，就是扩展线。可以用图4–8来说明扩展线。

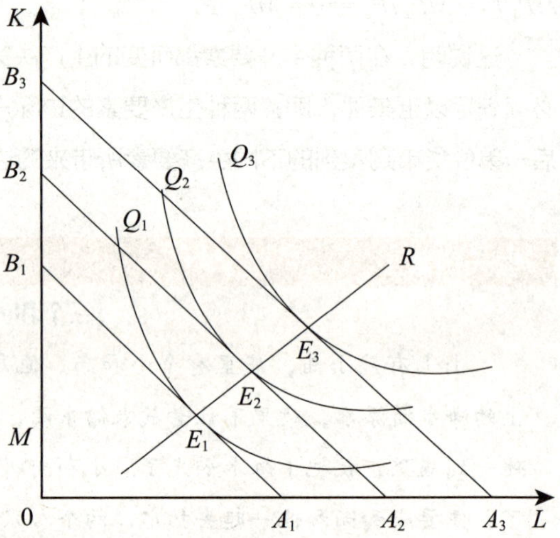

图4–8　生产扩展线

在图4–8中，A_1B_1，A_2B_2，A_3B_3为三条不同的等成本线，$A_1B_1 < A_2B_2 < A_3B_3$；Q_1，Q_2，Q_3为三条不同的等产量曲线，$Q_1 < Q_2 < Q_3$。A_1B_1，A_2B_2，A_3B_3分别与等产量曲线Q_1，Q_2，Q_3相切于E_1，E_2，E_3，把这些切点连接起来所形成的曲线就是扩展线R。

当生产者沿着这条线扩大生产时，可以始终实现生产要素的最优组合，从而使生产规模沿着最有利的方向扩大。

任务四　长期生产函数之规模报酬

一、规模报酬

在长期生产过程中，伴随所有投入要素投入数量的变化会产生规模报酬问题。规模报酬是指在技术水平不变的条件下，厂商同比例改变所有生产要素的投入量而得到的产量的变动，也就是因生产规模的变动而引起的产量的变动。

二、规模报酬的变动规律

1．规模报酬递增

规模报酬递增是指在技术水平不变的情况下，当两种生产要素按同样的比例增加，导致产出水平以更大比例增加的情况。产量增加的比例大于规模（要素）增加的比例，如图4–9所示。

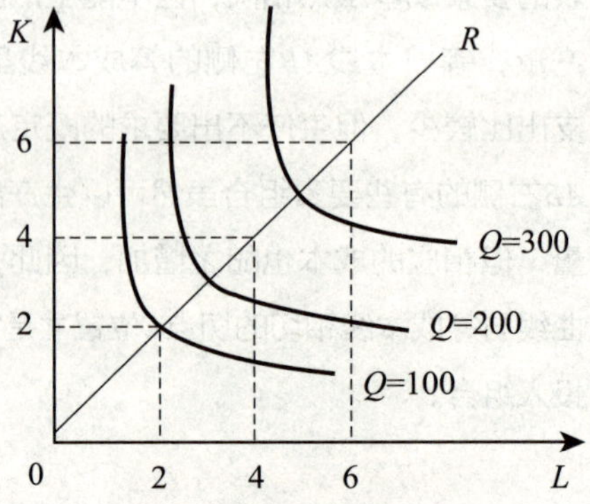

图4–9　规模报酬递增

在图4–9中，当劳动L和资本K的投入量都为2个单位时，产出为100个单位，但产量增长一倍（为200

个单位）所需的劳动和资本的投入量却分别小于4个单位。或者说，当资本和劳动的投入量都增加一倍（为4个单位）时，生产出的产量大于200个单位。

2. 规模报酬不变

规模报酬不变是指在技术水平不变的情况下，当两种生产要素按同样的比例增加，导致产出水平以同样比例增加的情况。产量增加的比例等于规模（要素）增加的比例，如图4-10所示。

在图4-10中，当劳动L和资本K的投入量都为2个单位时，产出为100个单位，当劳动L和资本K都增加一倍（为4个单位）时，产量也增长一倍（为200个单位）。

3. 规模报酬递减

规模报酬递减是指在技术水平不变的情况下，当两种生产要素按同样的比例增加，导致产出水平却以较小比例增加的情况。产量增加的比例小于规模（要素）增加的比例，如图4-11所示。

在图4-11中，当劳动L和资本K的投入量都为2个单位时，产出为100个单位，但当资本和劳动的投入量都增加一倍（为4个单位）时，生产出的产量却小于200个单位。

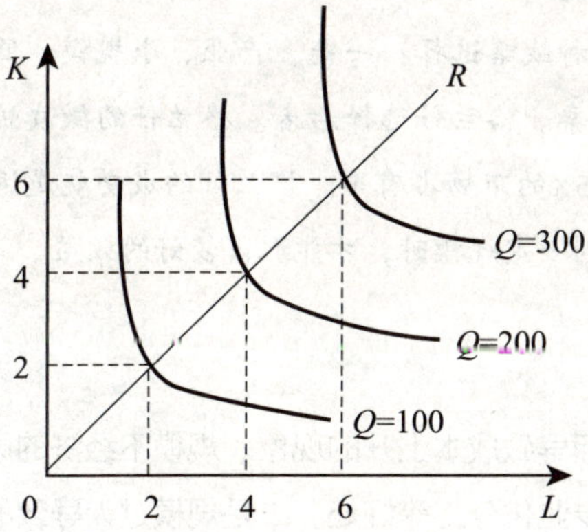

图4-10　规模报酬递减

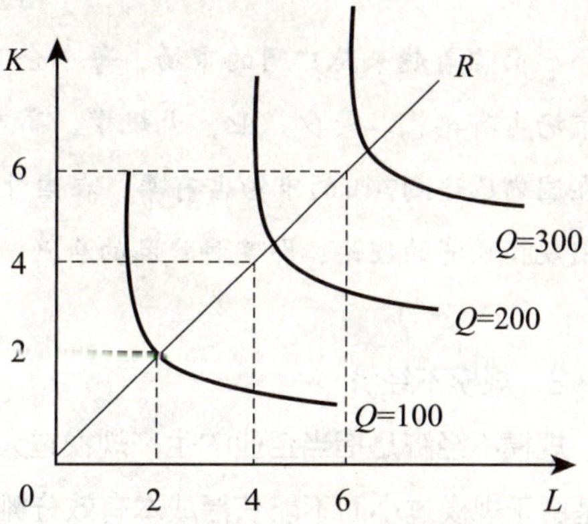

图4-11　规模报酬不变

三、规模报酬变动的原因

1. 规模报酬递增

规模报酬递增的原因是由于企业规模的扩大，可以实行专业化的分工提高生产效率、可以使用机器设备代替人工劳动提高生产效率、可以购买先进的技术提高生产效率、可以吸引人才提高生产效率等。

相关链接

为什么金融业现在广泛地使用自助设备、手机客户端及电脑客户端？

2. 规模报酬递减

规模报酬递减的原因是由于规模太小，不能实行专业化的分工、不能用机器设备代替人工劳动提高生产效率、不能吸引人才等，或者是规模过大带来了管理的混乱与推诿扯皮。

3. 规模报酬不变

当规模报酬递增的有利因素与规模报酬递减的不利因素相互抵消时，就会呈现这种状态。

四、规模经济与规模不经济

1. 规模经济

规模经济是指当企业的生产规模达到一定程度时成本下降的现象。规模经济可分为两种类型：一种是内在经济，主要原因是：可以有效地使用资源、实行专业化的分工、获得学习效应与范围经济的好处等，使成本平摊。另一种是外在经济，主要原因是：一个较大规模的企业可以在采购、融资的方面获得一定的折扣优惠等。

相关链接

格兰仕的成功

面临着越来越广阔的市场，每个企业都有两种战略选择：一是多产业、小规模，低市场占有率；二是少产业，大规模，高市场占有率。格兰仕选择后者。格兰仕的微波炉在国内已达到70%的市场占有率，在国外已达到35%的市场占有率。格兰仕的成功就是运用规模经济的理论，即某种产品的生产，只有达到一定规模时，才能取得较好的效益。

2. 规模不经济

规模不经济是指当企业的生产规模过大或过小而导致成本上升的现象。规模不经济的原因一是由于规模过小而不能获得成本有效分摊及实行专业化分工等好处。二是规模过大导致的管理混乱，机构臃肿问题所造成的成本上升以及规模过大所导致的生产要素价格的升高。

习　题

一、名词解释

1．边际产量　　2．等产量线　　3．等成本线

4．边际技术替代率　　5．规模报酬

二、选择题

1．当边际产量大于平均产量时，平均产量（　　）。

A．增加　　B．减少　　C．不变　　D．先增后减

2．某厂商在生产过程中增加了其中一种生产要素的使用量，产量的增加将小于要素增加的比例。生产函数表现出（　　）。

A．收益递减　　B．收益保持不变

C．成本递减　　D．收益递增

3．当边际成本位于平均成本之下时，（　　）。

A．平均成本不变　　B．平均成本上升

C．平均成本下降　　D．边际成本下降

4．当总产量下降时，（　　）。

A．平均产量递增　　B．平均产量为零

C．边际产量递减　　D．边际产量递增

5．等成本线向外移动，表明（　　）。

A．产量增加了　　B．成本增加了

C．生产要素价格按相同比例提高了　D．生产要素价格按不同比例提高了

6．如果某厂商增加单位劳动能够减少2单位资本，而能生产同样的产量，则$MRST_{LK}$为（　　）。

A．−1/2　　B．−2　　C．−3　　D．−1

7．经济学中短期和长期的划分取决于（　　）。

A．时间长短　　B．可否调整产量

C．可否调整价格　　D．可否调整生产规模

8．下面哪个可能是厂商选择的长期调整（　　）。

A．增加工人　　B．建立新工厂

C．增加现有工人的加班工作量　　D．增加已种植庄稼的灌溉量

三、简答题

1．规模报酬递增厂商不可能面临边际报酬递减现象这个命题是否正确？说明理由。

2．简述边际报酬递减规律与边际技术替代率递减规律的关系。

3．生产者均衡的原则是什么？

四、计算题

在计算机集成块的生产过程中，劳动的边际产量为每小时50单位，此时劳动资本的边际技术替代率为1/4，资本的边际产量为多少？

五、案例分析

1984年，马胜利竞争上岗，担任石家庄造纸厂厂长，凭借出色的经营管理才干，将一个亏损企业变成盈利企业。他在当时采取的很多改革举措为人称道。作为有成就的企业家，名声迅速远扬，成为当时企业改革和企业经营中的明星级人物。生产经营上的初步成功和媒体的大肆宣扬使马胜利的胃口和目标越来越大，后来竟在一年之内先后承包全国9个省市的36个造纸企业。最后，由于经营管理水平并没有得到与企业规模相适应的提高，管理上的混乱越来越严重，以致到后来在诸多方面出现了管理失控。企业规模大了，但合格的产品生产规模并没有相应地扩大。企业的平均成本迅速上升。最后，企业走向全面亏损。到了1994年，27家为亏损，包括马胜利起家的石家庄造纸厂也不能幸免，最终退出历史舞台。

问题：你知道为什么吗？

项目五

成本理论

学习目标

1. 掌握各种成本的概念
2. 掌握短期成本函数和长期成本函数的概念
3. 掌握各种成本的变动规律

案例导入

邯郸钢铁总厂是如何实现扭亏为盈的

自1991年以来，河北省邯郸钢铁总厂作为一家始建于1958年的老厂，企业经济效益大幅度提高，利润连年快速增长，整体实力逐年壮大，已经由过去的一个普通的地方中型钢铁企业跃居全国11家大型钢铁企业行列。然而同样是这家钢铁厂，在1990年，却面临内部成本上升，外部市场疲软的双重压力，经济效益大面积滑坡。短短的几年时间，邯钢在激烈的市场竞争环境中有效地遏制住成本持续上升连续亏损的势头，走出经济效益滑坡的低谷，完成了由一般企业到明星企业的转变，邯钢人是如何取得成功的？

任务一　成本与成本函数

一、几个成本概念

1. 机会成本与实际成本

微观经济学中，影响厂商决策的成本是机会成本。资源是有限的，当一个厂商用一定的经济资源生产一定数量的某种商品时，这些资源就不能再同时被投入到其他产品的生产中，这样，因为放弃生产其他产品而可能获得的最大价值就是该经济资源生产这种产品的机会成本。在第一章导言中对于机会成本有过论述。

实际成本是指生产者在生产过程中购买生产要素所花费的货币支出及相关费用。例如，燃料支出、工资支出、管理费用支出等。

2．显性成本与隐性成本

显性成本是指在会计科目上有所显现的成本和费用。例如，向银行支付利息、向土地出租者支付地租，这些支出便构成了该厂商的生产的显性成本。

隐性成本是指厂商使用自由要素时应当支付的报酬。例如，为了进行生产，一个厂商除了雇用一定数量的工人，从银行取得一定数量的贷款和租用一定数量的土地之外（这些均属于显性成本支出），还动用了自己的资金和土地，并亲自管理企业。借用了他人的资本需付利息，租用了他人的土地需付地租，聘用他人来管理企业需付薪金。同样的道理，在这个例子中，当厂商使用了自有生产要素时，这笔价值也应该计入成本之中。由于这笔成本支出不如显性成本那么明显，故被称为隐性成本。隐性成本也必须按照企业自有生产要素在其他用途中所能得到的最高收入来支付，否则，厂商会把自有生产要素转移出本企业，以获得更高的报酬。

3．私人成本与社会成本

私人成本是厂商个体生产中自身负担的成本。社会成本是从整个社会来看厂商生产所产生的成本。然而，生产某种产品的社会成本并不总是等于私人成本。例如，对于一个将废弃物排放到附近河流中的钢厂来说，其处理废弃物的私人成本只不过是把废弃物排放河中所支付的费用。但这种行为的后果是使河水受到污染，别的厂商或消费者要使用具有一定纯净度的河水，就必须额外支付使河水净化所需的费用。在这种情况下，排放废弃物的社会成本高于私人成本。

4．短期成本与长期成本

经济学将生产者的生产周期分为短期和长期。短期是指生产者不能根据产量来调整全部生产要素的时间周期。短期内，生产者只能在既定的生产规模下，根据产量调整原材料、动力、工人等可变的生产要素，而不能调整厂房、大型设备等固定的生产要素。长期是指生产者能根据产量来调整全部生产要素的时间周期。从长期来看，所有的生产要素都是可以调整的，没有可变要素与固定要素之分。因此短期成本是指厂商购买可变要素方面的支出及相关支出。长期成本是指购买所有要素方面的支出。

二、成本函数

1．成本函数

成本函数是指在要素价格既定条件下，用来反映成本与产出量之间关系的函数，记为：$C=f(Q)$，其中Q为产量。

2．短期成本函数与长期成本函数

短期成本函数是指用来反映产量与短期成本关系的函数。在短期内，我们假设厂商使用劳动和资本来生产一种产品，其中，劳动的投入量是可变的，以L来表示，而资本的投入数量是不变的，以K来代表。则短期生产函数的形式为：

$Q=f(\bar{K}, L)$

该函数表明在产量和可变要素劳动的投入量之间存在着一一对应的关系。

长期生产函数是指用来反映产量与长期成本关系的函数。短期生产函数的形式为：$Q=f(K, L)$。

任务二　短期成本分析

一、短期可变成本、短期固定成本、短期总成本

1．可变成本

可变成本（简称TVC或VC）是指购买可变生产要素的费用支出。可变成本包括原材料、燃料和工人工资等。它的函数形式为：$TVC=TVC(Q)$。

2．固定成本

固定成本（简称TFC或FC）是指厂商在短期内为不能改变的固定投入而支付的成本。它主要包括厂房和设备的折旧，地租、财产税、管理人员的工资，厂商自有资本的收益、借贷资金的利息。它的函数形式为：$TFC=TFC(Q)$。

3．短期总成本

短期总成本（STC）是指在短期内生产一定量产品所消耗的成本总和，短期总成本（STC）等于固定成本（TFC）与可变成本（TVC）之和。用公式表示为：短期总成本（STC）= 固定成本（TFC）+ 可变成本（TVC）。它的函数形式为：$STC=STC(Q)$。

二、短期平均可变成本、短期平均固定成本、短期平均总成本

1．短期平均可变成本

平均可变成本（简称AVC）是指平均每单位产品所消耗的可变成本。用公式表示为：$AVC=TVC/Q$（Q表示产量）。

2．短期平均固定成本

短期平均固定成本（简称AFC）是指平均每单位产品所消耗的固定成本。用公式表示为：$AFC=TFC/Q$。

3. 短期平均成本

短期平均成本（简称*SAC*）是指短期内生产每一单位产品平均所消耗的总成本。用公式表示为$SAC=STC/Q$（Q表示产量）。短期平均成本为平均固定成本和平均变动成本之和，用公式表示为：$SAC=AFC+AVC=TFC/Q+TVC/Q$。

三、短期边际成本

短期边际成本（简称*SMC*）是指短期内每增加一单位产品生产所得到的短期总成本的增加量。用公式表示为：$SMC=\Delta STC/\Delta Q$。当产量的变动量趋于无穷小，即$\Delta Q\rightarrow\infty$时，则$SMC=\mathrm{d}STC/\mathrm{d}Q$。

由于固定成本是不变的，所增加的成本只是变动成本，短期边际成本的大小取决于变动成本。因此其变化规律也与变动成本一致。

四、各种短期成本的变动规律

某企业的短期成本变动情况如表5-1、图5-1与图5-2所示。

表5-1　某企业的短期成本变动情况

产量	总　成　本			平　均　成　本			边际成本
Q	固定成本*TFC*	变动成本*TVC*	短期总成本*STC*	平均固定成本*AFC*	平均可变成本*AVC*	平均成本*SAC*	*SMC*
0	120	0	120				
1	120	34	154	120	34	154	34
2	120	67	187	60	33.5	93.5	33
3	120	90	210	40	30	70	23
4	120	116	236	30	29	59	26
5	120	145	265	24	29	53	29
6	120	180	300	20	30	50	35
7	120	230	350	17.14	32.86	50	50
8	120	320	440	15	40	55	90

1. 短期边际成本

短期边际成本的变化规律如图5-2所示。*SMC*曲线是一条先下降后上升的“*U*”型曲线。在产量最开始增加时，由于固定生产要素与可变生产要素的效率没有得到充分发挥，短期边际成本的增长率大于生产的产量增长率；随着生产的产量增加，固定生产要素与可变生产要

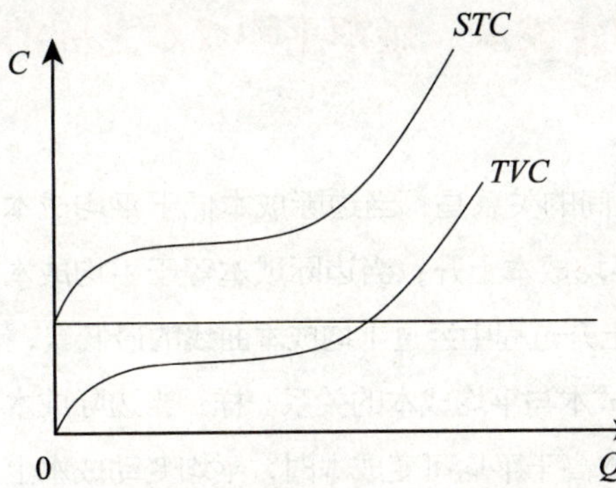

图5-1 STC、TVC、TFC曲线

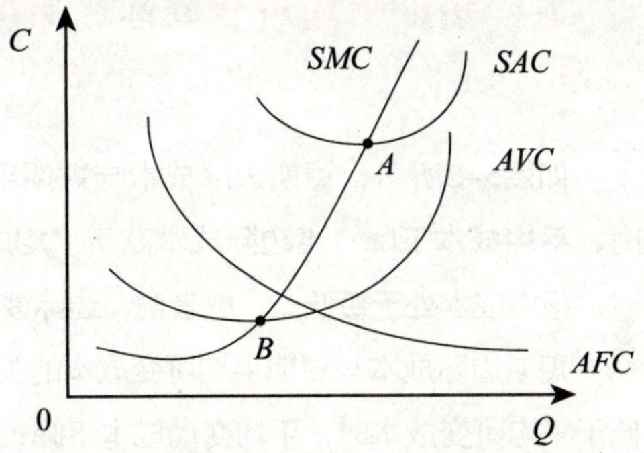

图5-2 SMC、SAC、AVC、AFC曲线

素的效率得到充分发挥作用，短期边际成本的增长率小于生产的产量增长率；最后由于生产的产量进一步增加，边际收益递减规律的作用，则短期边际成本的增长率又大于生产产量的增长率。

2．短期可变成本、短期固定成本、短期总成本

短期固定成本表现为一条平行于横轴的直线。如图5-1中所示的*TFC*曲线。固定成本在短期中是固定不变的，不会随着产量的变动而变动，即使产量为零也仍然固定不变。

短期可变成本如图5-1中所示的*TVC*曲线。从原点出发，因为没有产量时是没有变动成本的；最初比较陡峭，随着产量的增加变得较为平坦，最后又比较陡峭。

短期总成本如图5-1中所示的*STC*曲线，是一条从固定成本曲线与纵轴的交点出发向右上方倾斜的曲线。总成本曲线*STC*的变动规律与可变成本曲线*TVC*的变动规律相同，形状相同，先以递减速率增加，后以递增速率增加。

3．短期平均可变成本、短期平均固定成本、短期平均成本

平均固定成本*AFC*的变动规律是：向右下方倾斜，随着产量的增加而减少，开始减少的幅度很大，然后减少的幅度越来越小，如图5-2所示的*AFC*曲线。

总固定成本不变，所以随着产量增加，分摊到每一单位产品上的固定成本必然下降。

平均可变成本曲线*AVC*是一条*U*形曲线，如图5-2所示的*AVC*曲线，表明平均可变成本随产量的增加先递减，然后递增。

短期平均成本曲线与平均变动成本曲线的形状完全相同，如图5-2所示的*SAC*曲线，也是先下降后上升的*U*形曲线。短期平均成本的变动规律是由平均固定成本和平均变动成本决定的。由于平均固定成本是逐渐下降的，而平均变动成本曲线是先下降后上升的。因此，当平均变动成本达到最低点开始上升的时候，由于此时平均固定成本下降的速度大于平均变动成本上升的速度，所以短期的平均成本要继续下降，只有当平均固定成本下降的速度小于平均变动成本上升的速度时，短期的平均成本才开始上升。

五、短期平均可变成本、短期平均固定成本、短期平均成本之间的关系

如图5-2所示，短期边际成本与短期平均成本之间的关系是：当边际成本低于平均成本时，平均成本下降；当边际成本高于平均成本时，平均成本上升；当边际成本等于平均成本时，平均成本处于最低点，或者说，边际成本曲线在上升过程中经过平均成本曲线的最低点。

短期边际成本与短期平均可变成本的关系同边际成本与平均成本的关系一样：当边际成本低于平均可变成本时，平均变动成本下降；当边际成本高于平均可变成本时，平均变动成本上升；当边际成本等于平均可变成本时，交点是平均可变成本的最低点，即边际成本曲线在上升过程中既经过平均成本的最低点，同时也经过平均可变成本的最低点。

六、盈亏平衡点与停止营业点

如图5-2所示，*SMC*与*SAC*的交点为*A*点，是平均成本的最低点，这一点称为收支相抵点，又称盈亏平衡点，因为此时收益和支出成本相等。*SMC*与*AVC*的交点为*B*点是平均可变成本的最低点，这一点又称为停止营业点，因为如果每单位产品售价等于平均可变成本时，厂商只能收回可变成本；如果平均收益低于*B*点，厂商不但不能收回固定成本，而且连变动成本都不能全部弥补，所以厂商只能停止生产。

相关链接

门庭冷落的保龄球场为什么不停业?

在生活中你一定会注意到有些保龄球场（或其他娱乐场所、饭店等企业）尽管门庭冷落，但仍在惨淡经营、苦苦支撑。为什么它们不索性关门大吉呢？门庭冷落的保龄球场不停业的奥秘正在于这些短期成本上。

短期中保龄球的设备、日常维修折旧费用、管理人员工资的支出都属于固定成本，而维持保龄球场的支出、服务员的工资都属于可变成本。短期中无论是否营业固定成本都不可变，即使没有一个人光顾，这些钱仍然要花。如果短期中停业，固定成本没法减少，所减少的只是可变成本。因此，只要继续营业的收入能弥补可变成本就不必停业。如果收入大于可变成本，经营尽管有亏损，但还能弥补部分固定成本。经营下去当然有利。只有在收入低于可变成本时，企业才停业。经济学家把收入等于可变成本的点称为停止营业点。在这一点时是否营业无所谓，高于这一点则一定要通过营业来补偿部分固定成本，只有低于这一点，收入甚至小于可变成本才必须停业。你看到门庭冷落的保龄球场仍在营业时就一定要想到，它们营业的收入一定大于可变成本，或至少等于可变成本。

任务三　长期成本分析

在长期，厂商有足够的时间调整其所有的要素投入，不存在固定成本、可变成本、平均固定成本、平均可变成本的概念，所以长期成本分为长期总成本、长期平均成本、长期边际成本三个概念。

一、长期总成本、长期平均成本、长期边际成本

长期总成本（简称*LTC*）是指在长期中生产一定量产品所消耗的成本总和。长期总成本的函数形式为：$LTC=LTC(Q)$。

长期平均成本（简称*LAC*）是指在长期中平均每生产一单位产品所消耗的成本。用公式表示为$LAC=LTC/Q$。

长期边际成本（简称*LMC*）是指每增加一单位的产量所增加的长期总成本，用公式表示为：$LMC=\Delta TC/\Delta Q$。

二、长期总成本、长期平均成本、长期边际成本的变动规律

1．长期边际成本的变动规律

如图5-6所示，*LMC*曲线是一条先下降而后上升的*U*形曲线，但它也比*SMC*曲线要平坦。这是由于规模报酬或规模经济的原因造成的。

2．长期总成本的变动规律

如图5-3所示，与短期总成本*STC*曲线一样，长期总成本曲线也是从原点向右上倾斜的，随产量的增加，总成本先递减增加，后递增增加。其原因是*LMC*的变动规律，而长期总成本是*LMC*的累加结果。

3．长期平均成本的变动规律

如图5-6所示，长期平均成本*LAC*曲线的形状是*U*型，这与*SAC*曲线很相似，随产量的增加，先递减，后递增。其原因与*SMC*曲线和*SAC*曲线的关系相类似，$LMC<LAC$时，*LAC*处于下降阶段，$LMC>LAC$，*LAC*处于上升阶段。

三、长期总成本曲线、长期平均成本曲线与长期边际成本曲线的推导

应当说长期总成本、长期平均成本、长期边际成本的变动规律是在生产过程中统计总结归纳出来的规律，有很强的实践性和应用型。当然也可以用演绎法从短期成本中推导出来。

1．长期总成本曲线的推导

长期总成本与短期总成本有着密切的联系，长期总成本曲线是厂商在各种产量下最低短期总

成本的轨迹，长期总成本可以通过短期总成本推导出来，见图5-3。假设生产某产品的厂商可选择多种规模的生产，STC_1、STC_2、STC_3、……分别代表各种规模下的短期总成本曲线。如厂商的产量定为Q_1，Q_1面对的成本可能有很多，如STC_1、STC_2、STC_3、……，其中STC_1最低，厂商将选择该生产规模。依次类推，当产量为Q_2时，选择STC_2；产量为Q_3时，选择STC_3。这样厂商就实现了既定产量下的最低总成本。图中虽然只有三条短期总成本线，但在现实生产经营中，厂商生产规模远不止这几种，至少在理论分析中可以假定有无数条短期总成本曲线。从而，厂商在任一产量水平上，均可找到一最优生产规模，可把总成本降到最低，这样可找到无数个类似a、b、c的点，这些点的轨迹就形成了图中的长期总成本LTC曲线，所以，可以说长期总成本曲线是无数条短期总成本曲线的包络线。

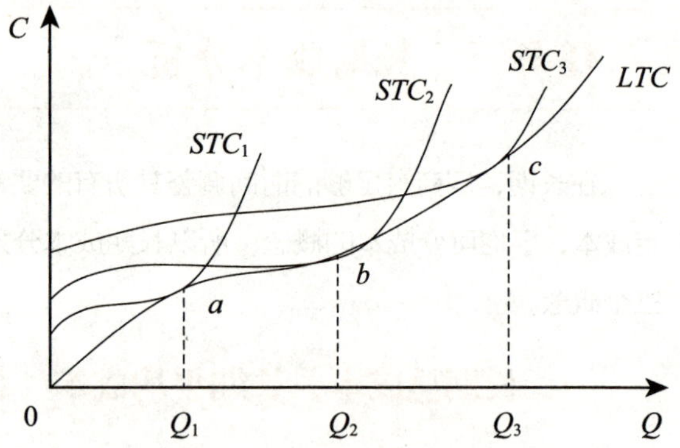

图5-3 长期总成本曲线

2．长期平均成本曲线的推导

长期平均成本LAC曲线可由短期平均成本SAC曲线求得。长期平均成本曲线也是厂商在各种产量下最低平均成本的轨迹，见图5-4。

假设厂商生产某种产品可以选择各种规模的生产，SAC_1、SAC_2、SAC_3、SAC_4、SAC_5、……分别代表多种不同固定投入的短期平均成本曲线，也表示厂商生产该产品可供选择的多种规模，若选择产量Q_1，此时代表既定规模的SAC_1上所显示的短期成本aQ_1比其他规模的SAC所显示的短期成本都要低，厂商必然会选择以SAC_1为代表的规模。依次类推，在产量Q_2、Q_3、Q_4、Q_5、……上，厂商选择的规模分别是SAC_2、SAC_3、SAC_4、SAC_5、……，LAC曲线是将a、b、c、d、e连接而成的一条不规则曲线。但同LTC曲线一样，由于厂商的生产规模远不止这几种，在理论分析中可以假定有无数条短期平均成本曲线，在任一产量水平上，均能找到一个最优点，将其连接起来，就是厂商的长期平均成本曲线。所以，长期平均成本曲线是无数条短期平均成本曲线的包络线。长期平均成本LAC曲线表示厂商在长期内在每一产量水平上可以实现的最小的平均成本。

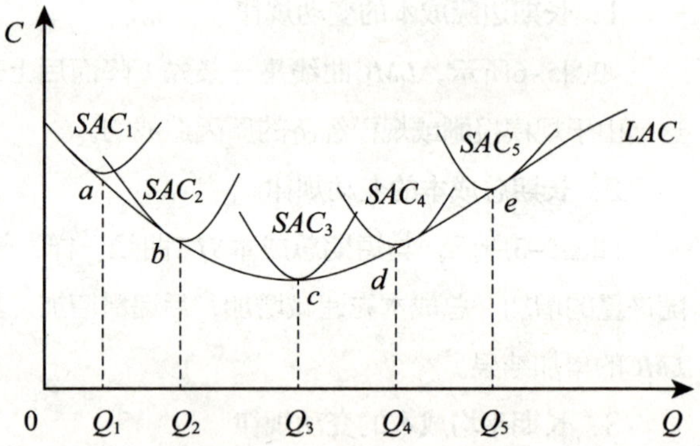

图5-4 长期平均成本曲线

另外，应当注意的是，长期平均成本LAC曲线的每一点虽然都与某一既定的短期成本SAC曲线相切，但每一个切点并不都是该SAC曲线的最低点，如图5-5所示。当LAC处于递减阶段时，SAC曲线在最低点左侧与LAC曲线相切，如SAC_1中的B点与LAC曲线相切，而不是SAC_1曲线最低点与LAC曲线相切。当LAC处于递增阶段时，SAC曲线在最低点右侧与LAC曲线相切，如SAC_3中的C点与LAC曲线相切，而不是SAC_3曲线最低点与LAC曲线相切。只有在LAC曲线的最低点A，才能与其中的唯一一条SAC曲线的最低点相切，即SAC_2曲线的最低点。只要LAC曲线不是水平的，它就不能和所有SAC曲线的最低点相切。

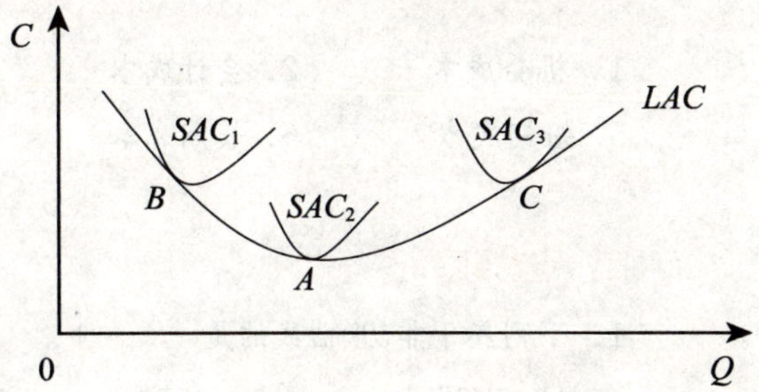

图5-5　长期平均成本

3．长期边际成本的推导

长期边际成本曲线同样也可从短期边际成本曲线中导出，每条短期平均成本SAC曲线与长期平均成本LAC曲线相切时，各切点均对应着一产量水平，每一产量水平上对应着短期边际成本SMC曲线上一点，将不同产量水平下的这些点连接起来，就形成了LMC曲线，如图5-6所示。

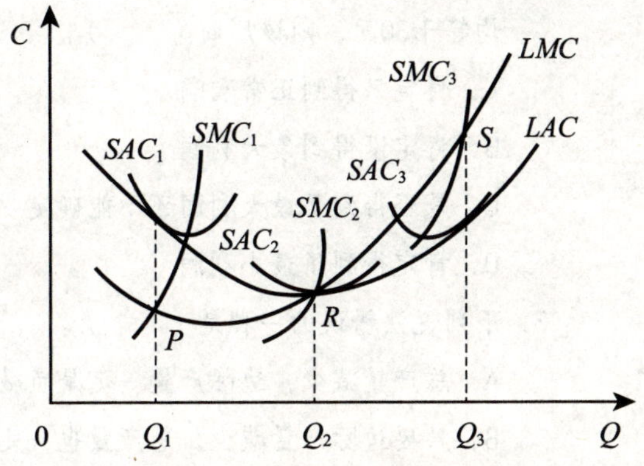

图5-6　长期边际成本曲线

习 题

一、名词解释

1．机会成本 2．会计成本 3．显性成本 4．隐性成本

5．短期成本 6．长期成本

二、选择题

1．下列属于非*U*形曲线的是（ ）。

A．*SMC*曲线 B．*AFC*曲线 C．*SAC*曲线 D．*AC*曲线

2．假定完全竞争行业内某厂商在目前产量水平上的边际成本、平均成本和平均收益均等于30元，则该厂商（ ）。

A．肯定只得到正常利润

B．肯定没得到最大利润

C．是否得到了最大利润还不能确定

D．肯定得到了最小利润

3．下列说法错误的一种是（ ）。

A．总产量减少，边际产量一定是负数

B．只要边际产量减少，总产量也一定减少

C．随着某种生产要素投入量的增加，边际产量和平均产量增加到一定程度将趋于下降，其中边际产量的下降一定先于平均产量

D．边际产量曲线一定在平均产量曲线的最高点与之相交

4．对一个正在生产的厂商而言，当一种变动投入的平均产量曲线与边际产量曲线相交时，（ ）。

A．总产量最大 B．平均产量最大

C．边际产量最大 D．边际产量最小

5．长期平均成本曲线呈*U*形，是因为（ ）。

A．边际效用递减规律

B．边际收益递减规律

C．边际技术替代率递减规律

D．生产由规模经济到规模不经济

三、简答题

1. 简述各种短期成本和长期成本的变动规律。

2. 简述短期边际成本与短期平均成本的关系。

3. 亏损是否就要停业，为什么？

4. 长期平均成本曲线为什么是U形的？

四、计算题

假定某企业的短期成本函数是$TC(Q)=Q^3-5Q^2+15Q+66$。

1. 指出该短期成本函数中的可变成本部分和不变成本部分。

2. 写出下列相应的函数：

$TVC(Q)$、$AC(Q)$、$AVC(Q)$、$AFC(Q)$和$MC(Q)$。

五、案例分析

大企业为什么敢于降价？

湖南有一家“老百姓大药房”，开业的时候对外宣称，5000多种药品的价格，将比原来国家核定的零售价降低45%，有的降价竟达到了60%以上。一般的小药店能和它们比吗？同样地，在很多大型超市里，它们的商品价格的确很低，它们出售的商品甚至比其他一些商家的进货价格还要低。

问题：大企业为什么敢于降价？

六、实训项目

“标王”陨落

1994年年底，中央电视台推出黄金时段“5秒标板”广告招标，首先孔府宴酒以3079万元中标，1995年“喝孔府宴酒，做天下文章”成为家喻户晓的广告用词。1996年山东临朐县秦池酒厂抛出6666.88万元夺取标王，使秦池酒迅速成为中国白酒市场上最为显赫的新星。据秦池酒厂对外通报的数据，当年销售收入9.8亿元，利润2.2亿元，增长5倍以上。1997年，尝到甜头的秦池酒厂开出3.2亿元的天价再次夺得标王。结果在自以为找到“发展捷径，制胜法宝”上跌了跟头，广告费无法兑现，并且引出了一场“秦池酒勾兑风波”。1999年11月，山东临沂市中级人民法院下达一个民事裁定：将曾两度夺得中央电视台广告“标王”桂冠的“秦池”注册商标予以冻结，并面临拍卖的可能。1998年，“爱多”以2.1亿元夺得新一年的标王，结果步“秦池”后尘，因欠蓝火科技巨额广告费，最后将“爱多”商标独家使用权转让给蓝火科技。不在日常生产经营管理方面下苦功，而拼尽血本在中央电视台大放“广告卫星”，昙花一现，自掘陷阱，谁知以后还会不会出现这种现象？

思考题：结合实际，谈谈企业应如何充分利用规模经济以提高企业经营效率，应该怎样做会更好？

项目六

市场定价理论

学习目标

1．掌握各种市场的特征

2．理解不同市场的产量和价格的决定

3．掌握不同市场类型的优劣

4．掌握实现厂商利润最大化的条件

案例导入

电信业的服务价格与农产品的价格

在20世纪90年代之前，家庭用申请安装电话非常困难，从填表申请到上门拉线安装，其间耗时半年、一年是再平常不过的事，家庭用户还得交上数千元的初装费。在今天看来，这数千元的初装费的缴纳是多么的不可思议。可这是为什么呢？而农产品的价格与之相比却便宜得多，这又是为什么呢？

任务一　市场与市场类型

一、市场

市场是从事商品买卖的双方借以进行交易或交换的场所，是一个确定的地域范畴，也可以是利用现代通信工具进行物品交易的接洽点。从本质上讲，市场是物品买卖双方相互作用并得以决定其交易价格和交易数量的一种组织形式或制度安排。

二、市场的分类

一般来说，市场的划分标准有很多：例如，按地域来划分，可将市场划分为区域市场、全国市场和国际市场；按照交割时间来划分，可将市场划分为现货市场、期货市场和期权市场；按照商品的形态来划分，可将市场划分为金融市场和商品市场。

在本书中，市场的分类是按市场的垄断与竞争程度来划分的，这是因为在这种划分下，厂商所面临的对其产品的需求状况是不同的，所面临的需求曲线将具有不同的特性，厂商对其产量与价格有着不同的控制能力，它们的盈利能力将有所不同，它们的竞争策略也必须有所不同。总之，厂商之间的竞争状态、厂商的经营决策者将具有不同的特点。其中那些影响竞争状况和竞争程度的主要因素包括以下四个方面。

（一）市场上厂商的数目

影响市场竞争状况与竞争程度的第一个因素是市场中的厂商数目，以及市场中是否存在大量的买者。在现实中只有少数买者的市场是较少见的，因此，对大多数市场来说，关键因素是市场中厂商数量的多少。如果没有一个或几个厂商生产足够多数量的商品以致于占据足够大的市场份额，我们就说该商品存在着大量的卖者。在这种情况下，相对于整个市场的供给来说，市场中的每一个厂商都是微不足道的。反之，如果市场中只有几个卖者，或者市场中有少数的几家厂商占据着很高的市场份额，我们就说该商品的卖者是少量的。厂商数量的多寡，是影响市场竞争特性的最基本因素。一般而言，处于平等地位的厂商越多，市场的竞争程度就越高；而当存在一个或几个厂商处于支配地位时，市场的竞争程度通常就会被削弱，相应地，垄断程度就会提高。

（二）商品的同质性

市场类型的第二个决定因素是商品的同质性，也就是说不同厂商的商品在质量上是否相同。值得强调的是，商品的同质性是一个十分严格的条件，这里的“质量”是一个含义很广的概念。所谓商品的同质性，是指不同厂商生产的商品是一模一样的，以至于对消费者来说，将无法辨别商品是哪一家厂商生产的。反之，只要消费者能够辨别出某件商品是由某一家厂商生产的，我们就认为这些商品不是同质的，而是有差别的。

显然，在现实中很少有商品可以满足如此严格的条件。事实上，只要是工业产品，都标有商品的品牌和生产厂商的名称，而大多数的服务类商品也有着服务质量上的差异并与提供服务的厂商相联系，因此它们都不是同质的商品。现实中的绝大多数商品在质量上多少存在一些差异，有些商品则有某些特性，商品彼此间不是完全可替代的，使消费者可以有充分的理由喜欢某厂商的商品甚于另一个厂商的同类而不同质的商品。

（三）市场进入或退出壁垒

市场类型的第三个相关因素是厂商进入或退出市场的“自由”程度。若厂商的进入或退出是十分容易的，则市场的竞争程度会提高；相反，若厂商进入或退出有若干限制，则垄断因素就会增强，竞争程度就会削弱。如果厂商在试图进入某一市场时遇到某些障碍，就意味着这个市场存在着进入障碍，或说该市场的进入壁垒较高。进入壁垒的高低受到许多因素的影响，如行业的规模经济性、厂商运行所需的资本数量、生产技术是否可能获得、商品的差别以及政府的许可，等等。

（四）信息的完全性

市场类型的第四个相关因素是消费者与生产者能否获得市场上的全部信息。完全信息也是一个相当严格的条件，它要求买者与卖者对市场中所有与交易有关的信息的完全了解。一般地，如果信息不完全，消费者不可能清楚地了解商品的属性，生产者不可能及时准确地了解需求、成本等信息，市场的竞争程度就会大大降低。

三、完全竞争市场、完全垄断市场、垄断竞争市场和寡头垄断市场

一般地，根据厂商的数量、商品的同质性、市场进入与退出的自由程度和信息的完全性，可以将市场结构划分为四种主要类型，即完全竞争市场、完全垄断市场、垄断竞争市场和寡头垄断市场。为便于比较，我们将上述四种不同的市场类型列于表6-1中。

表6-1　市场类型及其特征

	完全竞争市场	垄断竞争市场	寡头垄断市场	完全垄断市场
厂商个数	众多	较多	几个	唯一
商品同质性	同质	有差别	同质或有差别	无替代品
进入条件	自由	比较自由	比较困难	困难
信息的完全性	完全信息	不完全	不完全	不完全

任务二　完全竞争市场

一、完全竞争市场的条件

完全竞争市场又称纯粹竞争市场，是指一种竞争完全不受任何阻碍和干扰的市场结构。根据上述市场结构四个方面的划分依据，完全竞争市场必须具备以下四个条件。

1．市场上有大量的买者和卖者

在完全竞争市场中有为数众多的卖者和买者，而且他们各自的市场份额都微不足道，从而

每一家厂商和每一个单个的消费者都无法对市场价格产生影响，都只能被动地接受既定的市场价格，被称为价格接受者。只有当许多卖者或许多买者采取某种一致的行为时，市场条件才会发生实质性的变化。

2．市场上每一个厂商所提供的商品都是同质的

这里的同质指厂商之间提供的商品是完全无差别的，它不仅指商品的质量、规格、商标等完全相同，还包括售后服务等方面也完全相同。这样，消费者就无法区分产品是由哪一家厂商生产的。在这种情况下，如果有某个厂商单独提价，那么其产品会完全卖不出去。当然，单个厂商也没有必要单独降价。因为，在一般情况下，单个厂商总是可以按照既定的市场价格实现属于自己的那一份销售份额的。完全竞争市场的这一条件，进一步强化了在完全竞争市场上每一个买者和卖者都是被动的既定市场价格的接受者。

3．所有的资源投入都具有完全的流动性

也就是说，厂商要进入或退出这种市场不会受到什么限制，所有资源可以在各厂商之间和行业之间完全自由地流动。每一种资源都可以及时地投向最能够带来最大利润的生产，并能及时地从亏损的生产中退出。这样，缺乏效率的厂商将被具有效率的厂商所取代。

4．完全信息

市场中的厂商要能确切地了解市场需求和成本函数，知道各种投入要素的价格及可供它们选择的各种生产技术，资源所有者要能够完全了解厂商对于投入要素的支付价格及各种有关的机会成本，消费者也完全知道由各个厂商所制定的价格，甚至市场外的其他厂商也都能够完全了解该市场的盈利状况。每一个买者和卖者都可以根据自己所掌握的信息，做出自己的最优经济决策。

显然，满足如此严格条件的完全竞争市场在现实世界中是不存在的。只能说，为数众多的农产品市场及某些股票债券交易市场是比较接近于完全竞争的。然而，对完全竞争市场的分析仍然十分重要，因为完全竞争模式基本上把握了存在为数众多的买者、存在大量的出售相同商品的小厂商的现实市场的本质。此外，完全竞争市场是对市场机制的有效性进行理论分析的基础，也是研究与分析其他市场结构的参照系，因而分析完全竞争市场中厂商的行为及其决策规律具有重要的意义。

二、完全竞争市场上的价格决定

1．完全竞争市场上单个厂商所面临的需求曲线

单个厂商所面临的需求曲线，简称为厂商的需求曲线。在完全竞争条件下，单个厂商所面临的需求曲线是一条由既定的市场均衡价格出发的水平线，如图6-1（b）的中d曲线。它表示：完全竞争厂商只能被动地接受既定的市场价格，而且，在每一个既定的市场价格水平，单个厂商总是可以将其愿意提供的任何数量的商品卖出去，或者说，在一个厂商面对市场众多的消费者的情况下，市场上对单个厂商的商品的需求量是无限大的。

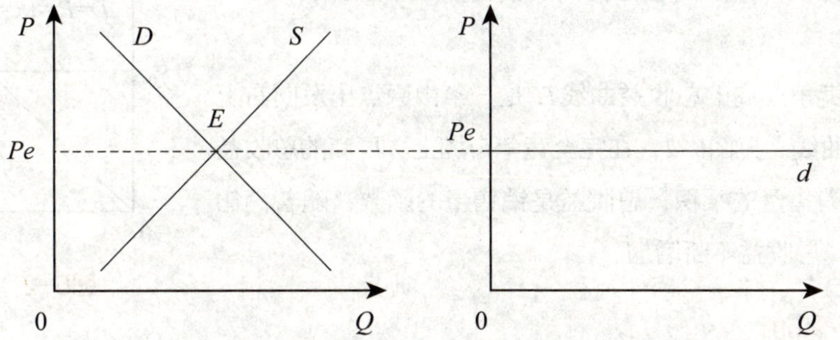

（a）市场需求曲线与价格　　（b）市场均衡价格

图6-1　完全竞争市场

2．完全竞争市场的市场需求曲线与价格的决定

市场需求曲线也称之为行业所面临的需求曲线，它一般是一条向右下方倾斜的曲线。图6-1（a）中的D曲线就是一条完全竞争市场的市场需求曲线，它表明了商品价格是由所有厂商的供给和需求共同决定的，单个厂商无法决定价格，只能被动地接受价格。

三、收益与收益曲线

在此，我们先简要介绍厂商收益这一概念，然后具体分析完全竞争厂商收益曲线的一些特征及相互之间的关系。

1．厂商收益的概念

厂商的收益就是厂商的销售收入。收益分为总收益、平均收益和边际收益，分别用TR、AR和MR表示。

总收益是指厂商按一定价格出售产品时所获得的全部收入。以P表示既定的市场价格，以Q表示销售总量，总收益的定义公式为：$TR=P\cdot Q$。

平均收益是指厂商在平均每一单位产品销售上所获得的收入，其定义公式为：$AR=TR(Q)/Q$。

边际收益指厂商每增加一单位产品的销售所获得的总收益的增量。其定义公式为：$MR=\Delta TR(Q)/\Delta Q$或者$MR(Q)=\mathrm{d}TR(Q)/\mathrm{d}Q$。

2．完全竞争厂商的收益曲线

如图6-2所示，横轴表示厂商所面临的商品需求量即销售量Q，纵轴表示商品的价格P。图中的收益曲线具有以下特征：完全竞争厂商的平均收益（AR）曲线、边际收益（MR）曲线和需求曲线D这三条线是重叠的。这是因为，单个厂商都按既定的市场价格P出售商品，这就不仅使得厂商的平均收益AR必然保持不变，而且使得厂商每增加一单位商品的销售所获得的边际收益MP也必然保持不变，且等于商品的单位价格P。这表明，完全竞争厂商在任何商品销售量水平上都有：$AR=MR=P$。

完全竞争厂商的总收益曲线TR是一条由原点出发向右上方倾斜的曲线。见图6-2，在完全竞争市场上，厂商的总收益是价格与销售量的乘积，总收益是销售量的函数，随着销售量的增加，总收益不断增加。

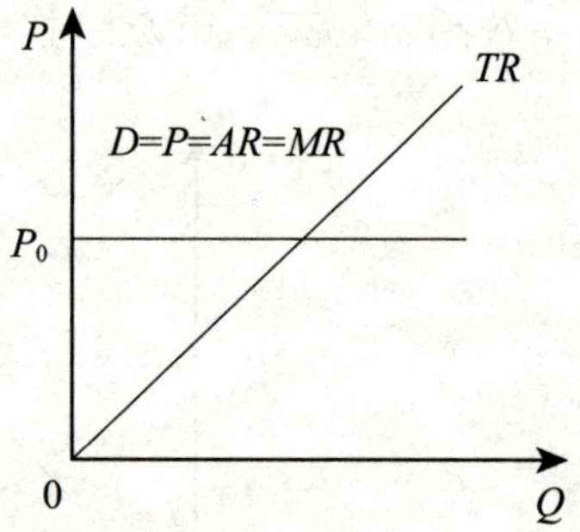

图6-2 收益曲线

四、利润

（一）会计利润

会计利润是厂商销售产品的总收益减去会计成本后的余额。

（二）经济学上的利润

1．正常利润

正常利润是企业家管理才能所得的报酬。它是使企业家留在本企业从事经营和管理活动所必须支付的最低报酬，也是使一个厂商滞留在原行业从事生产经营活动的必要条件，也是隐性成本的一部分。

2．经济利润

经济利润是因企业家的决策最优所得到的超过正常利润的那部分利润。

经济利润=收益-经济成本

3．超额利润

超额利润是因企业家的创新、承担风险、垄断等因素所得到的超过正常利润的那部分利润。经济利润一般用于完全竞争市场，超额利润一般用于不完全竞争市场。

五、完全竞争厂商利润最大化的原则

在上一章分析生产要素的合理投入时可知：在短期生产中，当资本要素不变时，劳动量的投入在平均产量最大的第二阶段最合适，但在这一合理区域中，哪一点最合适？我们可以把总成本曲线和总收益曲线结合在一起来考虑，如图6-3所示，横轴代表产量，纵轴代表成本和收益，TR代表总收益曲线，TC代表总成本曲线。我们发现产量点Q_0对应的成本点B与收益点A的距离是最大的，即利润最大。B点的斜率为MC，A点的斜率为MR，过B点可以做出一条平行于TR的曲线BC，因此利润最大化的条件为$MR=MC$。

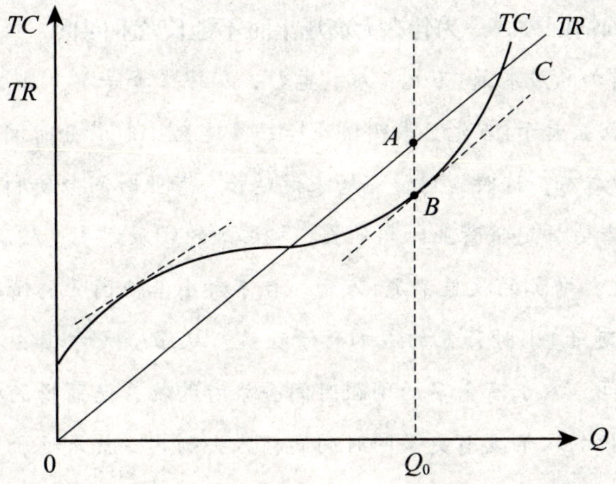

图6-3 收益曲线和成本曲线

如果用Π代表利润，Q代表产量，R代表收益，C代表成本，则利润为：$\Pi(Q)=R(Q)-C(Q)$，要使利润最大化，则要求：$\mathrm{d}\Pi/\mathrm{d}Q=\mathrm{d}R/\mathrm{d}Q-\mathrm{d}C/\mathrm{d}Q=MR(Q)-MC(Q)=0$，则可得出利润最大化的条件是边际收益等于边际成本，即：$MR=MC$。

如果$MR>MC$，即边际收益大于边际成本。那么，这时再增加生产一个单位的产品所增加的收益将大于生产这个产品所需要的成本，因此厂商继续增加生产这个产品，以有利于利润的增加。也就是说，在这种情况下厂商还没有实现利润最大化，要继续增加产量。但在产量增加的过程中，由于边际收益递减规律，边际收益会减少，而同时边际成本却会增加，直到两者相等为止，厂商才不会再继续增加产量。

如果$MR<MC$，即边际收益小于边际成本。那么，这时再增加生产一个单位的产品所增加的收益将小于生产这个产品所带来的成本，因此厂商将发生亏损。这表明厂商继续增加生产这个产品是不利的。也就是说，在这种情况下厂商应减少产量。但在产量减少的过程中，由于边际收益递减规律的作用，边际收益将会增加，而同时边际成本却会减少，直到两者相等为止，厂商才不会再继续减少产量。

只有$MR=MC$时，即边际收益等于边际成本。厂商此时既不会增加产量，也不会减少产量，该赚到的利润都赚到了，这时也就实现了利润最大化。

相关链接

前情回顾——为什么大商场平时不延长营业时间

假如延长1小时增加的成本是1万元（水、电费，加班工资等），那么在延长的1小时里卖出商品而增加的收益大于1万元，表明该商场每多延长1小时营业时间所增加的收益大于延长1小时所增加的成本。这时，对该商场来说延长，营业时间会使利润增加。因此，作为一个精明的经营者他肯定将营业时间延长，把该赚的钱赚到手。相反如果他延长1小时增加的成本是1万元，增加的收益不足1万元，在不考虑其他因素的情况下，就应该取消延时的决定，因为延长1小时营业的成本大于收益，从而造成亏损。在“五一”“十一”黄金周及春节期间，人们有更多的闲暇时间去旅游购物，使商场的收益增加。而平时工作紧张、家务繁忙的人们没有更多的时间和精力去购物，就是延长营业时间也不会有更多的人光顾，增加的销售额不足以弥补延长营业时间所增加的成本。这就是为什么在节假日延长营业时间，而平时不延长营业时间的经济学道理。

六、完全竞争条件下的短期决策与短期均衡

短期是指厂商来不及调整固定成本，但可以调整可变要素（变动成本）的使用量来调整其产销量的时期。从整个行业来看，在短期内，不仅该行业现有厂商的厂房设备的规模是固定不变的，该行业的厂商的数目也是固定不变的，因为时间很短，不容许新的厂商建造新的厂房设备参加到该行业来。

在完全竞争的市场上，厂商只能按既定的市场价格出售产品，所以，厂商事实上会生产并销售多少产量取决于产品的成本状况。就是说，厂商将根据既定的市场价格和其成本状况决定其提供的产量，以便该产量所能提供的利润达到最大值。能使利润达到最大的产销量，即是厂商的短期均衡产量，因为这时厂商将不再调整其产销量，从而达到经济分析的均衡状况。

由于在完全竞争市场条件下的短期生产中，产品的市场价格既定，且生产中的要素投入量无法改变，即厂商只能用既定的生产规模进行生产，所以，厂商只有通过对产量的调整来实现$MR=MC$的利润最大化的均衡条件。厂商短期均衡时的盈亏状况可以用图6-4来说明。图中的三条成本曲线SMC、SAC和AVC共同代表厂商的既定的短期生产规模；厂商所面临的五条需求曲线d_1、d_2、d_3、d_4、d_5分别代表在五个不同市场价格水平下的厂商的收益状况。下面的分析将表明，对于厂商的一个既定的生产规模来说，不同的市场价格水平将直接影响厂商的短期均衡的盈亏状况。厂商的短期均衡可以分为以下五种情况。

1．平均收益大于短期平均成本，即$AR>SAC$，厂商获得经济利润

当市场价格较高为P_1，相应的厂商所面临的需求曲线为d_1时，根据$MR=SMC$的利润最大化

的均衡条件，厂商选择的最优产量为Q_1。因为，在Q_1的产量上，SMC曲线和MR_1曲线相交于E_1点，E_1点是厂商的短期均衡点。此时，厂商的平均收益为E_1Q_1，平均成本为F_1Q_1，平均收益大于平均成本，厂商在单位产品上所获得平均利润为E_1F_1，利润总量为$E_1F_1 \cdot OQ_1$，相当于图6-4（a）中矩形$H_1P_1E_1F_1$的面积。

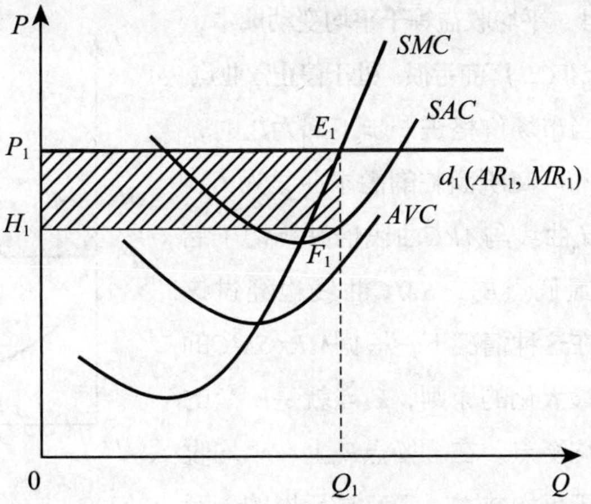

（a）

2．平均收益等于短期平均成本，即AR=SAC，厂商的利润刚好有正常利润

相对于第一种情况，市场价格由P_1下降为P_2，厂商所面临的需求曲线相应地向下平移为d_2曲线，而且，厂商所面临的需求曲线d_2恰好与短期平均成本SAC曲线相切于后者的最低点E_2，短期边际成本SMC曲线也经过该点。由于该点就是SMC曲线和MR曲线的交点，所以，E_2点就是厂商的短期均衡点，相应的均衡产量为Q_2。在Q_2的产量水平，平均收益为E_2Q_2，平均总成本也为E_2Q_2，厂商的经济利润为零，但厂商实现了正常利润，见图6-4（b）。

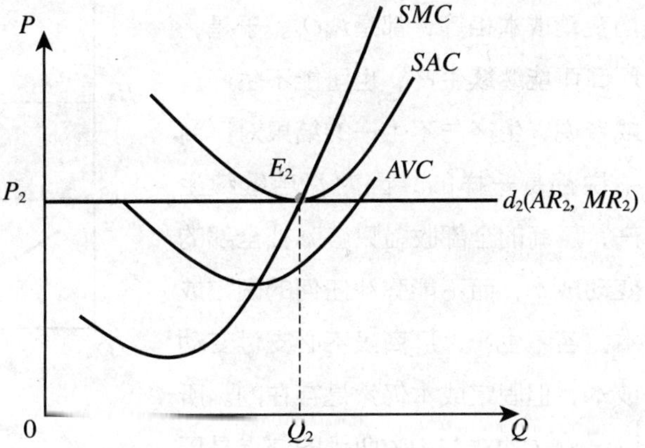

（b）

3．平均收益小于短期平均成本，但仍大于平均变动成本，即$AVC<AR<SAC$，厂商亏损，但继续生产

当市场价格继续下降为P_3，相应的厂商所面临的需求曲线为d_3时，SMC曲线和MR曲线相交所决定的短期均衡点为E_3，均衡产量为Q_3。在Q_3的产量水平，平均收益为E_3Q_3，平均成本为F_3Q_3，平均收益小于平均成本，厂商是亏损的，单位产品的亏损额为F_3E_3，总亏损为$F_3E_3 \cdot OQ_3$，相当于图6-4（c）中矩形$H_3P_3E_3F_3$的面积，平均变动成本为小于平均收益E_3Q_3。此时，厂商虽然亏损，但仍继续生产。

因为厂商能在用全部收益弥补全部变动成本之后，还能弥补在短期内总是存在的固定成本的一部分，所以在这种情况下，生产要比不生产强。

4．平均收益等于平均变动成本，即$AR=AVC$，厂商亏损，处于停止营业点

当市场价格进一步下降为P_4时，相应的厂商所面临的需求曲线为d_4，而且d_4曲线与AVC曲线恰好相切于后者的最低点E_4，SMC曲线也经过该点，在这种情况下，根据$MR=SMC$的利润最大化的原则，E_4点就是厂商的短期均衡点。在均衡点E_4上，平均收益小于平均成本，厂商是亏损的，亏损额可以用图6-4（d）中的阴影面积$H_4P_4E_4F_4$表示。同时，平均收益和平均变动成本相等，都是E_4Q_4。于是，厂商可能继续生产，也可能不生产。或者说，生产与不生产的结果对厂商来说都是一样的。因为，若继续生产，厂商的全部收益只够弥补全部的变动成本，而不能弥补任何的固定成本。若不生产，厂商虽不必支付变动成本，但固定成本仍然是存在的。所以，SMC曲线与AVC曲线的交点是厂商生产与不生产的临界点，通常称该点为停止营业点或关闭点。

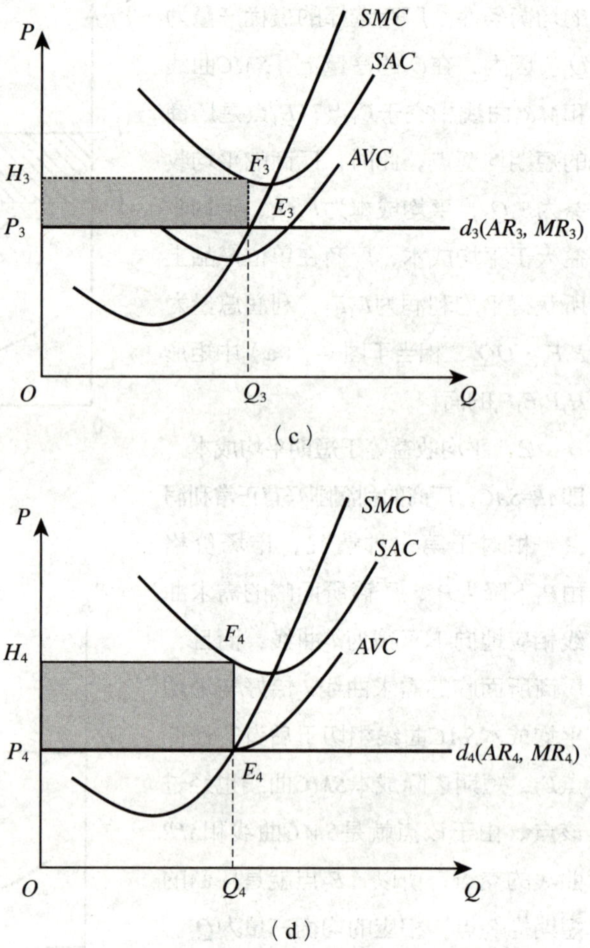

图6-4 完全竞争厂商短期均衡

在短期内，厂商可以获得最大利润，可以利润为零，也可以蒙受最小亏损。综上所述，完全竞争厂商短期均衡的条件是：$MR=SMC$，式中，$MR=AR=P$，所以完全竞争厂商均衡的条件也可以写成：$P=SMC$。

七、完全竞争厂商的长期均衡

长期是指各厂商能够根据市场需求状况来调整全部生产要素及生产规模，也可以自由地进入或退出该行业的时期。

正因为这样，在长期中厂商的均衡就是通过对这两个方面的调整而实现的。下面我们以厂商进入或退出一个行业，即行业内厂商数目的调整为例来分析厂商长期均衡的形成过程。

在长期内，如果行业内的单个厂商可以获得经济利润，则会吸引其他新的厂商加入到该行业的生产中来。随着新厂商的加入，行业内的厂商数目增加，整个行业的供给就会增加，市场价格就会下降，市场价格会一直下降至使单个厂商的利润消失为止。相反，如果行业内的单个厂商的生产是亏损的，则行业内原有厂商中的一部分就会自动退出。随着原有厂商的退出，行业内厂商的数目就会减少，整个行业的供给就会减少，市场价格就会上升，市场价格会一直上升到使单个厂商的亏损消失为止。最后，由于行业中的每一个厂商都处于一种既无利润又无亏损的状态，行业内厂商的进入和退出也就停止了，于是，完全竞争厂商便处于一种长期均衡状态。图6-5具体地说明了这一过程。

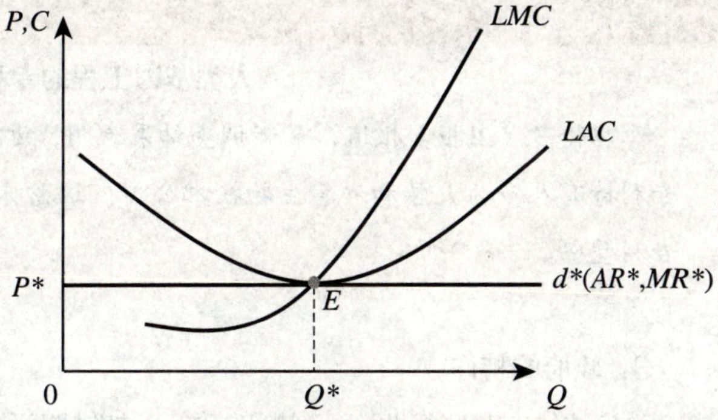

图6-5　完全竞争厂商的长期均衡

其长期均衡的条件为：

$LMC = MR$。

任务三　完全垄断市场

一、完全垄断的含义、特征

完全垄断市场是指整个行业的市场完全处于一家厂商所控制的状态，即一家厂商控制了某种产品的市场。可以说，完全竞争是市场结构的一种极端状态，而完全垄断则是与完全竞争相对的另一种极端情形。在完全垄断市场中，只有一家厂商生产该种商品，而且这种商品没有相近的替代品。另一方面，由于某些原因，其他厂商不能进入这个市场，也就是说，市场的进入被封锁，从而使厂商能够保持其垄断地位。对完全垄断市场来说，可以认为其信息是不完全的。

二、完全垄断的成因

1．独家厂商控制了生产某种商品的全部资源或基本资源的供给

这种对生产资源的独占，排除了经济中的其他厂商生产同种产品的可能性。例如，从1893年到20世纪40年代，美国铝业公司成为美国铝业的唯一供应商，是因为它控制了整个美国的铝土矿——制铝所需要的一种自然材料。从19世纪80年代起，南非的德比尔斯公司就通过买光几乎全世界的钻石矿或已挖出而未加工的钻石的方式，几乎垄断了钻石制成品市场。

2．独家厂商拥有生产某种商品的专利权

独家厂商拥有生产某种商品的专利权，这使得独家厂商可以在一定的时期内垄断该产品的生产。

相关链接

人类基因工程的专利垄断

据伦敦《卫报》报道，最新调查结果表明，近20%的人类基因已经获美国专利授权，专利持有人多为大学和私营生物技术公司。这意味着今后基因技术的科研和应用将面临专利壁垒。

3. 政府的特许

政府往往在某些行业实行垄断的政策，如铁路运输部门、邮电部门、供电供水部门等，于是，独家厂商就成了这些行业的垄断者。

4. 自然垄断

有些行业的生产具有这样的特点：生产的规模效益需要在一个很大的产量范围和相应的巨大的资本设备的生产运行水平上才能得到充分的体现，以至于只有在整个行业的产量都由一个厂商来提供时才有可能达到。而且，只要发挥这一厂商在这一生产规模上的生产能力，就可以满足整个市场对该产品的需求，在这类产品的生产中，行业内总会有某个厂商凭借雄厚的经济实力和其他优势，最先达到这一生产规模，从而垄断了整个行业的生产和销售。这就是自然垄断。

如同完全竞争市场一样，完全垄断市场的假设条件也很严格。在现实的经济生活里，完全垄断市场几乎是不存在的。在西方经济学中，由于完全竞争市场的经济效率被认为是最高的，从而完全竞争市场模型通常被用来作为判断其他类型市场的经济效率高低的标准。而完全垄断市场模型就是从经济效率最低的角度来提供这一标准。

二、完全垄断市场上厂商的需求曲线与价格的决定

由于垄断行业中只有一个厂商，所以，完全垄断厂商所面临的需求曲线就是市场的需求曲线，如图6-6所示，它是一条向右下方倾斜的曲线。假定商品市场的销售量等于市场的需求量，所以，垄断厂商所面临的向右下方倾斜的需求曲线表示垄断厂商可以通过改变销售量来控制市场价格，可以用减少销售量的办法来抬高市场价格，可以用增加销售量的办法来压低市场价格。

三、完全垄断市场上厂商的收益曲线

与完全竞争厂商不同，在完全竞争条件下，厂商是价格接受者，单个厂商不论销售多少产量都不会改变市场价格，但在完全垄断市场上，厂商是价格的制定者，抬高价格只需减少供给量；降低价格，就增加供给量。所以，完全垄断市场上厂商的收益情况和完全竞争市场上的厂商不同。如图6-6所示，总收益曲线是一条先上升后下降的曲线。当厂商制定了某一价格，并

按照这一价格出售产品时，每卖出一个单位产品给厂商带来的收益就等于产品的单价。垄断厂商销售一定量产品所得的平均收益必然等于销售价格，即它的平均收益曲线和其需求曲线重合，是一条向右下方倾斜的曲线。边际收益曲线必然处于平均收益线的下方，这是因为平均收益曲线向右下方倾斜，它是逐渐递减的，要使平均收益递减，边际收益必须小于平均收益。

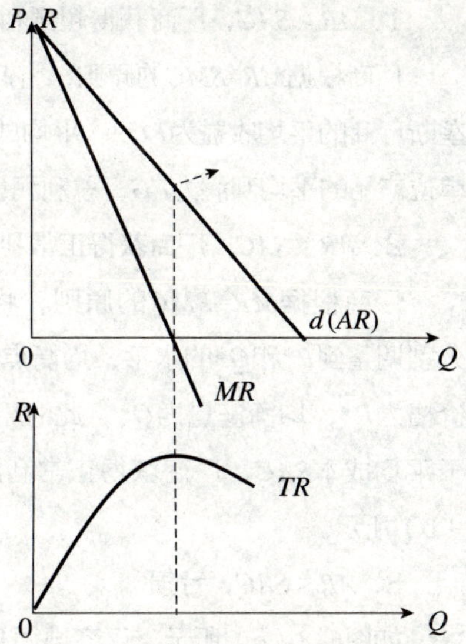

图6-6　完全垄断厂商的需求曲线和收益曲线

四、利润最大化的原则

如图6-7所示，横轴代表产量，纵轴代表成本，*TR*代表总收益曲线，*TC*代表总成本曲线。我们发现产量点Q_0对应的成本点*B*与收益点*A*的距离是最大的，即利润最大。*B*点的斜率为*MC*，*A*点的斜率*MR*，过*A*，*B*两点可以做出两条相互平行的*BC*线与*AD*线，因此利润最大化的条件仍为*MR*=*MC*。

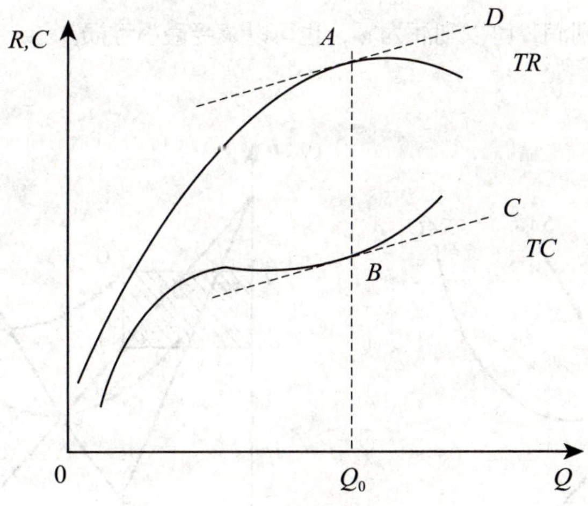

图6-7　收益曲线和成本曲线

五、完全垄断厂商的短期决策与短期均衡

在短期内，垄断厂商无法改变不变要素投入量，垄断厂商只能在既定的生产规模下通过对产量和价格的同时调整，来实现利润最大或亏损最小。

1．$AR>SAC$，厂商获得超额利润

厂商根据$MR=SMC$的原则，将产量和价格分别调整到P^*和Q^*的水平。在短期均衡点E上，垄断厂商的平均收益为FQ^*，平均成本为GQ^*，平均收益大于平均成本，厂商获得超额利润。单位产品的平均利润为FG，总利润量相当于图6-8（a）中的阴影部分矩形面积。

2．$AR=SAC$，厂商获得正常利润

厂商根据$MR=SMC$的原则，将产量和价格分别调整到P^*和Q^*的水平，均衡点为E点，均衡价格为P^*，均衡产量为Q^*，此时平均收益AR等于平均成本SAC，厂商获得正常利润，如图6-8（b）所示。

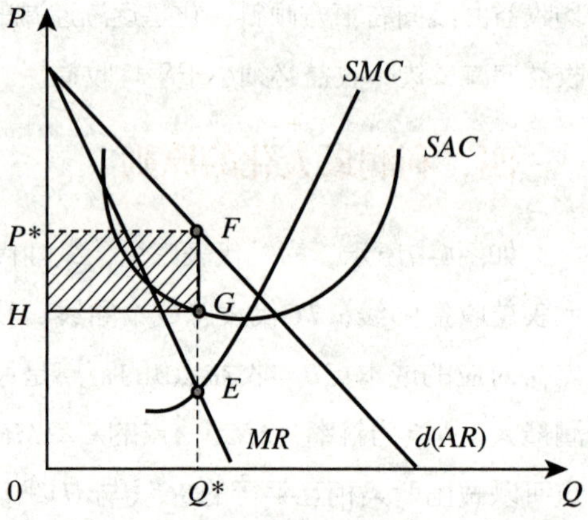

（a）

3．$AR<SAC$，亏损

如图6-8（c）所示，厂商遵循$MR=SMC$的原则，将产量和价格分别调整至Q^*和P^*。在短期均衡E上，厂商的亏损是最小的。单位产品的平均亏损额为GF，总亏损额相当于图6-8（c）中阴影矩形HP^*FG的面积。由于垄断厂商能极大地控制价格，所以一般不会处于停止营业点这个位置，所以本书略而不讲。通过以上分析，可以得到垄断厂商短期均衡的条件为：$MR=SMC$。厂商在短期内可以获得最大利润，可以利润为零，也可以蒙受最小亏损。

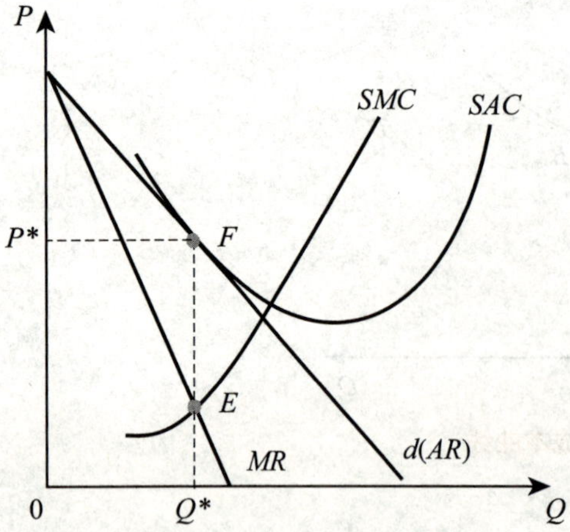

（b）

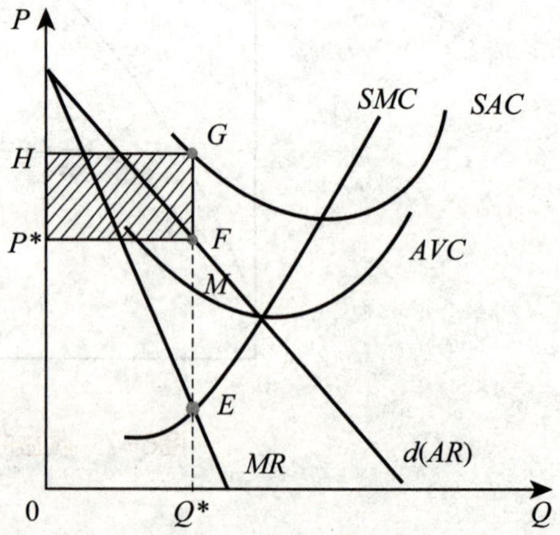

（c）

图6-8　垄断厂商的短期均衡

六、完全垄断厂商的长期决策与长期均衡

在完全垄断市场上，长期均衡与短期均衡基本相同，长期内厂商的生产规模是可调整的，且市场对新加入厂商是完全关闭的，因此垄断厂商按照利润最大化的原则调整规模，如图6-9所示，以便获得更多的垄断利润，均衡条件是$MR=LMC$。

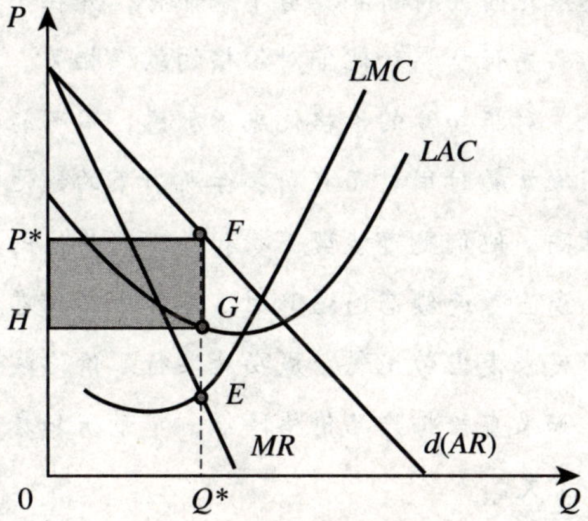

图6-9　垄断厂商的长期均衡

七、垄断厂商的价格歧视

垄断企业的定价策略包括单一定价与价格歧视定价。

垄断厂商卖出的每一单位产品价格都是相同的，这种定价策略称为单一定价。价格歧视实为差别定价，是指垄断厂商对于同样的产品收取不同的价格。由于垄断厂商具有某种垄断力量，因此对自己所出售的相同产品可以收取不同的价格，以使自己所获利润达到最大化。

（一）价格歧视的种类

1．一级价格歧视

一级价格歧视又称完全价格歧视，即垄断厂商了解每一消费者为了能购进每一单位产品所愿意付出的最高价格，并据此来确定每一单位产品的价格。在这种情况下，消费者剩余全部转化为垄断者获得的超额利润。

相关链接

麦当劳连锁店的折扣券

麦当劳连锁店一直采取向消费者发放折扣券的促销策略。它们对来麦当劳就餐的顾客发放麦当劳产品的宣传品，并在宣传品上印制折扣券。为什么麦当劳不直接将产品的价格降低?回答是折扣券使麦当劳公司实行了三级差别价格。麦当劳公司知道并不是所有的顾客都愿意花时间将折扣券剪下来保存，并在下次就餐时带来。此外剪折扣券意愿与顾客对物品支付意愿和他们对价格的敏感相关。富裕而繁忙的高收入阶层到麦当劳用餐弹性低，对折扣券的价格优惠不敏感，不可能花时间剪下折扣券并保存随时带在身上以备下次就餐时用。而且折扣券所省下的钱他也不在乎。但低收入的家庭到麦当劳用餐弹性高，他们更可能剪下折扣券，因为他的支付意愿低，对折扣券的价格优惠比较敏感。麦当劳连锁店通过只对这些剪下折扣券的顾客收取较低价格，吸引了一部分低收入家庭来麦当劳用餐，成功地实行了价格歧视，采取了一级差别价格，并从中多赚了钱。如果直接将产品价格降低，不带折扣券的高收入阶层的高意愿消费而多得的收入就会流失。

2．二级价格歧视

二级价格歧视，是指垄断厂商对不同认购数量的商品收取不同的价格。例如，供水部门对一定的用水量（比如说1～100方）实行一种价格，对再增加的水量（比如说101～200方）实行另一种价格。在二级价格歧视下，消费者剩余部分转化为垄断厂商的垄断利润。

3．三级价格歧视

三级价格歧视，是指垄断厂商对不同的部门或行业收取不同的价格。例如，电力公司对生活用电、农业用电、工业用电分别收取不同的价格。在这种情况下，可以在实行高价格的市场上获得超额利润。与单一定价相比，实行价格歧视获得的利润更多。由于实行价格歧视的两个条件不易满足，所以垄断厂商并不能普遍采用差别定价。

（二）垄断厂商实行价格歧视的条件

（1）不同的消费者群体或不同的销售市场是相互隔离的。如果市场不分隔，市场上的套利行为将使得价格歧视消失。

（2）被分隔的各个市场上需求价格弹性不同。如果被分隔的各个市场需求价格弹性相同，则最佳策略是对同一产品收取相同的价格。

任务四　垄断竞争市场

一、垄断竞争的含义与特征

垄断竞争是指一种既有垄断又有竞争，既不是完全竞争又不是完全垄断的市场结构。

垄断竞争比较接近于完全竞争。市场中有大量的买者与卖者，市场的进入与退出也是自由的。但重要的差别在于，垄断竞争市场中的商品是有差别的。商品差别是指同一种商品在质量、品牌、包装等方面的差别。一种商品不仅要满足人们的实际生活或其他需要，而且还要满足人们的心理需要。同一种商品在质量、品牌、包装等方面的差别，则会满足不同消费者的心理需要。例如汽车除了满足人们便利交通的需要之外，还可以满足多种心理需要：名牌汽车可以满足显示社会身份的需要，款式与颜色可以满足人们的个性需要，等等。每一种有差别的商品都可以以自己的特色在一部分消费者中形成垄断地位。这样，商品差别就会引起垄断。这就是西方经济学家所说的“有差别存在就会有垄断”的意思。但是，商品差别是同一种商品的差别，这样各种有差别的商品之间又存在替代性，即它们可以互相代替，满足某些基本需求。有差别商品之间的这种替代性就引起这些商品之间的竞争。所以说，商品差别既会产生垄断，又会引起竞争，从而形成一种垄断竞争的状态。经济中许多商品都是有差别的，因此，垄断竞争是一种普遍现象，而最明显的垄断竞争市场是轻工业品市场。

相关链接：

为什么厂商要实行产品差异化战略？

二、垄断竞争厂商的需求曲线与价格的决定

如同垄断厂商一样，垄断竞争厂商所面临的需求曲线也是向右下方倾斜的。这说明垄断竞争厂商通过改变自己所生产的有差别的产品的销售量来影响商品的价格。所不同的是，由于各垄断厂商的产品之间存在不同程度的替代性，市场中的竞争因素又使得垄断竞争厂商的需求曲线具有较大的弹性。因此，相对于完全竞争厂商的需求曲线而言，垄断竞争厂商所面临的需求曲线较为陡峭；相对于完全垄断厂商所面临的需求曲线而言，垄断竞争厂商所面临的需求曲线较为平缓，如图6-10所示。

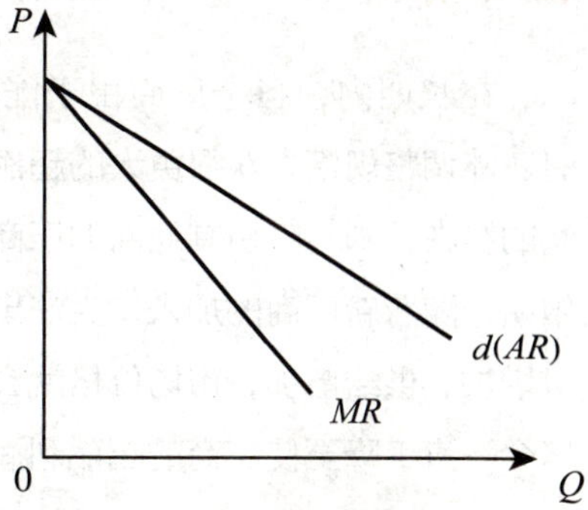

图6-10　垄断竞争厂商的需求曲线和收益曲线

三、垄断竞争厂商的收益曲线

垄断竞争厂商的AR曲线与MR曲线都是向右下方倾斜的，如图6-8所示，其中AR曲线的位置比MR曲线的位置要高。TR曲线如任务三图6-6所示，是一条先递增后递减的曲线。

四、利润最大化的原则与最优的供给

与完全垄断市场一样，利润最大化的原则仍然是$MR=MC$，参见项目五任务四中的推导。最优的供给仍然是按照$MR=MC$的原则进行。

五、垄断竞争市场上的短期决策与短期均衡

（一）$AR>SAC$，厂商获得超额利润

厂商根据$MR=SMC$的原则，将产量和价格分别调整到P^*和Q^*的水平。在短期均衡点E上，垄断厂商的平均收益为FQ^*，平均成本为GQ^*，平均收益大于平均成本，厂商获得超额利润。单位产品的平均利润为FG，总利润量相当于图6-11中的阴影部分矩形面积。

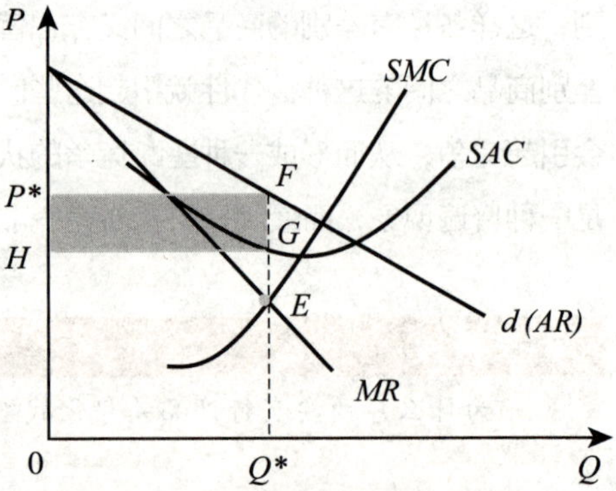

图6-11　垄断竞争厂商的短期均衡

（二）$AR<SAC$，亏损

如图6-12所示，厂商遵循$MR=SMC$的原则，将产量和价格分别调整至Q^*和P^*。在短期均衡点E上，厂商的亏损是最小的。单位产品的平均亏损额为GF，总亏损额相当于图6-12中阴影矩形HP^*FG的面积。

六、垄断竞争市场上的长期决策与长期均衡

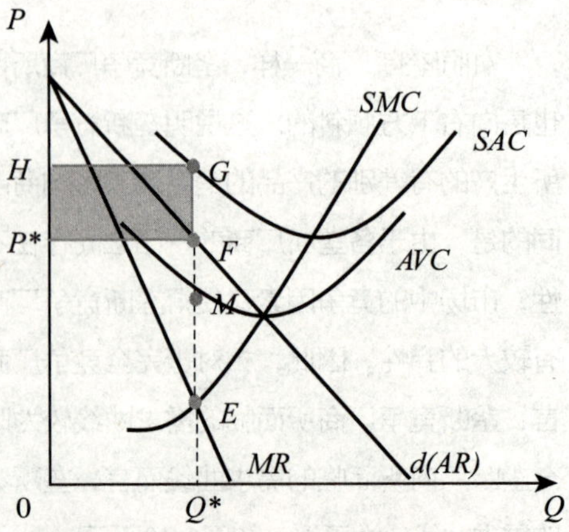

图6-12　垄断竞争厂商的短期均衡

在长期内，各个厂商由于能控制价格，同时还能调整规模，获得更大的超额利润。超额利润的存在，则会吸引其他新的厂商加入到该生产集团，随着新厂商的加入，生产集团内的厂商数目增加，供给增加，市场价格就会下降，市场价格会一直下降至使厂商的超额利润消失为止。相反，如果各个厂商的生产是亏损的，则生产集团内原有厂商中的一部分就会自动退出，随着原有

厂商的退出，厂商的数目就会减少，供给就会减少，市场价格就会上升，市场价格会一直上升到使厂商有正常利润的状态，厂商的进入和退出也就停止了，于是，厂商便处于一种数目相对稳定的长期均衡状态。图6-13具体地说明了这一过程。

所以，垄断竞争市场上长期均衡的条件是：*MR=LMC*。

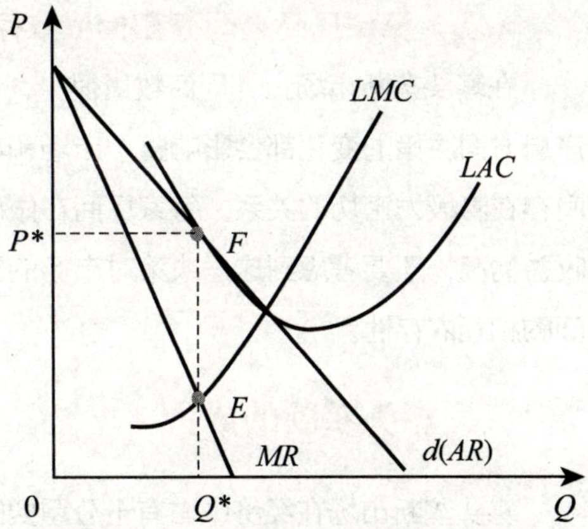

图6-13　垄断竞争厂商的长期均衡

任务五　寡头垄断市场

一、寡头垄断的含义与特征

寡头，其原意是指为数不多的销售者。寡头垄断市场就是指少数几家厂商控制了这一行业供给的市场。例如，我国钢铁业、电信业、汽车制造业、家电业等行业都属于寡头垄断市场。

二、寡头垄断的特征

（一）厂商数量很少

寡头垄断市场上厂商只有几家，每个厂商规模都很大，都占有相当大的市场份额，因此每个厂商对整个行业的价格与产量的决定都有举足轻重的影响。

（二）进出寡头行业比较困难

由于规模、资金、技术、专利、法律等原因，其他厂商很难进入以及投入巨大的缘故，寡头退出也比较困难。

（三）产品既同质，也可存在差别

寡头垄断厂商生产的产品可以是同质的，也可以是有差别的。根据产品的差别程度，寡头垄断市场的寡头又分为纯粹寡头和差别寡头，生产无差别产品的寡头称为纯粹寡头（例如钢铁、石油行业的寡头），生产有差别产品的寡头称为差别寡头（例如汽车、香烟、造船行业的寡头）。

（四）寡头厂商之间存在相互依存性

在寡头垄断市场上，厂商数量很少，每家厂商都占有举足轻重的地位。他们各自在价格或产量方面决策的变化都会影响整个市场和其他竞争者的行为。因此，寡头垄断市场上各厂商之间存在着极为密切的关系。每家厂商在做出价格与产量的决策时，不仅要考虑到本身的成本与收益情况，还要考虑到这一决策对市场的影响，以及其他厂商可能做出的反应。这就是寡头之间的相互依存性。

三、寡头垄断的成因

寡头垄断市场在经济中占有十分重要的地位。例如在美国，钢铁、汽车、炼铝、石油、飞机制造、机械、香烟等重要行业都是寡头垄断市场。这些行业中大都是四五家公司的产量占全行业产量的70%以上。在日本、欧洲等发达国家也存在着同样的现象。

为什么在钢铁、汽车、造船这类重工业行业中寡头垄断是最普遍的呢？我们知道，这些行业有一个基本特点，就是这类产品只有在大规模生产时才能获得好的经济效益。因为这些行业都要使用先进的大型设备，要有精细的专业分工，这样，在开始投资时所需的资金十分巨大，只有在产量达到一定规模后平均成本才会下降，生产才是有利的。也就是说：在这种行业中，大规模生产的经济效益特别明显。这些行业中每个厂商的产量都十分大，这就决定了只要几家厂商存在，它们的产量就可以满足市场的需求。此外，在开始建厂时所需投资的巨大，也使其他厂商很难进入这一行业，与这一行业中已有的几家大厂商进行竞争。何况已有的几家寡头也要运用各种方法阻止其他厂商的进入。因此，应该说，寡头垄断的形成首先是某些产品的生产与技术要求决定的。此外，这些寡头本身所采取的种种排他性措施，以及政府对这些寡头的扶持与支持，也促进了寡头垄断市场的形成。

四、寡头垄断市场的价格决定与产量决定

寡头之间的相互依存性使得各寡头在做出价格和产量决策时，都要考虑到竞争对手的反应，而竞争对手的反应可能是多种多样的。在各寡头都保守自己的“商业秘密”的情况下，这种反应很难捉摸。这就使价格与产量问题难以确定。其次，价格和产量一旦确定之后，就有其相对稳定性。这也就是说，各个寡头由于难以捉摸对手的行为，一般不会轻易变动已确定的价格与产量水平。最后，各寡头之间也会形成某种形式的勾结。因此在寡头垄断市场上，很难对产量与价格问题做出像前三种市场那样确切而肯定的答案。

（一）卡特尔模型

在实际中，寡头垄断市场上存在着多种形式的勾结与串通，卡特尔就是一种勾结。卡特尔是指一个行业的各独立厂商之间通过价格、产量和市场划分等事项达成明确的协议而建立的垄

断组织。

卡特尔的任务通常有二：一是为各成员厂商的同质产品规定统一的价格；二是在各成员厂商之间分配总销售额。它制定同质产品的统一价格的原则是$MR=MC$，使整个卡特尔利润达到最大化，办法是用水平相加法从各厂商的个别边际成本曲线求取卡特尔边际成本曲线，根据市场需求曲线求取卡特尔边际收益曲线，边际成本曲线与边际收益曲线的交点所确定的产量水平和价格水平即为卡特尔利润最大化的均衡产量水平和价格水平。事实上，各厂商实际分享的利润，取决于建立卡特尔时协议所确立的安排。

卡特尔在规定了统一的价格后，为支持这一价格，通常还必须规定销售限额或生产限额，有时还可能需要做出重新分配利润的安排。但在怎样分配限额或分配利润上，卡特尔各厂商往往存在着重大矛盾，很难达成持久有效的协议。即使达成协议，卡特尔成员为了争得自己的利益，也会互相欺骗，这就使得卡特尔协议在实际上很难得到遵守，从而使卡特尔组织往往在经历一定时间以后即告解体。

（二）价格领导模式

寡头垄断条件下，为避免价格竞争，在寡头垄断企业之间有时会形成一种暗中的默契。如采用价格领导模式定价，即一个行业的价格通常由某一寡头制定，其余寡头追随其后确定各自的价格。作为价格领袖的企业，可能是该行业最大、实力最强的企业，在该行业中具有绝对的支配地位；也可能是对市场信息了解最及时、最准确，从而能准确反映市场状况的企业；或者是成本最低、效率最高的企业。其他企业跟着定价或变价的原因主要在于企业规模小，如果不跟着定价就可能引发价格战，这对自己很不利；另外，如果跟着定价还可以避免因独自定价失误而可能带来的风险。在这种定价模式中，担任价格领袖的企业根据利润最大化原则来确定自己的价格，而其余一些小规模企业，则像完全竞争者一样，按照既定的价格来确定自己的产销量。

（三）成本加成定价法

寡头垄断企业在不存在勾结的情况下，除了采用价格领导模式定价外，为了在同行业中形成稳定的价格格局，各寡头垄断企业也常采用成本加成定价法，即在估算行业平均成本的基础上加一个固定百分率的利润。如果各企业的成本情况相似，这种定价方法会使它们的价格一致。假如各企业的成本情况不同，这种定价方法也可以使它们采取一致的行动。

（四）斯维齐模型

斯维齐模型也被称为弯折的需求曲线模型。该模型由美国经济学家保罗·斯维齐于1939年提出，主要用来解释一些寡头垄断市场上的价格刚性现象。

该模型的基本假设条件是：①企业要获取最大利润。②产品的市场价格已确定。③如果一个寡头企业提高价格，行业中的其他寡头企业都不会跟着改变自己的价格，因而提价的寡头企业的销售量将减少很多。反之如果一家寡头企业降低价格，行业中的其他寡头企业也会将价格下降到相同的水平，以避免销售份额的减少，所以率先降价的寡头企业其销售量增加是有限的。

斯维齐曲线的价格决策模式，从理论上说明了，在寡头垄断条件下企业面对成本变化所表现出的价格刚性，也就是一旦企业规定了产品的价格，就不轻易变动。所以在寡头垄断条件下，企业间的竞争主要不是通过价格，而是在非价格方面（如产品差异化、广告等方面）进行。但该模型并没有说明具有刚性的价格本身是如何形成的，这是该模型的一个缺陷。

任务六　不同市场类型的评价与比较

一、对完全竞争市场的评价

完全竞争市场优点在于：①价格由市场供求所决定，这就决定了其价格水平在四个市场中是最低的；②生产要素可以充分移动，价格可以充分发挥其“看不见的手”的作用，调节整个经济的运行，从而资源得到了最优配置，生产者的生产不会有不足或过剩，消费者的需求也得到了满足；③平均成本最低，这说明通过完全竞争与资源的自由流动，生产要素的效率得到了最有效的发挥；④产量最大。

完全竞争市场也有其缺点，在于①产品无差别，这样，消费者的多种需求无法得到满足；②完全竞争市场上生产者的规模都很小，这样他们就没有能力去实现重大的科学技术突破，从而不利于技术发展。

二、对完全垄断市场和寡头垄断市场的评价

完全垄断市场的缺点在于：①造成生产资源的浪费。完全垄断与完全竞争相比，平均成本与价格高，而产量低。在完全竞争条件下厂商长期均衡时，利润为零，生产资源得到最优配置。但在完全垄断条件下厂商长期均衡时，厂商仍然会有超额利润，生产资源未能得到最优配置；②社会福利损失。垄断厂商实行价格歧视，即差别定价，消费者所付的价格越高，消费者剩余就越少，减少的消费者剩余就是社会福利的损失；③加剧社会收入分配的不平等。垄断者凭借其垄断地位获得超额利润，这些收入都集中到少数垄断厂商的手里，加剧了社会收入分配的不平等；④阻碍技术进步。垄断厂商一般有多少产品都能销售出去，所谓“皇帝的女儿不愁嫁”，所以一般缺乏创新精神，对自身发展缺少危机感，因而会阻碍技术进步。

垄断市场的优点在于：①有些垄断，尤其是政府对某些公用事业的垄断，并不以追求垄

断利润为目的。这些公用事业往往投资大，投资周期长而利润率低，但它又是经济发展和人民生活所必需的。由政府进行完全垄断，会给全社会带来好处；②垄断厂商因为能够获得垄断利润，具有更雄厚的资金与人力，更有能力进行新的研究，促进技术进步；③可以实现规模经济，从而降低成本，提高经济效益。

三、对垄断竞争市场的评价

垄断竞争市场的缺点在于：①从平均成本来看，垄断竞争市场上平均成本比完全竞争时高，这说明垄断竞争时由于垄断的存在，生产要素的效率不如完全竞争时高。但这时的平均成本一般又低于完全垄断时，说明由于有竞争的存在，生产要素的效率又比完全垄断时高；②从价格来看，即使在长期中，垄断竞争时的价格也高于完全竞争时，但垄断竞争下的价格又要低于完全垄断时，因为这时价格不是由垄断者决定的垄断价格，而是由市场竞争形成的价格；③从产量来看，垄断竞争时的产量一般要低于完全竞争而高于完全垄断的产量水平，这说明垄断竞争条件下资源的利用程度不如完全竞争条件下的利用而优于完全垄断时的利用程度；④垄断竞争之下会使销售成本，主要是广告成本增加。各厂商要使自己的产品成为有特色的产品，必须进行广告宣传。这种广告对生产和消费有促进作用，但同时也增加了销售成本，增加了总成本和平均成本。

垄断竞争市场的优点在于：①垄断竞争有利于鼓励进行创新。因为竞争的存在，短期超额利润的存在激发了厂商进行创新的内在动力。通过生产出与众不同的产品可以在短期内获得垄断地位及超额利润，这就使各厂商有进行创新的愿望。而长期中的竞争又使这种创新的动力持久不衰。西方许多经济学家认为，现实中普遍存在的垄断竞争从总体上看是利大于弊的；②由于垄断竞争市场的产品是有差别的，因而可以满足多样化的市场需求，充分满足消费者的消费个性。

相关链接

2009年婴幼儿奶粉市场的广告

2009年，乳制品行业品牌网络广告投放同比上涨42.7%，仍占据食品饮料网络广告投放的头把交椅；婴幼儿奶粉取代乳制品综合成为乳制品行业品牌网络广告投放第一名，投放规模同比大幅上涨123.8%。其中，蒙牛、伊利、贝因美成为乳制品网络广告投放前三名。具体来说，乳制品广告量的增加，有两个很主要的原因：一是乳制品企业品牌的塑造，这主要表现在三聚氰胺事件后，国内乳制品企业的品牌美誉度降至冰点，乳制品企业需要利用广告来重塑品牌的美誉度和影响力；二是在现有的市场格局下抢夺更多的市场份额，投放广告是最为直接的方式。并且这也收到了很好的效果，比如，贝因美、飞鹤、多美滋等的市场份额都出现较大的提升。

习　题

一、名词解释

1．完全竞争市场　2．不完全竞争市场　3．垄断竞争市场　4．寡头垄断市场

5．价格歧视　6．二级价格歧视　7．价格领袖制　8．卡特尔

9．经济利润　10．正常利润

二、单项选择题

1．完全竞争厂商所面临的需求曲线是一条平行于横轴的直线，这意味着（　　）。

A．完全竞争厂商可以通过改变销售量来影响商品价格

B．完全竞争厂商只能接受市场价格

C．完全竞争厂商通过联合来改变市场价格

D．完全竞争厂商通过改进生产技术，获得经济利润

2．在$MR=MC$的均衡产量上，厂商（　　）。

A．必然得到最大的利润

B．不可能亏损

C．必然得到最小的亏损

D．若获利润，则利润最大；若亏损，则亏损最小

3．如果在厂商的短期均衡产量上，AR小于SAC，但大于AVC，则厂商（　　）。

A．亏损，立即停产

B．亏损，但继续生产

C．亏损，生产和不生产都可以

D．获得正常利润，继续生产

4．在厂商的停止营业点上，应该有（　　）。

A．$AR=AVC$　　B．总亏损等于TFC

C．$P=AVC$　　D．上说法都对

5．在完全竞争厂商的长期均衡产量上，必然有（　　）。

A．$MR=LMC=SMC$，式中$MR=AR=P$

B．$MR=LMC=SMC\neq LAC$，式中$MR=AR=P$

C．$MR=LMC=SMC=LAC\neq SAC$，式中$MR=AR=P$

D．$MR=LMC=SMC=LAC=SAC$，式中$MR=AR=P$

6. 当一个完全竞争行业实现长期均衡时，每个厂商（　　）。

A. 显性成本和隐含成本都得到补偿

B. 利润都为零

C. 行业中没有任何厂商再进出

D. 以上说法都正确

7. 一完全竞争厂商每天的收入为8000元，对应其利润最大化的产出。厂商的平均成本是8元，边际成本是10元，平均可变成本是5元，则其每天的产出为（　　）。

A. 200单位　　B. 400单位

C. 625单位　　D. 800单位

8. 第7题中该厂商的总固定成本为（　　）。

A. 3元　　B. 100元

C. 500元　　D. 2400元

9. 在垄断厂商的短期均衡时，垄断厂商可以（　　）。

A. 亏损　　B. 利润为零

C. 获得利润　　D. 上述情况都可能存在

10. 在垄断竞争中，厂商实现利润最大化的途径是（　　）。

A. 调整价格从而确定相应的产量

B. 品质竞争

C. 广告竞争

D. 以上途径皆有可能

11. 利润最大化的原则是（　　）。

A. 平均收益大于平均成本

B. 边际收益大于边际成本

C. 平均收益等于平均成本

D. 边际收益等于边际成本

三、计算题

已知某完全竞争行业中的单个厂商的短期成本函数为$STC=0.1Q^3-2Q^2+15Q+10$。试求：

（1）当市场上产品的价格P=55时，市场上的短期均衡产量和利润；

（2）当市场价格下降为多少时，厂商必须停产。

四、简答题

1．划分市场结构的主要依据有哪些？

2．完全竞争市场有哪些基本特征？

3．为什么完全竞争厂商的均衡条件可以表达为$MC=P$？

4．厂商固定成本的高低是决定其继续营业或是停止营业的原因吗？

5．为什么垄断厂商的需求曲线是向右下方倾斜的？并请解释相应的TR曲线、AR曲线和MR曲线的特征。

6．实行差别定价（即价格歧视）的条件都有哪些？

五、论述题

试比较各种类型的市场。

六、案例分析

1．1996年，酷爱发明的俞兆林先生发明了保暖内衣，价格昂贵。在2000年生产保暖内衣的企业猛增至500家。伴随激烈竞争，各厂商的广告宣传更是充斥大街小巷、报端电视，同时价格大幅度下降。问题：

（1）本案例中，保暖内衣市场属于什么类型的市场？

（2）为什么在初期保暖内衣价格偏高，后期价格大幅度下降？

2．据统计，我们每个人每天通过各种方式接触到的广告超过1000条，在海量的广告中你很少看到农民推销小麦、大米的广告，为什么？用所学知识给予解释。

项目七
生产要素定价理论

学习目标

1. 掌握生产要素的需求与供给的基本原理
2. 掌握生产要素的概念
3. 掌握工资、利息、地租理论
4. 掌握衡量收入分配公平的指标平等化
5. 掌握收入分配差距的原因

案例导入

年收入过亿的姚明

前不久，有机构公布了体育明星的收入排名，姚明以过亿的年收入高居榜首。人们对姚明的高收入感叹，或许含着一丝羡慕，或许有年轻人梦想将来也像姚明那样发展。与此同时，一个普通的NBA球员的工资却与姚明相差很多，这是为什么？

任务一　生产要素定价理论概述

一、生产要素

生产要素是指在生产过程中，为生产一定的产品，所投入的各种资源。从资源的形态上来说分为劳动、资本（包括物质资本和货币资本）、自然资源和企业家才能。从是否由人类的生产活动所生产出来划分可分为原始要素和中间要素。

原始要素是指不是人类的生产活动所生产出来的要素，包括劳动、企业家才能、货币资本及土地类自然资源。

中间要素是指人类的生产活动所生产出来的产品，包括物质资本品、零部件等。由于这些产品的价格决定与商品市场类似，同时由于这些要素也是用原始要素生产出来的，用商品市场的价格决定和原始要素价格的决定就足以概括，所以本书重点讲述原始要素价格的决定。

二、生产要素的需求

（一）生产要素需求的特点

1．生产要素的需求者是生产者而不是消费者

在商品经济条件下，产品市场和生产要素市场是相互依存、相互制约的。消费者的经济行为表现为：在生产要素市场上提供生产要素，如提供一定数量的劳动、土地等以取得收入，然后在产品市场上购买所需的商品，如一定数量的面包、汽车等，进而在消费中得到最大效用的满足。而厂商的经济行为表现为：在生产要素市场上购买生产所需的要素，如雇用工人，租用土地等，然后进行生产，如生产一定数量的面包、汽车等，进而在产品市场上通过商品出售获得最大的利润。在产品市场上，厂商是产品的供给者，消费者是产品的需求者；而在生产要素市场上，厂商是生产要素的需求者，消费者则是生产要素的供给者。厂商购买各种生产要素所支付的价格，构成厂商的生产成本，同时也成为消费者的收入源泉。因此，生产要素的价格问题也就成为社会总产品在各生产要素所有者之间的分配问题。

2．生产要素的需求是“引致需求”，亦称“派生需求”

在产品市场上，消费者购买食物或衣服从产品的使用中得到满足，其对产品的需求是“直接需求”；在生产要素市场上，厂商购买机器、劳动、原材料和其他生产要素，不是为了自身消费，而是为了生产用于向市场出售的商品或劳务，是由消费需求引致的一种“间接需求”。例如，如果没有人购买汽车，也就不会有厂商对汽车工人的需求；同样，食品公司购买面粉来烤制面包，是要满足消费者对面包的需求。引致需求常常具有许多环节，例如，消费者对毛料衣服的需求引致了服装厂对毛料的需求，从而引致织布厂对毛纱线的需求，进而引致羊毛的需求，又引致牧业生产等。

3．厂商对生产要素需求的目的是追求利润

4．厂商对生产要素的需求具有“共同性”

厂商对生产要素的需求是共同的、相互依赖的需求，任何一种产品都不能单凭一种生产要素生产出来，必须是多种生产要素共同作用的结果。

（二）生产要素的需求曲线

1．边际生产力

边际生产力的概念是由美国经济学家克拉克提出的，是指在其他生产要素保持不变时，由于增加一单位某种生产要素而增加的产品或产量。生产要素的边际生产力若以实物来表示，则称为边际物质产品，为了与商品市场的MP区别，用MPP表示；若以使用的生产要素所生产产品的市场价格来表示，则称为边际产品价值，用VMP表示，指增加一单位某一生产要素的投入所增加产量的销售值，$VMP=MPP \cdot P$。若以收益来表示，则称为边际收益产品，用MRP表示，指增加一单位的某种生产要素投入所增加的产量给厂商带来的收益增量，$MRP=MPP \cdot MR$。

根据边际收益递减规律，当其他要素不变，连续增加一种可变要素的投入时，边际产量（MPP）最终会递减。这个规律也称为边际生产力递减规律，如图7-1所示。

边际收益MR的变化取决于产品市场结构。在完全竞争条件下，由于产品的价格不变，$MR=AR=P$，所以，$MPP \cdot P=MPP \cdot MR$，即$VMP=MRP$。而在非完全竞争条件下，由于AR和MR是随着产量增加而下降的，且$MR<AR$，即$MR<P$，这时，$MRP=MPP \cdot MR$，$MRP<VMP$。因此，如果厂商处在不完全竞争的产品市场，则其MRP曲线应位于其处在完全竞争产品市场时得到的MRP曲线的下方，如图7-1所示。

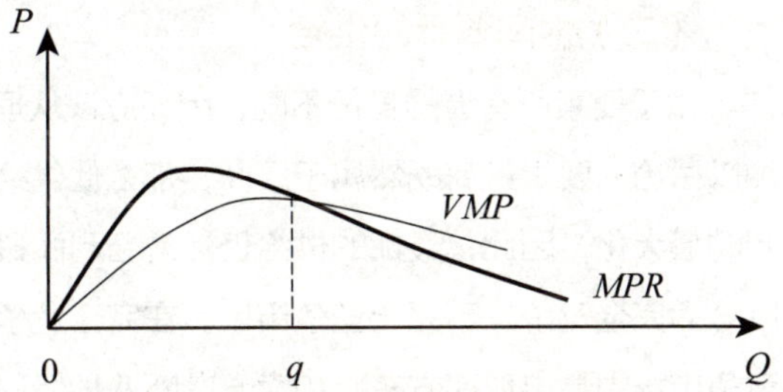

图7-1　生产要素的VMP与MPR

2. 生产要素的需求曲线

由边际生产力递减规律可知，生产要素的需求曲线应当也是一条向右下方倾斜的曲线，这是因为，边际生产力是递减的，厂商愿意接受的价格也是递减的，如图7-2所示。

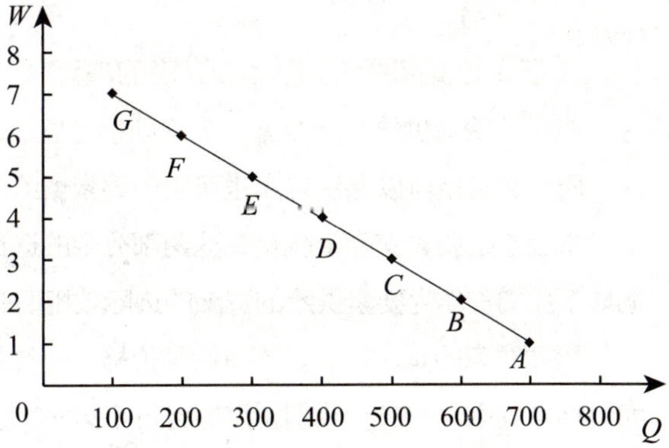

图7-2　生产要素的需求曲线

（三）生产要素的最优需求

厂商购买要素是为了利润最大化，厂商对生产要素需求的最优需求也应遵循利润最大化的原则，但是要素市场相对商品市场要复杂得多，它分为这几种情况：一是厂商在商品市场和要素市场都处于完全竞争状态，此时的厂商简称为完全竞争厂商，则完全竞争厂商最优的需求原则为$VMP=W$（要素的价格）。二是厂商在商品市场是完全竞争者，在要素市场是垄断者，此时的厂商我们简称买方垄断厂商，则最优的需求原则为$VMP=MFC$。为了与商品市场有所区别，边际成本在此我们称之为边际要素成本（简记MFC）。三是双垄断，即厂商既是商品市场上的垄断卖方，又是要素市场上的垄断买方，此时的厂商我们简称卖方垄断厂商，则最优的需求原则为$MRP=MFC$。

三、生产要素的供给

（一）生产要素的供给者

在西方经济学的要素需求理论中，要素使用者是“单一”的，即是生产者或厂商，而从供给方面来看则相对复杂，一般来讲，中间要素的提供者是要素厂商，消费者则向市场提供诸如劳动等原始生产要素。

（二）中间要素的供给

由于要素所有者的身份不同，因而应该从理论上将要素供给理论分成两个并列的部分分别加以讨论，要素厂商既然属于厂商，那么他供给要素的目的与厂商是一样的，仍然是为了追求利润最大化，因此，最优的供给仍然遵循利润最大化的原则。像商品市场一样，要素市场也可以分为完全竞争、不完全竞争市场。在完全竞争市场中中间要素的价格由供求决定。在不完全竞争市场中会出现买方垄断和卖方垄断两种情况，如果是买方垄断，要素价格则由买方决定；如果是卖方垄断，要素价格则由卖方决定，在此不再赘述。

（三）原始要素的供给与价格的决定

对于消费者供给原始要素，情况则相对复杂，消费者是个人，他追求的是效用最大化。同时，原始要素既可以保留自用也可用于要素供给，这两部分都可以带给消费者效用，因此，消费者供应原始要素实际上就是在这两部分中的选择问题。要素所有者为获得最大的效用必须贯彻如下原则：作为要素供给的资源的边际效用要等于保留自用的资源的边际效用。

需要注意的是，原始要素有两种价格：一种是服务价格即出租价格，一种是源泉价格即买卖价格，其原理一样，我们采用服务价格这一概念。原始要素种类较多，供给曲线各具特色，各不相同，在任务二中详解，在此略而不讲。

任务二　原始要素价格的决定

一、劳动的价格——工资的决定

1．劳动的供给曲线

见图7–3，与一般供给曲线不同，劳动供给曲线的明显特点是它具有一段“向后弯曲”的部分。当工资较低时，随着工资的上升，消费者增加劳动供给量。在这个阶段，劳动供给曲线向右上方倾斜。当工资上涨到W^*时，消费者的劳动供给量达到最大值。此时如果继续增加工资，劳动供给量非但不会增加，反而会减少。于是劳动供给曲线从工资W^*处开始向后弯曲。这是由替代效用和收入效用所共同决定的。

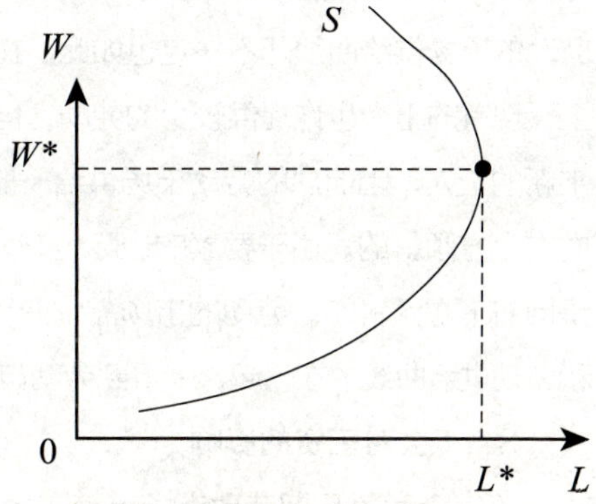

图7–3　向后弯曲的劳动供给曲线

劳动供给涉及消费者对其拥有的既定时间资源的分配。假定消费者每天必须睡眠8小时，那么在每天的24小时中可以自由支配的时间资源固定为16小时。

消费者可能的劳动供给只能来自这16小时。我们又将个人拥有的自由支配时间分为两部分：一部分是劳动时间。在这段时间里，人们提供劳动，从事生产活动；另一部分是闲暇时间，闲暇时间是包括除必要的睡眠时间和劳动供给以外的全部活动时间。这段时间里的活动是非生产性的，例如：饮食、娱乐、旅游等，当然闲暇时间也可用于非市场活动的“劳动”，如十家务活。为简单起见，这里不考虑这种情况。如果用H表示闲暇，那么劳动供给量应该为（$16-H$）。因此，劳动供给问题也就可以看成，消费者如何将其拥有的固定时间资源在劳动供给与闲暇之间进行分配。也就是说在固定的时间资源16个小时中，如何决定闲暇H所占的部分。

消费者选择一部分时间作为闲暇来享受，其余的时间作为劳动供给。闲暇直接增加了效用，而劳动则可以带来收入，通过收入用于消费再增加消费者的效用。因此，实质上，消费者并不是在劳动与闲暇之间进行选择，而是在闲暇和劳动收入之间进行选择。

一般情况下，在工资比较低的阶段，替代效应大于收入效应，因为低工资带来的收入变化不会太大，所以劳动供给随工资的上升而上升。但当达到一定水平后，工资继续提高，劳动者觉得收入已经颇丰，宁可少工作，而去享受更多的娱乐和消费各种商品，收入效应大于替代效应，所以劳动供给随工资的上升反而下降。工资上升的最终效应反映在劳动供给曲线上就是一条向后弯曲的曲线。如图7–3所示，图中劳动供给曲线在W^*处向后弯曲。当工资小于W^*时，替代效应大于收入效应，劳动供给量与工资同方向变动；当工资大于W^*时，替代效应小于收入效应，工资的提高会减少劳动供给量。

2．完全竞争市场条件下工资的决定

工资作为劳动的价格，是由劳动市场中需求和供给相互作用共同决定的，如图7-4所示。将所有单个消费者的劳动供给曲线相加，即得到整个市场的劳动供给曲线。尽管许多单个消费者的劳动供给曲线可能会向后弯曲，但劳动的市场供给曲线却不一定也如此。在较高的工资水平上，现有的工人也许提供较少的劳动，但高工资也吸引进来新的工人，因而总的劳动市场供给一般还是随着工资的上升而增加，市场劳动供给曲线仍然是向右上方倾斜的。由于要素的边际生产力递减和产品的边际收益递减，要素市场的需求曲线通常是向右下方倾斜的。劳动的市场需求曲线也不例外，同样也是向右下方倾斜的。将劳动需求曲线和劳动供给曲线放在一起，就得到劳动市场的均衡，即可决定均衡工资水平。

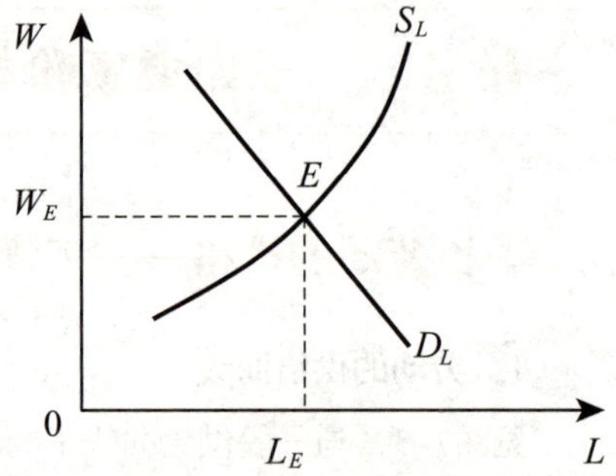

图7-4　均衡工资的决定

3．工会对工资的影响

不完全竞争是指劳动市场上存在着不同程度的垄断。这种垄断有两种情况，一种是劳动者对劳动的垄断，即劳动者组成工会，垄断了劳动的供给；另一种是企业对劳动者购买的垄断。这两种情况的结合就是双边垄断，即买方与卖方都有一定的垄断。在这里，我们简单分析一下工会的存在（即劳动市场上卖方垄断）对工资决定的影响。

在西方国家，工会是工人自己的组织，是在与资方进行各种形式的经济斗争，争取更好的工作条件与工资水平的斗争中成立发展起来的。工会一般是按行业组织的，不受政府或政党操纵，完全是独立的，只是维护工人权益的经济组织。在工资决定中，工资水平一般由工会与企业协商确定，政府在其间只起一种协调作用。因为工会控制了入会的工人，所以工会在经济学中被称为劳动供给的垄断者，并以这种垄断来影响工资的决定。

工会影响工资的方式主要有三种：其一，增加对劳动的需求。在劳动供给不变的条件下，通过增加对劳动需求的方法来提高工资，不但会使工资增加，而且可以增加就业。工会增加企业对劳动需求的最主要的方法是增加市场对产品的需求，因为劳动需求是由产品需求派生而来的。增加对产品的需求就是要通过议会或其他活动来增加出口，限制进口。在这一点上，工会与企业是一致的。在议会中代表着两个利益集团的议员往往会在要求保护贸易或扩大出口这类问题上站在同一立场上。其二，减少劳动的供给。在劳动需求不变的条件下，通过减少劳动的供给同样也可以提高工资，但是这种情况会使就业减少。工会减少劳动供给的方法主要有：限制非工会会员受雇，迫使政府通过强制退休、禁止使用童工、限制移民、减少工作时间的法律等。其三，最低工资法。工会迫使政府通过立法规定最低工资。最低工资法是规定企业支付给工人的工资不能低于某个水平（最低工资）的法律。这样，在劳动的供给大于需求时也可以使工资维持在一定的水平上。

相关链接

劳资双方的工资谈判

记者刘毅报道：NBA不用停赛了！ NBA劳资双方谈判达成一致，双方签下了一份为期六年的新劳资合同，这就意味着新赛季NBA停赛危机烟消云散。NBA总裁斯特恩和球员工会主席亨特今晨一起飞往圣安东尼奥，在第六场总决赛开始之前共同宣布了这一消息。斯特恩如释重负地说："能够避免停赛，我们大家都感到欣慰。"此次协议的达成为联盟和球员之间创造了一个强大的伙伴关系，这对整个联盟的健康发展非常关键。

二、货币资本的价格——利率的决定

1．利率

利息是资本这种生产要素的价格。资本家提供资本，得到了利息。利息与工资计算的方式不同，它不是用货币的绝对量来表示的，而是用利息率来表示的。利息率是利息在每一单位时间内（如一年内）在货币资本中所占的比率，简称利率。

2．货币资本的供给

货币资本的来源为家庭部门，通过金融市场来转化，它是由家庭的储蓄所决定的。消费者提供给厂商的资本是他们的收入中去掉消费后的剩下部分，也就是消费者的储蓄。家庭的储蓄决策主要受三个因素的影响：收入、消费和利率。

3．货币资本的供给曲线

货币资本的供给曲线也是一条向后弯折的曲线，如图7-5所示。原因是替代效应和收入效应的关系对比。替代效应是指消费者用储蓄去替代消费的效应。收入效应是指在收入水平较低时消费者更倾向于消费的效应。在利率水平r^*以下时，随着利率水平的提高，储蓄会获得更高的收益，消费的成本会增加，因此消费者会将更多的收入用于储蓄。在利率水平r^*以上时，收入大幅度的提高，消费者会将更多的收入用于消费。

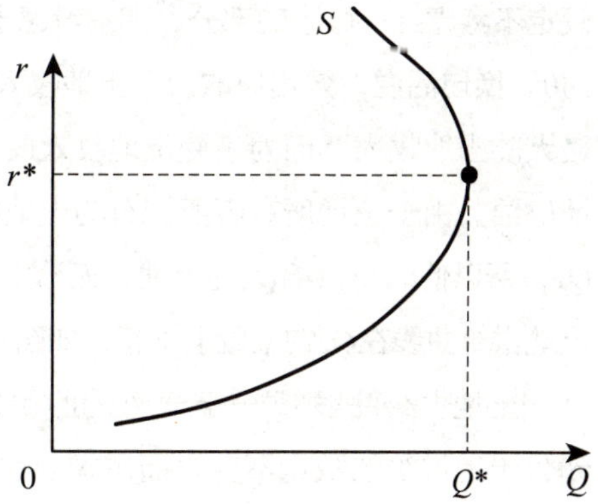

图7-5 向后弯曲的资本供给曲线

4．货币资本的需求

货币资本的需求方是厂商。企业借款主要是用于实际投资。货币资本的需求主要受边际生产力的影响，因此货币资本的需求曲线是一条向右下方倾斜的曲线。

5．均衡利率的决定

均衡利率由资本的需求和供给共同决定。利率的形成如图7-6所示：资本的需求曲线D

与供给曲线S相交于E点。此点所对应的r_e为均衡利率，K_e为资本的均衡供求量。资本市场的市场供给曲线是一条向右上方倾斜的曲线，对个别消费者而言，替代效应有可能强于或者弱于收入效应，但就整个资本市场而言，替代效应强于收入效应。

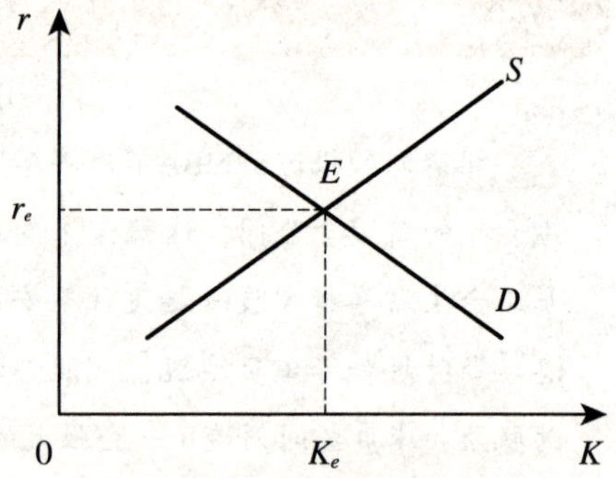

图7-6　均衡利率的决定

三、土地的价格——地租的决定

（一）土地和地租

经济学上的土地泛指一切自然资源。它们既不能被生产出来，也不会在数量上减少，因而它们是固定不变的。由于土地既可以买卖也可以出租，其原理一样，在这里我们采用出租的概念。

（二）土地的供给

土地所有者为了获得最大效用首先要解决的就是：如何将既定数量的土地在保留自用和供给市场这两种用途上进行分配。供给土地本身不直接增加效用。土地所有者供给土地的目的是为了获得土地收入，土地收入可以用于各种消费，从而增加效用。因此，土地所有者实际上是在土地收入与自用土地之间进行选择。

土地如果不用来供给市场，那么可以用来建造花园或跑马场等。土地的这些消费性使用当然增加了土地所有者的效用。不过，土地的消费性使用一般只占土地很微小的一部分。如果假定不考虑这一微小的部分，即不考虑土地所有者自用土地的效用，那么自用土地的边际效用为0。换句话说，效用只取决于土地收入而与自用土地数量无关。为了获得最大效用就要取得最大的土地收入，而为了使土地收入最大又要求尽可能多的土地供给。由于土地所有者所拥有的土地数量是既定的，例如为Q_m，所以他们将供给Q_m的土地，无论土地价格是多少。因此，土地供给曲线在Q_m的位置上垂直，如图7-7所示。

土地供给曲线S是一条垂直的曲线，表示无论价格怎样变动，土地供给的数量不变。而需求曲线D是一条向右下方倾斜的曲线，因为随着土地使用量的增加，其边际产出递减。两条曲线的交点E决定了均衡地租R_e。

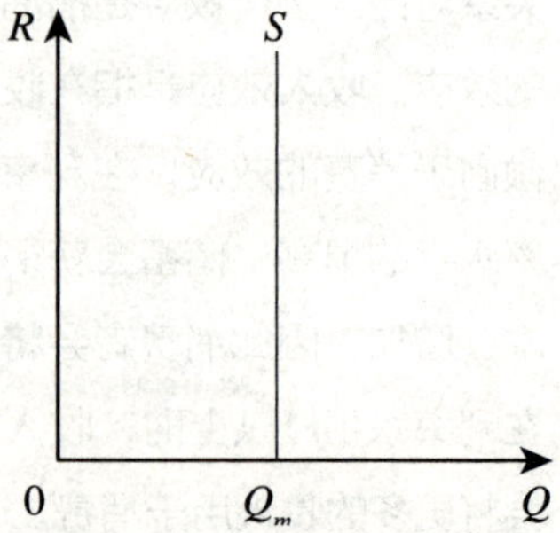

图7-7　土地的供给曲线

（三）地租的决定

地租的大小取决于土地的需求与土地的供给，如图7-8所示。土地的需求曲线取决于土地的边际生产力，因此也是一条向右下方倾斜的曲线。

（四）几个相关的概念

1．级差地租

级差地租是指由于土地条件不同所形成的地租差异。例如，肥沃的土地比贫瘠的土地价格要贵；交通条件好的土地要比交通条件差的土地要贵。

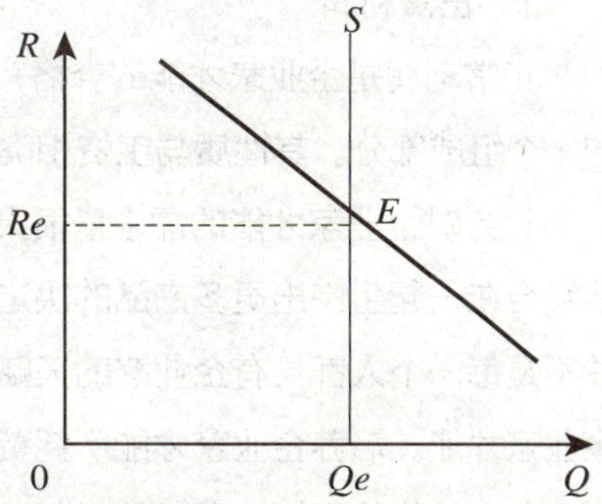

图7-8　土地的均衡价格

2．租金

在很多情况下，不仅土地可以看成是固定不变的，有许多其他资源在某些情况下，也可以看成是固定不变的，把这种供给固定不变的一般资源的服务价格称为“租金”。地租一般化的租金。

3．准租金

在现实生活中，有些生产要素尽管在长期中可变，但在短期中却是固定的。例如，厂商的生产规模在短期内固定不变。厂房、设备等固定生产要素的服务价格在某种程度上也类似租金，通常称为“准租金”。所谓准租金，就是对供给量暂时固定的生产要素的支付价格。

4．经济租金

经济租金是指市场租金与长期相对不变要素供给者愿意接受的租金差值。经济租金的几何解释类似于所谓的生产者剩余，见图7-9。

图7-9中，要素供给曲线S以上、要素价格R_m以下的阴影区域为经济租金。

经济租金的大小显然取决于要素供给曲线的形状。供给曲线越陡峭，经济租金部分就越大。

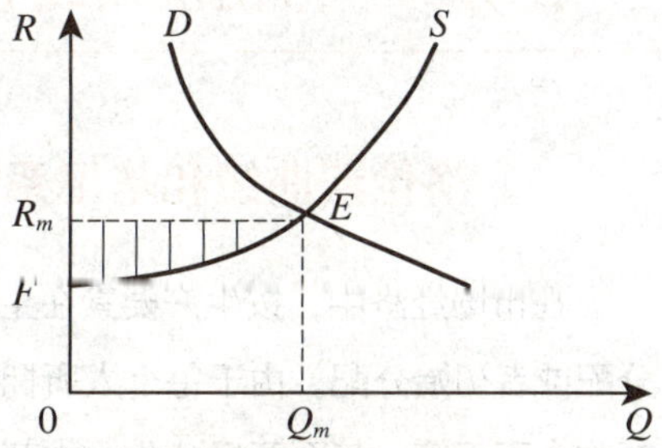

图7-9　经济租金

相关链接

技艺高超的厨师为什么能获得经济租金？

5．寻租

寻租（又称为竞租）是指在没有从事生产的情况下，为垄断社会资源或维持垄断地位，从而得到垄断利润（经济租的一种）所从事的一种非生产性寻利活动。寻租往往成为腐败和社会不公及社会动乱之源。

四、利润理论

1．正常利润

正常利润是企业家才能的价格，也是企业家才能这种生产要素所得到的收入，它是隐成本的一个组成部分。其性质与工资相类似，也是由企业家才能的需求和供给所决定的。

社会对企业家才能的需求量很大，因为企业家是生产经营好坏的关键。将劳动、资本与土地结合在一起生产出更多产品的决定性因素是企业家才能。而企业家才能的供给又是很少的。并不是每一个人都具有企业家的天赋。只有那些有胆识、有能力，又受过良好教育的人才具备企业家才能。培养企业家才能所耗费的成本也是很高的。企业家才能的需求和供给的特点决定了企业家才能的价格，即正常利润必然是很高的，其数额远远高于一般劳动所得到的工资。

2．经济利润

经济利润又称为超额利润，是指企业家由于决策、创新、承担风险及垄断等因素所形成的利润。提出经济利润的目的在于鼓励企业家勇于创新，在实现自身利益最大化的同时实现社会福利最大化。

任务三　洛伦茨曲线和基尼系数

一、洛伦茨曲线和基尼系数

在市场经济中，按生产要素在生产中所做出的贡献大小，由市场决定的收入分配是第一次分配或者初始分配。由于每个人所拥有的生产要素数量与质量不同，市场经济中的分配必然引起收入不平等，甚至两极分化。本节说明衡量社会收入分配平等状况的标准以及造成收入分配不平等的原因。

为了研究国民收入在国民之间的分配，美国统计学家M.O.洛伦茨提出了著名的洛伦茨曲线。在图7-10中，我们画一个矩形，矩形的高衡量社会财富的百分比，我们将之分为五等份，每一等份为20%的社会总财富。在矩形的长上，我们将全部家庭从最穷者到最富者从左向右排列，也分为五等份。第一个等份代表收入最低的20%的家庭，最右边的那个等份则代表收入最高的20%的家庭。在这个矩形中，我们将每一百分比的家庭所拥有的财富的百分比累积起来，并将相应的点画在图中，便得到了一条洛伦茨曲线。该曲线直观地表达出社会总财富在各阶层家庭中的分布状况。例如，收入最低的20%的家庭、40%的家庭……所拥有的财富比例分别为3%、7.5%……（表7-1）。

表7-1 收入分配资料

人口累计百分比	财富累计百分比
0	0
20	3
40	7.5
60	29
80	49
100	100

将这一对应关系描绘在图形中，如图7-10所示，0LY曲线为洛伦茨曲线。

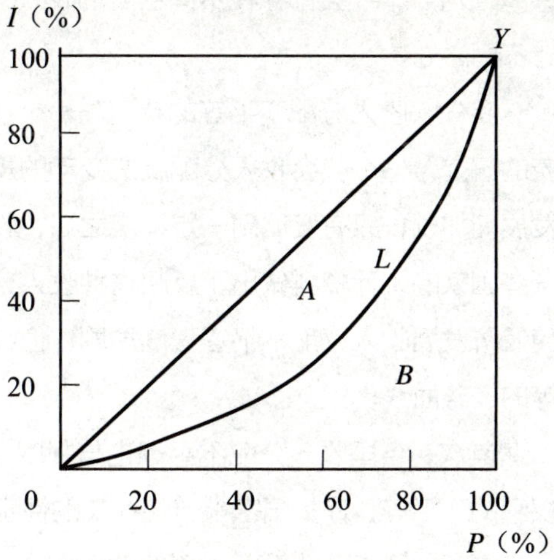

图7-10 洛伦茨曲线

显而易见，洛伦茨曲线的弯曲程度具有重要的意义。一般说来，它反映了收入分配的不平等程度。弯曲程度越大，收入分配程度越不平等；反之亦然。如果财富完全平均地分配于所有的家庭，那么洛伦茨曲线就是对角线0*Y*，0*Y*被称为收入绝对平均线，因为这样的洛伦茨曲线表示所有的家庭都得到完全相等的收入。例如，在图7-10中，第一个20%的家庭拥有社会总财富的20%，前40%的家庭拥有40%的财富，直到100%的家庭拥有100%的财富。0*PY*，这条折线意味着社会所有的财富都集中在一个家庭手里，而其他家庭一无所有。

二、基尼系数

一般说来，一个国家的收入分配，既不是完全不平均，也不是完全平均，而是介于两者之间。相应的洛伦茨曲线，既不是折线0*PY*，也不是对角线0*Y*，而是像0*LY*那样向横轴凸出的曲线。收入分配越不平均，洛伦茨曲线就越向横轴方向凸出，从而它与绝对平等线0*Y*之间的面积就越大。因此，可以将洛伦茨曲线与对角线之间的部分*A*叫作“不平均面积”；当收入分配达到完全不平均时，洛伦茨曲线成为折线0*PY*，0*PY*与对角线0*Y*之间的面积*A*+*B*就是“完全不平均面积”。不平均面积与完全不平均面积之比，称为基尼系数，它是衡量一个国家贫富差距的标准。若设*G*为基尼系数，则：

$$G=\frac{A}{A+B}$$

显然，基尼系数不会大于1，也不会小于0，即有：$0 \leqslant G \leqslant 1$。基尼系数为零时，此时收入绝对平均；基尼系数为1时，此时收入绝对不平均。按照国际上通用的标准，基尼系数小于0.2表示绝对平均，0.2 ~ 0.3表示比较平均，0.3 ~ 0.4表示基本合理，0.4为临界点，0.4 ~ 0.5表示差距较大，0.5以上表示收入差距悬殊，即存在两极分化。

运用洛伦茨曲线与基尼系数可以对各国收入分配的平均程度进行对比，也可以对各种政策的收入效应进行比较。

三、引起收入分配不平等的原因

任何一个社会都存在不同程度的收入分配不平等，各个社会引起收入分配不平等的原因又有不同之处。

首先，收入分配不平等的状况与一个社会的经济发展状况相关。根据美国经济学家库兹涅茨的研究，一个社会收入分配状况变动的规律是，在经济开始发展时，收入分配不平等随经济发展而加剧，只有发展到一定程度之后，收入分配才会随经济发展而较为平等。库兹涅茨根据一些国家的统计资料做出了反映这种收入分配变动规律的库兹涅茨曲线。库兹涅茨曲线是表示随经济发展收入分配不平等程度加剧，但经济发展到一定程度时，随经济发展收入分配逐渐平等的一条曲线。

其次，各国收入分配不平等也与制度上存在的问题相关。比如说，一些国家存在的受教育权利的不平等、许多国家都普遍存在的性别歧视、一些发达国家的工会制度等。

最后，引起收入分配不平等的还有个人原因。每个人的能力、勤奋程度、机遇不尽相同。经济学家认为，人的受教育程度与个人收入之间有强烈的相关性。

总之，收入分配差距拉大，既有社会原因，又有个人原因，对不同社会、不同阶层的人的收入差别及原因要进行具体分析。

习 题

一、名词解释

1．边际生产力　　2．派生需求　　3．经济租金
4．寻租　　5．级差地租　　6．中间要素

二、选择题

1．当技术进步时，要素需求曲线将（　　）。
A．向左移动　　B．向右移动
C．固定不变　　D．不能确定

2．劳动力市场中存在工会垄断时，就业人数将（　　）。
A．增加　　B．不变
C．减少　　D．不确定

3．在完全竞争市场上，厂商对生产要素的需求量取决于（　　）。
A．消费者对该要素生产的产品的需求
B．产品市场的价格
C．要素的边际产品
D．生产要素的价格

三、简答题

1．试述厂商的要素使用原则。
2．劳动的供给曲线为什么向后弯曲?
3．土地的供给曲线为什么垂直于横轴?

四、论述题

引起收入差距过大的原因有哪些?

五、案例分析

我国房价地区之间的差异很大，同一地区内部的差异也可能会很大。甲住在某城市比较繁华的路段，100多平方米，每平方米的价格是1万元，总共花费100多万元，乙在

比较偏远的同一个区买了一套房子，有100多平方米，每平方米的价格是4506元，总共花费45万元左右。相对来说，乙的房价比甲的房价少得多。

问题：为什么城市中心的房价会比偏远地区高？

六、实训项目

据有关资料显示，我国的基尼系数为0.48，属于收入差距过大国家。那么如何解决我国收入差距过大的问题？

项目八

市场失灵

学习目标

1. 掌握市场失灵的概念
2. 掌握市场失灵的原因
3. 掌握矫正市场失灵的方法

案例导入

库贝托的污染

巴西有一个地方，叫库贝托，它坐落于海岸线上，紧靠着巴西的主要港口桑多斯，并可以通过输油管道和公路运输将石油和其他物品源源不断地送往附近的纳圣保罗市，因而巴西人将其视作理想的经济开发区。最初，人们在这儿兴建了一座炼油厂，后来又建了一家钢铁铸造企业和一家化肥厂，随后，美、法、意大利和德国的许多著名企业也纷纷来此建厂，最终使该地区拥有23家大企业，成为全国的创税大户。库贝托因此被巴西人誉为“活力之谷”。可是，这里8万多居民做梦也没有想到，他们所生活的地方竟是全球污染最严重的地区之一。根据1982年的调查表明，该地区每天向大气中排放的有害气体，如一氧化碳、二氧化硫等，超过1000吨，100多人因五氯苯酚中毒而饱受折磨，面部生疮，肝、肺和肾也多处发病；胎儿和婴儿的死亡数占了该市总死亡数的二分之一，许多婴儿生下来就没有大脑。无怪乎人们现在将该市称为“死亡之谷”。我们知道，竞争是实现经济有效运转的最理想的途径，然而库贝托市的情景虽说是那里企业竞争的结果，却无法让人相信这就是所谓市场经济的“有效”，这就是所谓的市场失灵现象，具体是指市场机制不能正常发挥作用，从而资源配置不能达到最优状态，市场失灵的原因包括公共物品、外部性、垄断和信息不对称等原因。

任务一 垄断

一、垄断

在实际经济生活中，一方面存在大量自由竞争的中小企业，另一方面存在一些经济实力雄厚的大垄断企业。垄断的存在，阻碍了自由竞争和市场机制的作用，垄断对市场经济的有效运行是一种危害，表现为第一，降低经济效率；第二，社会福利损失。

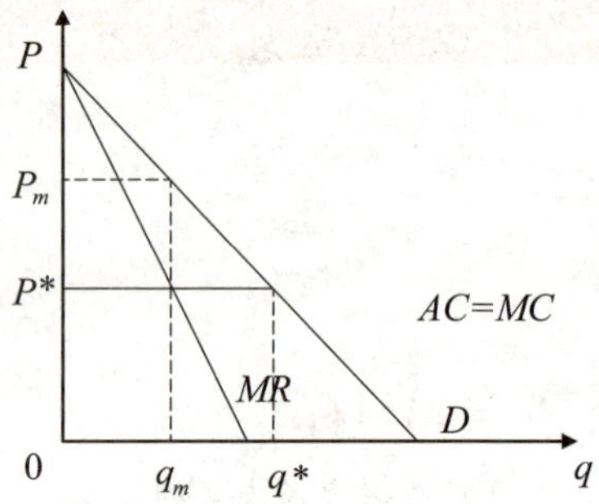

图8-1 垄断与低效率

如图8-1所示，图中横轴代表产量，纵轴代表价格，曲线D和MR分别为厂商的需求曲线和边际收益曲线，为简化起见，假定平均成本和边际成本相等且固定不变，即$AC=MC$。垄断厂商在利润最大化原则下（$MC=MR$）的产量为q_m，在该产量水平的垄断价格为P_m。从图中可以看出，垄断厂商的产量小于完全竞争条件下整个行业的产量q^*，而价格却高于完全竞争条件下整个行业的价格P^*（在完全竞争条件下，厂商按照$P=MC$安排生产，所以在图中，如果是完全竞争市场，则价格为P^*，而该价格对应的产量为q^*）。可见垄断市场条件下的资源没有得到充分利用，而消费者需要支付的价格却高于完全竞争市场上的价格。以上对垄断市场的分析也适用于垄断竞争和寡头垄断市场的情况。

二、反垄断措施

1. 实行公共管制

除反垄断法外，公共管制也是限制垄断的一个重要措施。公共管制是由国家政府部门对公用事业的价格和产量的管制。公共管制分为两类：一类是对自然垄断行业，如电话、电力、煤气、自来水等公用事业的管制。这类行业如果靠自由竞争会造成大量重复投资，以致每家企业都有很大的生产能力，但又不得不闲置其中的一部分，造成社会资源浪费。由于投资大、固定成本高、边际成本低等特点，决定了厂商必须达到“最低限度的效率规模”才能使资源配置有效率。因此，对这类行业往往通过发放特许经营执照给私营企业经营，同时限定最高价进行管制。另一类是对非自然垄断行业，如航空和公路运输行业的管制。微观经济学认为，在非自然垄断行业实行公共管制会使成本和价格提高，保护现有厂商而限制了新竞争者，因此应该取消对这些行业的管制。

2．制定反垄断法

20世纪中叶，西方发达国家的政府已采取各种措施来抑制垄断势力。限制垄断的办法主要是颁布反垄断法，禁止非法兼并、价格固定、独家交易、搭售、分割市场、地区性垄断等行为。如美国1890年谢尔曼反托拉斯法，其中心思想是“大企业是坏事”，防止和反对形式过大的垄断企业。1914年克莱顿法案，认为垄断不仅是规模问题，还有非法经营问题，因而禁止搭售、公司相互持有股票等。1936年罗宾逊—帕特曼法，禁止卖者以不同价格销售同样商品，除非是由于成本不同，禁止对不同的买者按不同的比率付广告和推销津贴。2007年8月30日我国第十届全国人民代表大会常务委员会第二十九次会议通过《反垄断法》，主要规定了禁止垄断协议、禁止滥用市场支配地位和控制经营者集中这三大基本原则，以及禁止滥用行政权力排除、限制竞争等。

相关链接

可口可乐公司的并购违反了反垄断法

2008年9月3日，中国汇源果汁集团有限公司（以下简称汇源果汁）公告称可口可乐公司（以下简称可口可乐）已与汇源果汁三大股东签署接受要约，以每股12.2港元的价格，现金收购后者合计持有的汇源果汁大约66%股份及全部未行使可转换债券及期权。2008年12月5日，商务部立案受理并购案。2009年3月18日，商务部正式发布关于对可口可乐收购汇源的反垄断审查公告。公告称，鉴于可口可乐对汇源果汁的收购可能妨碍或者限制竞争，影响中国果汁行业的健康发展，做出禁止收购的决定。

任务二　外部性

一、外部性

市场机制的特点是它只针对买卖双方的供求情况即交易情况起作用。但实际情况往往是一项经济活动不但直接影响交易双方，还影响到与交易无关的第三者，使第三者意外地受惠或受损。若某个人种了花，周围邻居都享受到花的芳香和美丽；也有相反的情况，某个人在家里放强节奏的音乐，会影响邻居的正常休息；某个人开一个工厂，排放的烟尘会污染环境，影响居民健康。西方经济学称这种现象为“外部效应”“外溢效应”或外部性。所谓外部性，是指某个人的一项活动给其他人的福利造成了好的或坏的影响，但却并没有得到相应的报酬或者给予相应的补偿。

二、外部性的类型

外部效应包括两种类型——外部经济和外部不经济。

（一）外部经济

当个人从其活动中得到的私人利益小于该活动所带来的社会收益时，这种性质的外部效应被称为外部经济。外部经济又可以分为生产的外部经济和消费的外部经济。

1．生产的外部经济

生产的外部经济，是指一个厂商的经济活动的社会收益大于私人收益，对他人产生了有利的影响。比如企业对其所雇用的工人进行了培训，而这些工人可能转到其他单位工作，该企业并不能从其他单位要回培训费或获取其他形式的补偿，该企业从培训工人中获得的私人利益小于该活动的社会利益。

2．消费的外部经济

消费的外部经济，是指一个消费者经济活动的社会收益大于私人收益，产生了对他人有利的影响。某个人办一个养蜂场，邻近果园的收入可能会增加，而果园并没有因此支付报酬。

（二）外部不经济

外部不经济指个人的一项经济活动会给社会其他成员带来危害，而他自己却并不为此支付足够抵偿这种危害的成本，即当社会成本大于私人成本时便形成外部不经济。外部不经济也可以按照经济主体的不同分为生产的外部不经济和消费的外部不经济。

1．生产的外部不经济

生产的外部不经济，指私人厂商的经济活动所产生的社会成本大于私人成本，对他人产生了不利的影响。如某企业因为排放污水从而污染了河流，给社会其他成员造成了危害，而该企业并没有因此付出足够的补偿。

2．消费的外部不经济

消费的外部不经济指消费者的活动所产生的社会成本大于私人成本，产生了对他人不利的影响。如吸烟者的吸烟行为危害了周围人的身体健康，但并未为此支付任何补偿。

三、解决有关外部性的方法

（一）明确产权

1．科斯定理

关于科斯定理，科斯本人并没有一个明确的说法，其他一些经济学家则给出了一些不同的表达方式。虽然这些表达方式大体上是相同的，但仍然存在着细微的差别。下面是一种比较流行的说法：只要产权是明确的，并且其交易成本为零或者很小，则无论在开始时将产权赋予谁，市场均衡的最终结果就都是有效率的。科斯主张用产权明确化的办法来解决外部性的问题。

例如：有一家工厂，它的烟囱冒出的烟尘使得周围的5户居民所洗晒的衣服受到污染，由此造成每户居民损失75元，损失合计为375元。

假设现在有两种解决办法：一种是在工厂的烟囱上安装一个除尘器，费用为150元；一种是给周围的居民提供烘干机，使他们不用在户外晒衣服，每户成本50元，总成本为250元。显然，第一种方法比较好，因为成本较低。

如果把排放烟尘的产权给予工厂，即工厂有权排放烟尘，那么，5户居民会联合起来，共同出钱给工厂安装一个除尘器，因为除尘器的费用只有150元，远低于5架烘干机的费用250元，更低于未装除尘器所受到的尘烟之害375元。如果把晒衣服不受尘烟之害的财产权给予这5户居民，那么工厂自己出钱买一个除尘器安装在烟囱上。因为在居民不受污染之害的财产权的条件下，工厂就有义务解决污染问题，而在两种解决污染的办法中，安装除尘器的费用较低。因此科斯定理认为，只要交易成本为零或者很小，则不论财产权归谁，自由的市场机制总会找到最有效的办法。

2．明确产权

在现实中，产权却不是那么明确的。例如，企业拥有发展权，当然也有排污权，居民当然也有防污权，如果不界定，就会出现污染无人治理的这种情况，因此需要政府来界定产权。

当然，科斯定理的另一个条件是在交易成本为零或者很小的情况才能实现。如果协商的费用比较大，通过产权明确也不可能使得资源得到合理配置。如果协商的费用大于100元，居民会自己买烘干机，而不是给工厂买除尘器，尽管除尘器便宜。

（二）使用税收和补贴

对造成外部不经济的企业，国家可以征税，其税收的数量应该等于该企业给社会其他成员造成的损失，从而使该企业的私人成本恰好等于社会成本。无论是何种情况，只要政府采取措施使得私人成本和私人利益与相应的社会成本和社会利益相等，则资源的配置便可以达到最优。

（三）企业合并

例如，一个企业的生产影响到另外一个企业。如果这种影响是正的（外部经济），则第一个企业的生产就会低于社会最优水平；反之，如果这种影响是负的（外部不经济），则第一个企业的生产就会超过社会最优水平。但是，如果把这两个企业合并为一个企业，则此时的外部影响就“消失”了，即被“内部化”了。合并后的单个企业为了自己的利益将使自己的生产确定在其边际成本等于边际收益的水平上。由于此时不存在外部影响，故合并企业的成本和收益就等于社会的成本和收益。

任务三　公共物品

一、私人物品

私人物品是指用来满足个人需求，在供给上具有排他性在消费上具有竞争性的物品。供给上的排他性是指提供者可以利用一定的手段将不付费的人排除在外。消费上的竞争性是指在消费过程中增加额外的消费者会影响原有消费者的消费。私人物品可以由市场提供，因为供给上的排他性可以将不付费的人排除在外，要想得到产品，则必须付费。这样让厂商的成本得到弥补并产生盈利，因此私人物品可以由市场提供。

二、公共物品

公共物品是指用来满足社会全体成员的公共需求，在供给上具有非排他性在消费上具有非竞争性的物品。例如，国防、道路、海上的灯塔等。

（一）公共物品的特点

1．供给上的非排他性

非排他性是指不能通过一定的手段将不付费的人排除在外。例如国防，所有公民都能享受到它的好处。

2．消费的非竞争性

非竞争性是指增加额外的消费者并影响原有消费者的消费，并不增加提供者的额外成本。例如，国防、道路、海上的灯塔等。新增人口一样享受国防安全，但不会降低原有人口对国防的“消费”水平，也不会增加提供者的边际成本。

（二）公共物品的种类

1．纯公共物品

纯公共物品是指既具有非竞争性又具有非排他性的物品，国防是经典的纯公共产品例子。

2．准公共物品

准公共物品是指具有排他性又具有非竞争性的物品。高速公路、高等教育等，则是准公共产品。

3．公共资源

公共资源是指具有非排他性又具有竞争性的物品，例如天然的牧场、森林、湖泊等。

三、公共物品的提供者

对于纯公共物品来说，由于不具有排他性，如果由市场提供，则厂商不能采用收费的方式，来让成本得到弥补，因此厂商不愿提供。但是政府却可以凭借政治权力采用收税的方式，使成本得到弥补，同时纯公共产品的非竞争性又会导致增加消费者而不增加边际成本，因此，纯公共产品只能由政府提供。

对于准公共物品来说，由于具有排他性，因此由市场和政府提供均可。对于公共资源来说，由于不具有排他性，可以由政府赋予排他性，交由政府或市场经营均可。

相关链接

“免费搭便车”现象

有一个村子，修一条通往村外的大路对村民的交通有利，既能使村民行走方便，又可以有利于他们的经济活动，但每一个村民均不想自己来承担这个任务，因为一旦有人出资修这条路，其他人将不付成本地从中获得好处。修路人当然也能够从中获益，但与他的付出相比，好处不大。这样，每个村民均希望其他人来修路，从中“搭便车”。结果是，长期以来村子里没有一条大路通往外面。因此，公共物品的免费搭车问题需要政府来解决，也就是政府要履行“守夜人”的职责。

任务四　不完全信息

完全竞争市场有效配置资源要以信息充分为前提，即市场的供求双方对于所交换的商品有充分的信息，例如，消费者充分地了解自己的偏好函数，了解在什么地方、什么时候有何种质量的以何种价格出售的商品；生产者充分地了解自己的生产函数，了解在什么地方、什么时候有何种质量的以何种价格出售的投入要素等。但现实世界中，信息充分只能是一种理想的假定，一般情况是信息不完全、信息不对称。信息不对称是指经济活动双方对有关信息了解和掌握得不一样多。信息不完全和不对称会妨碍市场的有效运转，影响资源优化配置。

一、不完全信息与信息不对称

不完全信息是指交易主体对交易信息不能充分了解的现象。例如，消费者不能充分地了解自己的偏好；厂商不了解以什么技术、什么成本等生产出售商品；甚至于消费者生产者不能充分了解交易价格。当然也有交易的一方不能充分了解另一方的现象，我们把这种现象称之为信息不对称。本书主要指信息不对称这种情况。

二、不完全信息的成因

1．认知能力有限

经济主体由于知识结构和知识水平的限制，不可能了解到与决策相关的一切信息，尤其是社会分工越来越细的情况下，每个人只能从事和了解某一方面的业务，而不可能成为百科全书。

2．获取信息的成本太高

当信息不能顺畅地传达时，经济主体就要去获取与决策有关的信息，但是获取信息，是会产生搜寻成本的，一旦成本高于收益，经济主体则会放弃获取信息。

3．交易一方的刻意隐瞒

例如，劣质产品生产商它们极力掩饰产品缺陷，通过误导或欺骗消费者盈利；其次，他们往往靠模仿优质企业产品，利用消费者不具备完全信息的弱点以次充好获利。

三、不完全信息的危害

（一）逆向选择

逆向选择也称反向选择，是指由于交易的一方不能对另一方充分了解而导致的次货驱逐好货的现象。

在二手车市场上，买者常常不能准确估计车的质量，因而，买者所付的价格必定是市场上全部二手车的平均质量对应的价格。而二手车的主人了解他的车，如果是次品车，车主自然很乐意按买主愿意付的价格卖掉；然而，如果车是好车，车主就不愿意出售。这种逆向选择的结果使得市场上很少出现运行良好的二手车，而次品车又没有人愿意购买，市场的成交量就会很小，二手车市场的运营就会很差。

在保险市场上，保险公司根据平均的意外发生概率确定保费，但不知道具体哪些个人意外事故发生的概率大或小。这样，在医疗保险中，那些知道自己身体状况不佳的人最有积极性购买保险；在财产保险中，那些知道自己财产易遭受损失的人最愿意购买保险。从而，保险客户的意外损失概率就会高于社会平均概率，迫使保险公司提高保费。结果是将那些风险可能较小的好顾客逐出保险市场，出现了逆向选择。

在证券市场上同样也会出现“次品车问题”。普通投资者不能识别有较高预期收益和低风险的优良公司和有较低预期收益和较高风险的不良公司，此时投资者只愿意支付反映上市公司平均质量的价格。结果优良公司就不愿意按照此价格卖出证券，愿意出售证券的只有那些不良公司，投资者考虑到这一点，就会决定不在市场上购买证券，证券市场就不能正常运行。

（二）道德风险

道德风险是指交易的一方在事前或合约关系形成后，去损害另一方的现象。

信息不对称的存在使交易的一方对另一方的信息不能充分了解，进而没有讨价还价的余地，往往价格就会被操纵。例如，我国过高的医疗费用。同时劣质产品生产商他们极力掩饰产品缺陷，也会给消费者带来损害。

道德风险容易发生在保险市场。我们考虑一辆自行车所有者的行为。如果自行车没有被保险，那么为了防窃，所有者会自觉采取一些防范措施，如给自行车配安全锁，及时上锁等，这样虽可有效降低失窃概率，但仍有可能失窃。如果所有者购买保险的话，自行车失窃的损失将会被保险公司赔偿。假定保险公司根据现有自行车失窃概率确定保费，那么，它实际上已经假定自行车所有者已采取了相应的防窃措施，包括上锁等。但是，一旦给自行车上了保险，自行车所有者就没有动力再采取积极的防窃行为，而保险公司又不可能监督每一个客户的行为。这样，自行车失窃概率将提高，从而迫使保险公司提高保费，自行车保险市场就萎缩了。

道德风险也容易发生在委托代理关系中。例如，一位农场主雇用农民耕地，从而形成了代理关系，但农场主很难判断产量低是由于风雨不调引起还是农民偷懒所导致。同样地，企业所有者聘请经理管理企业，也形成了代理关系，但企业经理关心的目标很可能偏离所有者目标，由于经理的行为具有隐藏性，就很可能产生道德风险。

相关链接

大学生自行车保险中的道德风险

2001年度诺贝尔经济学奖得主斯蒂格里茨在研究保险市场时发现，美国一所大学大学生自行车被盗比率约10%，几位颇有经营理念的大学生据此搞了一个自行车保险，保费为标的物的15% 。按照常理，这些搞保险的学生应有5%左右的利润。但实际结果却并非如此，原因是该自行车在保险运作后，自行车被盗率迅速超过了15%。问题出在哪儿？关键在自行车投保后，有些学生的安全防范措施明显减少了。

四、信息不对称的治理

对付信息不完全和不对称造成的市场失灵，有些可以通过市场机制本身来解决。但是，市场价格机制并不能解决或者至少不能有效解决信息不完全问题。在这种情况下，需要政府在信息方面进行干预，制定一套信号传递系统和制度措施以保证市场的有效运转，如制定产品信息标准、增加信息透明度、改善信息传递方式、扩大信息发布范围等。目前，可以利用的计算机网络等手段，就是在信息传递成本改变不大的条件下，在更广的范围内实现了更适时的信息发布和反馈，降低了交易双方掌握信息的程度，从而可以有效拓展市场机制的作用空间。

习　题

一、名词解释

1．信息不对称　　2．外部性　　3．外部经济

4．科斯定理　　5．逆向选择　　6．公共物品

二、选择题

1．解决有关外部性的方法有（　　）。

A．使用税收和补贴　　B．企业合并

C．产权界定　　D．政府管制

2．以下商品或服务属于纯公共产品的是（　　）。

A．面包　　B．国防　　C．学校　　D．交通系统

3．某一经济活动存在外部不经济是指该活动（　　）。

A．私人成本大于社会成本　　B．私人成本小于社会成本

C．私人利益大于社会利益　　D．私人利益大于社会利益

4．如果上游工厂污染了下游居民的饮水，按科斯定理（　　），问题就可解决。

A．不管产权是否明确，只要交易成本为零

B．只有产权明确，且交易成本为零

C．只要产权明确，不管交易成本有多大

D．不论产权是否明确，也不论交易成本是否为零

5．政府提供的物品（　　）纯公共物品。

A．一定是　　B．不都是　　C．大部分是　　D．少部分是

三、简单题

1．什么是市场失灵，市场失灵的表现有哪些？

2．如何解决外部性问题？

3．为什么公共物品要由政府提供？

四、论述题

如何解决信息不对称问题？

五、案例分析

平价眼镜店挑战行业联盟

市场价380元的眼镜架在眼镜直销超市只卖80元，58元只卖10元!国内首家平价眼镜超市“眼镜直通车”(以下简称“直通车”)日前亮相广州。“直通车”负责人司徒尚炎解析，市场上眼镜售价高，但实际出厂价却极低。眼镜行业内有一句众所周知的顺口溜：“20元的镜架，200元卖给你是讲人情，300元卖给你是讲交情，400元卖给你是讲行情”。“直通车”价格之所以能做到低廉，主要是具有“地利”优势。月租每平方米仅20～50元，这对于“三分眼镜、七分费用”的眼镜零售业来说，至少降低了90%以上的租金费用。“直通车”价格低廉引起行业强烈反应。1月28日下午，广州市眼镜商会召开全体零售商会议，发出致全体零售商和批发商的一封信，称“眼镜直通车”大搞价格战，严重扰乱了市场正常的价格秩序，损害了广大眼镜业经营者的利益。呼吁“广大会员要团结一致，共同抵制这种损人利己的做法”。要求供应商必须断绝向“眼镜直通车”供货。面对如此局面，“直通车”毫不示弱，向法院起诉广州市眼镜商会对其造成的名誉侵害，并派出几路人马至全国各地联系眼镜制造商，力保“眼镜直通车”货源稳定。有关人士说，这场纷争清楚地说明，一些行业从商家到厂家到行业商会，已经结成了特殊的利益共同体，导致不合理的垄断价格出现，并最终让消费者吃亏。

问题：行业联盟属于什么组织？谈谈你对垄断的看法以及解决思路。

六、实训项目

为什么许多野生动物濒临灭绝，黄牛却没有?

在人类历史上，许多野生动物是由于自然环境变化而绝种的，但也有许多野生动物是被人消灭的。当欧洲人第一次到北美大陆时，野牛超过6000万头，但到1900年只剩400头左右了。老虎、大象等动物都在人类的追杀之下，面临灭绝的危险。野生动物被灭绝，当然在于它们有商业价值，但绝非有商业价值就要灭亡。黄牛这类有极高商业价值的动物不仅存在，而且还在发展。

问题：同样具有商业价值，为什么不同动物却有着不同的命运？根据所查询的相关资料，提出你对这个问题的看法。

项目九 国民收入核算

学习目标

1．掌握国民收入的相关概念

2．掌握国民收入核算的方法

3．熟悉各产业部门国民收入的构成

4．能够用投资—储蓄恒等式解释宏观经济现象

案例导入

GDP的意义

美国著名的经济学家保罗·萨缪尔森曾经说过：“GDP是20世纪最伟大的发现之一”。没有GDP这个发明，我们就无法进行国与国之间经济实力的比较，贫穷与富裕的比较；没有GDP我们也无法知道我国人均GDP在2003年已超过1000美元，低于美国和日本40多倍；没有GDP这个总量指标我们无法了解我国的经济增长速度是快还是慢，是需要刺激还是需要控制。因此GDP就像一把尺子、一面镜子，是衡量一国经济发展和生活富裕程度的重要指标。

任务一 国民收入的相关概念及其核算

一、国内生产总值的含义

宏观经济理论把社会总体的经济活动作为研究对象，而衡量一个社会经济活动的基本尺度或者核算国民经济活动的核心指标就是国内生产总值（简称GDP）。因此首先必须要知道什么是GDP，即国内生产总值的相关概念。

（一）国内生产总值与国民生产总值

1. 国内生产总值（GDP）的概念

国内生产总值是指经济社会（即一个国家或地区）在一定时期内（通常是一年），在本国领土上生产的所有最终产品（物品和劳务）的市场价值，简写为GDP。

国内生产总值包含以下六个方面的含义：

（1）GDP是在一定时期通常是一年生产的最终产品的市场价值。因此，它是一个时期指标，而非时点指标；是一个流量，而非存量。流量是一定时期内发生的变量，存量是一定时点上存在的变量。

（2）GDP指当年生产的而不是销售掉的最终产品和劳务的总值，包含当年生产库存，但不包含以前产品的库存等。

（3）GDP是指最终产品的市场价值，不包含中间产品，否则会造成重复计算。

假定一件上衣从生产到消费者最终使用共有5个阶段：种棉、纺纱、织布、制衣、销售（表9–1）。假设棉花价值15元，都是当年的新增价值，不包含比如肥料、种子等成本；经过纺纱环节，纱售价20元，新增价值5元；经过织布环节，布匹售价30元，新增价值10元，布匹卖给制衣厂，制成成衣卖给售衣商45元，新增价值15元；售衣商以50元卖给消费者，新增价值5元。在这5个阶段创造的新增价值为15+5+10+15+5=50元，而最终的成衣消费者以50元买去并且最终消费了。

表9–1　不同生产过程产品售价和新增价值简表

过　程	产　品	售　价（元）	新增价值（元）
种　棉	棉　花	15	15
纺　纱	纱	20	5
织　布	布　匹	30	10
制　衣	成　衣	45	15
销　售		50	5
合　计			50

在这个例子中核算到国内生产总值（GDP）中的是各个过程中当年的新增价值，比如制衣厂虽然成衣卖出价格45元，但布匹材料消耗30元，新增价值只有15元，这才是制衣厂当年贡献给社会的。其次，从这个例子中发现新增价值之和正好是消费者最终消费产品的价格，也就是说国内生产总值核算的是社会上当年贡献的最终产品的市场价值。所谓最终产品是指在一定时期内生产的并由其最后使用者购买的产品和劳务，而棉花、纱和布匹称为中间产品，中间产品是指用于再出售而供生产别种产品用的产品。在实际经济中，许多产品既可作为最终产品使用，又可作为中间产品使用，很难区分，为了解决这一问题，具体计算时采用增加值法。

（4）GDP不仅包含有形的最终产品，而且包含无形的劳务。

（5）GDP是以货币形式表示出来的产品价值。各种最终产品实物衡量单位不统一，用货币形式加以衡量，可以将不同产品价值加总得到一个总量数据，以便衡量一个经济社会所有最终产品的市场价值。

（6）计入GDP的生产成果或服务必须具备两个条件：其一，生产性。也就是必须是生产成果，而且是有效的生产成果。未经加工而转售的原材料，或经过加工却是无效的废品都不能作为生产成果加以核算。对非物质生产部门也同样如此，应是有效的服务。其二，市场性。不经市场销售的最终产品（如自给性产品，自我服务性劳务等）无法计入国内生产总值中。

2．GDP和GNP区别

国民生产总值（GNP）是指某国国民所拥有的全部生产要素在一定时期内所生产的最终产品的市场价值。在一定时期一个封闭经济中，即没有和其他任何国家有贸易往来和资本流动，和GDP的值是相等的，但实际情况下是不相等的。GDP是一个地域概念，是指在某一国家（或地区）地域内创造的最终产品的市场价值，包含在本国家（或地区）内由外国公民创造的价值。GNP是一个国民概念，是指某国家（或地区）的公民创造的最终产品的市场价值，包含本国公民在国外创造的最终产品的市场价值。举个例子，改革开放后，大量外国公司在我国开办工厂，于是一部分国内的生产要素由外国人拥有，这一部分生产要素生产出来的最终产品属于外国人，因此它不计入中国的GNP，而应该计入外国的GNP，但计入中国的GDP。

（二）名义GDP与实际GDP

GDP是用货币来计算的，因此一国GDP的高低受两个因素影响：一个是所生产的最终产品和劳务的数量，一个是最终产品和劳务的价格。要知道GDP是由产量还是由价格变动引起的，需要用名义GDP和实际GDP加以区分。

名义GDP是用生产物品和劳务的当年价格计算的全部最终产品的市场价值。实际GDP是用某一特定年作为基期的价格计算出来的全部最终产品的市场价值。例如某国将最终产品大衣和苹果计入GDP，2000年（基期）和2005年的价格和产量如表9–2所示，则以2000年价格计算的2005年的实际GDP为1450万元。

2005年名义GDP和实际GDP的差别，反映2005年和2000年的价格变动程度。在上述例子中，1695万÷1450万=116.9%，说明这5年价格水平上升了16.9%。116.9%称为GDP折算指数。GDP折算指数是名义GDP和实际GDP的比率。

表9-2 名义GDP和实际GDP

产品	价格（元）		产量		名义GDP（元）		实际GDP（元）
	2000年	2005年	2000年	2005年	2000年	2005年	2005年
大衣	200	220	5万件	6万件	1000万	1320万	1200万
苹果	10	15	20万吨	25万吨	200万	375万	250万
合计	—	—	—	—	1200万	1695万	1450万

（三）潜在GDP与现实GDP

潜在GDP又称充分就业GDP，它是指一国国民经济达到充分就业时的总产量，是与自然失业率相对应的GDP水平。与潜在GDP相对应的概念是现实GDP。潜在GDP是一国经济应该生产出来的产值，而现实GDP是一国经济实实在在生产出来的产值，潜在GDP与现实GDP之差称为GDP缺口（亦称产量缺口）。潜在GDP的增加就是经济增长；潜在GDP与现实GDP的差别反映了经济周期的情况，如果现实GDP大于潜在GDP，则经济高涨，有通货膨胀的压力；如果实际GDP小于潜在GDP，则经济衰退，有失业的压力。正因为如此，我们把GDP作为反映一国宏观经济的最基本指标。

二、国内生产总值（GDP）的核算方法

（一）支出法

用支出法核算GDP，是通过核算在一定时期内整个社会购买最终产品的总支出，即最终产品的总价值。在现实生活中，核算最终消费这些最终产品和服务，一般除了普通消费者，还有企业投资、政府购买及出口。因此，用支出法核算GDP主要核算经济社会在一定时期内消费、投资、政府购买和出口方面的支出总和。

1．消费支出（用字母*C*表示）

消费支出包括购买耐用消费品、非耐用消费品和劳务的支出。耐用消费品包括汽车、电视机、空调等；非耐用消费品包括食物、衣物等；劳务包括医疗、旅游、理发等。

2．投资支出（用字母*I*表示）

投资支出是增加或更换资本资产的支出。资本支出的物品称为资本物品，例如厂房设备等。资本物品和中间产品是有区别的。中间产品在生产别的产品时全部被消耗掉，而资本物品在生产别的产品过程中只是部分地被消耗。在一定时期资本物品消耗减少的价值称为折旧。折旧不仅包括生产中资本物品的物质磨损，还包括资本老化带来的精神磨损。

资本包括固定资产投资和存货投资两大类。固定资产投资包括新厂房、新设备等。存货投资是企业掌握的存货价值的增加。GDP中核算投资为总投资，包括固定资产投资和存货投资，也可以认为包括新增投资和重置投资。重置投资是补偿旧资本磨损的支出。

3．政府购买（用字母G表示）

政府购买指各级政府购买物品和劳务的支出，比如加强国防、修建道路、开办学校、政府办公支出等。在所有政府支出中不仅包括政府购买，还包括如转移支付等支出，不计入GDP中，原因是政府把一部分收入转移支付给其他组织和个人，没有相应的物品或劳务的交换发生。

4．净出口（用字母$X-M$表示）

净出口是指进出口的差额。X表示出口，M表示进口。出口表示一国最终产品在国外消费掉，进口表示国外最终产品在国内消费。净出口表示一国最终产品净在国外消费掉的部分。因此只有净出口才应计入总支出。

把以上各个部分支出汇总，就可以用支出法核算出GDP。

$$GDP=C+I+G+(X-M)$$

（二）收入法

收入法衡量的是要素收入，即企业生产成本核算国内生产总值。它是从居民户向企业出售生产要素获得收入的角度看，也就是从企业生产成本看社会在一定时期内生产了多少最终产品的市场价值。产品的市场价值中除了生产要素收入构成的生产成本，还有间接税、折旧、公司未分配利润等内容。

企业生产的增加值正好是各个生产要素的要素收入，当然还应该包括未分配利润、折旧和间接税等。因此收入法核算GDP应该包括以下项目：

（1）工资、利息和租金等生产要素的收入。工资包括工作薪金、津贴和奖金，还包括个人缴纳的各种税收。利息收入是提供企业资金的所有者获得的利息收入。租金包括出租土地、房屋等租赁收入及专利、版权等收入。

（2）非公司业主收入，如医生、农民、律师和个体业主的收入，包括工资、利息、利润、租金等混在一起的收入。

（3）公司税前利润，包括公司所得税、社会保险税、股东红利和企业未分配利润等。

（4）企业转移支付及企业间接税。这些虽然不是要素收入，但通过产品价格转嫁给消费者。企业间接税包括货物税、销售税和周转税等。

（5）资本折旧。属于总投资中的部分，应计入GDP，但不是要素收入。

按照收入法计算GDP=工资+利息+利润+租金+间接税和企业转移支付+折旧。

（三）部门法

部门法（生产法）按提供物资产品与劳务的各个部门的产值来计算国内生产总值。部门法计算国内生产总值是先求国民经济各部门的总产品，然后扣除中间消耗就得到了相应的GDP，即国民经济各部门的增加值之和为国内生产总值，这种方法又称为增加值法。应用时，各物资生产部门总产品扣除中间消耗后，得到了本部门的增加值。卫生、教育、行政等无法计算增加值的部门，则按该部门职工的工资收入来计算，以职工的工资表示该部门所提供的劳务的价值。

在实践中，中间产品和最终产品有时很难区分，同一产品用于生产就是中间产品，用于消费就是最终产品。解决这个问题的方法是运用增加价值法来避免重复计算。以表9-1的例子为例，各过程新增价值是本阶段产品的价格减去本阶段投入的成本（前一阶段产品的价格）。比如制衣厂这个环节的增加值15元就是本环节产品的价格45元减去本阶段的成本30元。把各个过程上的新增加值加总求和就是这个过程计入GDP的价值。因此，一国所有生产过程中新增价值的总和等于最终产品和服务的总和，所以，GDP也可以表示为一定时期内一个经济社会中新创造的价值总和。

各国对各部门的分类方法不同，在美国的国民收入统计中，按部门法计算时分为这样一些部门：①农林渔业；②采掘业；③建筑业；④制造业；⑤运输业、邮电和公用事业；⑥电、煤气、水业；⑦批发、零售商业；⑧金融、保险和不动产；⑨服务业；⑩政府服务和政府企业，以及误差统计。

从表9-1的例子可知，核算国内生产总值可以计算所有用于最终消费的产品的市场价值，即核算整个社会在一定时期内购买最终产品的支出总和来求得，这种方法叫作支出法。而消费者购买最终产品的货币来自于要素收入，因此核算GDP还可以通过核算整个社会在一定时期内获得的收入来求得，这种方法叫作收入法。部门法是按物质产品与提供劳务的所有各个部门的产值来计算GDP，它反映了国民收入的来源，所以也称为生产法。理论上，用三种方法核算的一个经济社会GDP总值应该是完全相等的。

三、由国内生产总值到个人可支配收入

西方经济学中的国民收入是衡量社会经济活动成就的一个广泛概念，实际上包括GDP，国内生产净值（NDP）、国民收入（*NI*）、个人收入（*PI*）和个人可支配收入（*DPI*）。它们的概念和相互之间的关系体现在以下几个方面。

1. 国内生产总值（GDP）

前面已经叙述了GDP是在一定时期内一个国家的所有最终产品和劳务的市场价值。

2. 国内生产净值（NDP）

在GDP中包含所有的最终产品和劳务的市场价值，还包含使用的资本设备的折旧，即旧资本消耗的价值，但它不是净增加价值。在最终产品价值中扣除折旧也就得到了净增加值。因而从GDP中扣除资本折旧，就得到NDP。

NDP=GDP−折旧

3. 国民收入（*NI*）

国民收入是指按生产要素报酬计算的国民收入。从国内生产净值中扣除间接税和企业转移

支付及政府补助金，就得到一国生产要素在一定时期内提供的生产性服务所得报酬，即工资、利息、租金和利润的总和，这就是国民收入。

NI=NDP-企业间接税-企业转移支付+政府补助金

=工资+利息+租金+利润

4．个人收入（*PI*）

在国民收入中，不是全部都分配给生产要素所有者，成为个人收入。其中公司有未分配利润，要上缴所得税等税费。另外政府还会给个人一定的转移支付。因此，个人收入*PI*=*NI*-公司未分配利润-企业所得税费+政府转移支付。

5．个人可支配收入（*DPI*）

个人收入不能全部由个人支配，还要上缴个人所得税，因此个人可支配收入*DPI*=*PI*-个人所得税。

由上所述，国民收入核算是以国内生产总值为中心指标的一个指标体系进行核算，也有的国家是以国民生产总值为中心指标组成的一个指标体系进行核算。但实际上，不论用GDP还是用GNP进行核算都是有缺陷的。主要表现在：一方面，难以全面衡量经济成果，未经市场交易的商品和劳务未计入GDP核算中；另一方面，只测算生产的物品和劳务的总价值，而不是分配的物品和劳务，不能反映福利状况。比如说未反映享受的闲暇状况、未能反映生产的物品与劳务是如何分配的状况以及未反映环境污染的程度等。

任务二　国民收入的流量循环

一、国民收入的流量循环

（一）二部门经济国民收入的流量循环

在二部门经济假设的经济社会中，只有消费者（或家庭）和企业（或厂商），因而不存在政府税收和进出口贸易。然后，再假设不考虑企业折旧。这样，国内生产总值等于国内生产净值和国民收入，用*Y*表示。在二部门经济中，企业和家庭的关系是：家庭向企业提供生产要素，企业向家庭提供要素报酬（图9-1）。当消费者没有储蓄发生时，消费者在产品市场上购买最终产品，而购买最终产品的收入正好是在要素市场上出售给企业的劳动和资本等的

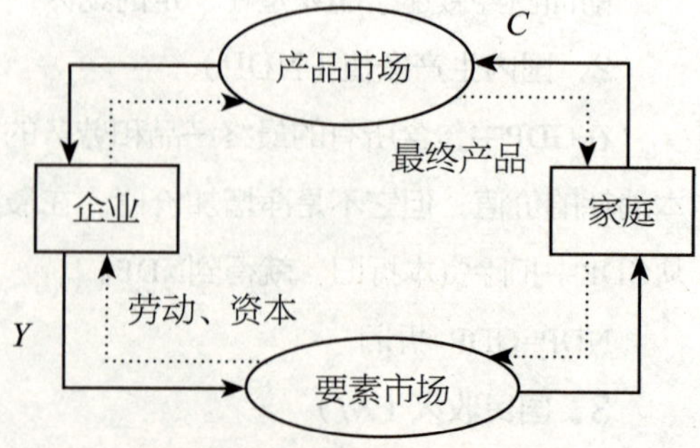

图9-1　两部门经济循环模型

要素所得。

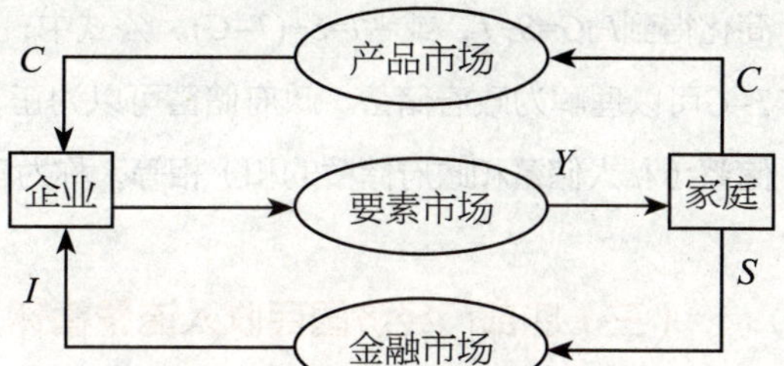

图9-2　两部门经济循环模型

当消费者存在储蓄发生（图9-2）时，从社会总需求或者用支出法核算国内生产总值角度分析，国内生产总值等于消费加投资，即$Y=C+I$；从社会总供给或者用收入法核算国内生产总值角度分析，国内生产总值等于总收入，包含工资、利息、租金和利润。对于消费者，这些收入一部分用于消费，一部分用于储蓄，即$Y=C+S$。

由此可知，$C+I=C+S$，就得到$I=S$，这就是二部门经济的投资—储蓄恒等式。

有了投资—储蓄恒等关系，国民收入处于均衡状态，总需求和总供给相等。但在经济实践中，储蓄主要由消费者进行，投资主要由企业进行，个人储蓄动机和企业投资动机不相同，总需求和总供给不相等，就会出现经济收缩和经济扩张。

（二）三部门经济国民收入的流量循环

在三部门经济中，把政府部门引入国民收入结构中。政府的经济活动主要表现在两个方面：一是政府收入（主体收入主要是税收）；二是政府支出（包括政府对商品和劳务的购买、政府对居民的转移支付等）。

这样，我们把政府经济活动考虑进国民收入的构成。从支出的角度，国内生产总值等于消费、投资和政府购买之和，即$Y=C+I+G$。在这里，政府的转移支付按理说同样是对产品的需求，但政府的转移支付转移到居民手中，成为居民收入，无非仍用于消费和投资中，因此为了避免重复计算，政府的转移支付在支出法中不计入国内生产总值中。

从收入的角度，国内生产总值仍旧是所有生产要素获得收入的总和，即工资、利息、租金和利润之和。这些收入除了用于消费和储蓄，还要纳税。政府得到税收收入，还要转移支付一部分，因此，政府税收净收入是总收入除了转移支付的部分。假定T表示政府净收入，T_0表示政府总收入，T_r表示政府转移支付，则$T=T_0-T_r$。这样，国民收入$Y=C+S+T$。

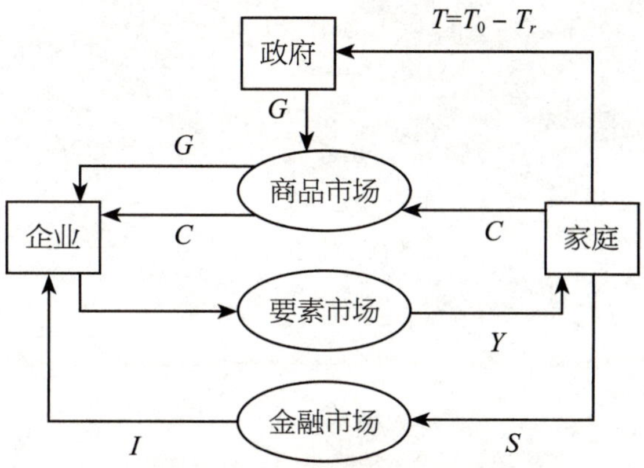

图9-3　三部门经济循环模型

按照社会总需求等于社会总供给，可以将三部门经济中的国民收入构成（图9-3）的基本公式表示为：$C+I+G=C+S+T$，简化得到$I+G=S+T$，或者$I=S+(T-G)$。公式中，T为政府净收入，G为政府购买支出，二者的差额$T-G$可以理解为政府储蓄。政府储蓄可以为正，也可以为负。这样，$I=S+(T-G)$也就表示投资和储蓄（私人储蓄和政府储蓄的和）相等，称为三部门经济的投资—储蓄恒等式。

（三）四部门经济国民收入流量循环

四部门经济是在三部门基础上加上对外经济关系部门。由于有了对外贸易，国民收入用支出法衡量等于消费、投资、政府购买和净出口之和，用公式表示为：$Y=C+I+G+(X-M)$。用收入法衡量，在四部门经济中存在本国居民对国外的转移支付，用Kr表示。比如说，对外国遭受灾害时的救济性捐款，转移国内的要素收入到国外去。因此，四部门经济国民收入结构用公式表示为：$Y=C+S+T+Kr$。

因此，四部门经济国民收入构成的基本公式是：$C+I+G+(X-M)=C+S+T+Kr$。简化得到：$I+G+(X-M)=S+T+Kr$，或者$I=S+(T-G)+(M+Kr-X)$。

在$I=S+(T-G)+(M+Kr-X)$式中，$M+Kr$可以代表本国货币流向国外存储，X可以代表出口，也可以说外国货币流向国内存储，因此$M+Kr-X$代表本国在国外的净储蓄。当然，$M+Kr-X$可以为正值，也可以为负值。

这样，$I=S+(T-G)+(M+Kr-X)$，等号左边为投资，右边为储蓄，因此，此公式表示四部门经济投资—储蓄恒等式。

二、宏观经济均衡

由国民收入流量循环模型我们可以看出，用支出法和收入法衡量的国民收入是必定相等的。同时还可以看出要保持国民经济的健康发展，必须使得$C+I+G+(X-M)=C+S+T+Kr$，也就是总需求要等于总供给，也就是说决定于总供求。如果仅考虑两部门经济且仅仅考虑数量关系可以简化为：$I=S$。

习 题

一、名词解释

1．GDP　2．GNP　3．名义GDP　4．实际GDP
5．潜在GDP　6．现实GDP　7．NDP　8．*NI*
9．*PI*　10．*DPI*

二、选择题

1．以下选项正确的是（　　）。

A．国内生产总值只包括公共部门生产的部分

B．国内生产总值只包括私人部门购买的产品

C．国内生产总值只包括私人部门生产的部分

D．国内生产总值只包括公共部门购买的产品

E．国内生产总值包括公共部门和私人部门生产的部分

2．一国居民在一特定时期内生产的所有商品和服务的货币价值根据价格变化调整过的数值被称为（　　）。

A．GNP　B．实际GDP　C．潜在GDP
D．国内生产净值　E．GDP

3．实际GDP（　　）。

A．等于价格水平除以名义GDP　B．等于名义GDP除以价格水平
C．等于名义GDP乘以价格水平　D．除以价格水平等于名义GDP
E．除以名义GDP等于价格水平

4．随着时间的变化，实际国内生产总值与名义国内生产总值不同，因为实际国内生产总值考虑（　　）。

A．价格变化　B．货币贬值　C．生产力的提高
D．经济周期性　E．进口和出口

5．按百分比计算，如果名义国内生产总值上升_________价格上升的幅度，这意味实际国内生产总值将_________。（　　）

A．超过，下降　B．小于，上升　C．超过，不变
D．小于，不变　E．超过，上升

6. 假定1996年的名义国内生产总值是40000亿美元，价格指数是200（1987年是100），那么1996年的实际国内生产总值以1987年的价格水平衡量相当于（　　）。

A. 200　　B. 400　　C. 20000

D. 40000　　E. 80000

7. 用最终产品法计算国内生产总值是（　　）。

A. 将人们取得的收入（包括资本所得）加总

B. 将厂商支付的劳动者工资、银行利息、间接税加上厂商利润后的数额

C. 依据最终使用者的类型将生产出来以供最终使用的产品和服务的货币价值加总

D. 将所有厂商的收入减去使用的中间投入品的成本加总

E. 将厂商支付的劳动者工资、银行利息、间接税减去厂商利润后的数额

8. 最终产品法是将以下各项加总起来计算国内生产总值的，只有一个除外，该选项是（　　）。

A. 消费　　B. 投资　　C. 政府购买

D. 中间产品　　E. 净出口

9. 厂商的收入和中间产品成本支出之间的差额被称为（　　）。

A. 净销售　　B. 增加的价值　　C. 利润

D. 净收入　　E. 实际产出

10. 用所有厂商的收入扣除使用的中间投入品成本来计算国内生产总值的方法是（　　）。

A. 最终产品法　　B. 个人收入法　　C. 收入法

D. 增加价值法　　E. 产量法

11. 把厂商支付的劳动者工资、银行利息、间接税加上厂商利润和折旧来计算GDP的方法是（　　）。

A. 收入法　　B. 最终产品法　　C. 个人收入法

D. 增加价值法　　E. 产量法

12. 国内生产总值等于工资、利息、间接税支付加上利润、折旧之和，它也可以表述为（　　）。

A. 总需求等于总供给　　B. 总供给等于总产出

C. 总产出等于总收入　　D. 总收入等于总需求

E. 总需求等于总产出

13. 如果最近的价格水平上升，那么实际GDP将（　　）。

A. 大于名义GDP　B. 小于名义GDP　C. 等于名义GDP

D. 大于GNP　E. 小于GNP

三、计算题

1. 一个棉农一年生产1000元籽棉，他售给轧棉厂加工成1400元棉花，轧棉厂又将这些棉花售给纺纱厂加工成棉纱售价2000元，之后织布厂将这些棉纱织成布售价2800元，服装厂将这些布做成服装售价3800元，销售商最后将这些服装销售给消费者售价5000元。根据这一生产过程分别计算总产值和总增加值。

2. 假定一个三部门经济体中，消费为1000元，储蓄为100元，政府支出为300元，如果经济是平衡的，请计算GDP。

四、论述题

1. 论述如何用支出法和收入法核算国内生产总值。

2. 论述二部门和三部门国民收入构成及投资—储蓄恒等式。

五、实训项目

一个国家过度追求GDP有什么危害？

项目十

国民收入决定理论

学习目标

1．掌握总需求与总供给的概念

2．理解简单国民收入决定的含义

3．理解消费函数与储蓄函数及相关概念关系

4．掌握乘数理论

5．掌握总需求与总供给模型

6．理解宏观均衡的意义

案例导入

萨伊的哲学

20世纪30年代之前，经济学家信奉的是萨伊定理。萨伊是18世纪法国经济学家，他提出供给决定需求，有供给就必然创造出需求，所以，不会存在生产过剩性经济危机。这种观点被称为萨伊定理。

节约的悖论

18世纪初，一个名叫孟迪维尔的英国医生写了一首题为《蜜蜂的寓言》的讽喻诗。这首诗叙述了一个蜂群的兴衰史。最初，蜜蜂们追求奢侈的生活，大肆挥霍浪费，整个蜂群兴旺发达。后来它们改变了原有的习惯，崇尚节俭，结果蜂群凋敝，终于被敌手打败而逃散。凯恩斯认为，决定经济状况的是总需求而不是总供给。但20世纪30年代，英国经济停滞和30年代全世界普遍的生产过剩和严重失业打破了萨伊定理的神话。凯恩斯在批判萨伊定理中建立了以总需求分析为中心的宏观经济学。

任务一　简单国民收入决定理论

一、基本原理

（一）几点基本假定

第一，技术水平和拥有的资源不变，也就是潜在的国民收入水平不变（即充分就业的国民收入水平不变），不涉及长期的增长问题；第二，资源没有得到充分利用，即总供给可以随着需求而无限扩大，总供给对国民收入不构成约束；第三，价格水平不变，社会总需求变动只会引起产量的变动，不会引起价格的变动；第四，利息率水平既定，也就是说，不考虑利息率变动对国民收入水平的影响；第五，投资水平既定；第六，仅仅考虑商品市场及两部门经济。因而决定国民收入水平的就是总需求，即从总需求的角度来考察国民收入。

（二）总需求

总需求是指一个国家或地区在一定时期内（通常1年）由社会可用于投资和消费的支出所实际形成的对产品和劳务的购买力总量。它包括两个部分：一是国内需求，包括投资需求和消费需求。投资需求由固定资产投资需求和流动资产投资需求组成。消费需求由居民个人消费需求和政府及社会集团消费需求组成。二是国外需求，即产品和劳务的输出。

社会总需求是从一个经济社会一定时期内生产的所有最终产品有哪些社会主体使用的角度来分析的。社会总需求就是把社会总购买力可能使用去向的各个项目加总在一起的方法。社会总需求一部分为本期消费需求总值；由于把企业生产库存产品作为存货投资，因此社会总需求第二部分为本期投资需求总值；在有国外贸易的社会经济中，存在本期国外对本国产品需求总值，同时还有国外提供的产品和劳务，即本期国内对国外产品的需求总值，因此，第三部分是本期国外需求净值。

因此，其计算公式为：社会总需求＝本期投资需求总值＋本期消费需求总值＋本期国外需求净值。

（三）总供给

总供给是指一个国家或地区在一定时期内（通常为1年）由社会生产活动实际可以提供给市场的可供最终使用的产品和劳务总量。社会总供给是由国内生产活动提供的产品和劳务，包括农林牧渔业、工业、建筑业等行业提供的产品，也包括由交通运输、邮电通信、银行保险、商业服务业等行业提供的服务，即国内生产总值。

由上一节可知，用收入法核算，国内生产总值为各要素所有者的收入和税收、折旧以及未分配利润。因此，从收入角度，社会总供给就是生产最终产品和劳务的各方的收入所得。

（四）简单国民收入的决定原理

由于凯恩斯生活在大危机大萧条时期，总需求严重不足，资源闲置，因此国民收入的多少不取决于总供给而取决于总需求。当总供给超过总需求时，企业存货就会增加，因此企业为了降低存货，会减少生产；当总供给小于总需求时，企业存货会减少，企业就会增加生产。同时由于总供给严重过剩，总需求的变化不会带来价格的变化，也就是价格恒定，只会带来产量的变化。此时国民收入是实物的概念产出的概念，因此由总需求决定的国民收入或者与总需求相一致的就是均衡产出。如图10-1（a）所示，若设E代表支出，y表示收入，纵轴表示支出，横轴表示收入，从原点出发的45°线就是均衡产出，线上的各点就表示支出和收入相等。

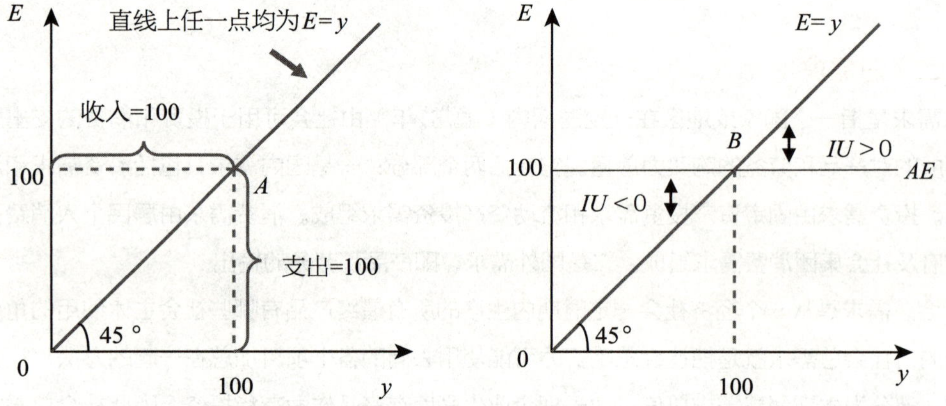

（a）收入等于支出的45°线　　（b）支出决定收入　单位：亿元

图10-1

（五）均衡条件

如图10-1（b）中，B点表示均衡点。同B点相对应的支出和收入为均衡产出100亿元。若计划产出大于100亿元，非意愿存货投资增加，企业就会削减生产，资源就会闲置，经济萎缩；相反，计划支出扩大，企业会扩大生产，资源就会充分利用。由上可知，均衡产出或收入的条件为$E=y$。支出包含消费支出和投资支出，$E=c+i$；收入一部分用于消费，一部分用于储蓄，$y=c+s$。可以简化为：$i=s$。

有了以上的理论，均衡产出既然是指与总需求相一致的产出，则分析均衡产出如何决定，就是分析总需求中各个组成部分是如何决定的。总需求最主要的部分就是消费和投资。因此，分析先从消费和投资开始。

二、两部门国民收入的决定

（一）消费需求的相关概念

1．消费需求

消费需求是指一个国家或地区一定时期内居民个人或家庭为满足消费欲望而用于购买消费品和劳务的所有支出。消费是总需求中最主要的部分。一国或地区一定时期的消费量受哪些因素影响呢？实践中，影响家庭消费的因素很多，如收入水平、消费品的价格水平、消费者个人的偏好、消费者对其未来收入的预期，甚至消费信贷及其利率水平、收入分配状况等。凯恩斯认为，这里起决定作用的因素是家庭收入水平的高低。因此，抽象掉其他因素，只分析收入和消费的关系。

2．消费函数

消费函数是消费与收入之间的依存关系的函数。如果以C代表消费，Y代表收入（这里指个人可支配收入），则消费函数为$C=f(Y)$。消费与收入之间的关系，可以用消费倾向来表示。消费倾向包括平均消费倾向和边际消费趋向。

边际消费倾向是指增加的消费在增加的收入中所占的比例。如果以MPC代表边际消费倾向，ΔC代表增加的消费，ΔY代表增加的收入，则$MPC=\Delta C/\Delta Y$（$0<MPC<1$）。

一般来说，随着收入的增加，消费也将增加，但消费的增长低于收入的增长，消费增量在收入增量中所占的比重是递减的，即边际消费倾向递减，这就是凯恩斯著名的“边际消费倾向递减规律”。

平均消费倾向是指消费在收入中所占的比例。如果以APC代表平均消费倾向，则$APC=C/Y$。由于人们在任何情况下都不可能不消费，因此，平均消费倾向总是大于零的正数，即$APC>0$。同样平均消费倾向也是递减的。

由上述分析可知，在其他条件不变的情况下，消费随收入的变动呈同方向变动，即收入增加引起消费增加，收入减少使得消费减少，但它们之间的这种同方向变化并不是同比例的，消费与收入之间的关系几乎是线性的。因此，消费函数可以用线性函数形式表示为：$C=a+bY$，其中a是自发消费，它不取决于收入，是由于人的基本需求决定的，如维持生存的衣、食、住等。另一部分bY是引致消费，这部分消费的大小取决于收入和边际消费倾向b，b大于零小于1，即人们收入的增加必然带来消费的增加，但是消费的增加总是小于收入的增加，这就是边际消费倾向递减规律。另一方面，$0<b<1$，说明线性消费函数曲线是一条向右上方倾斜的曲线，如图10–2所示。

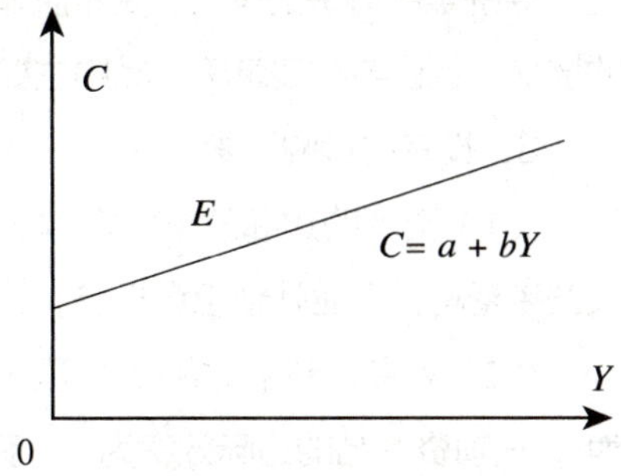

图10–2　线性消费函数

（二）储蓄的相关概念

1．储蓄

储蓄是指一个国家或地区一定时期内居民个人或家庭收入中未用于消费的部分，它等于收入与消费之差。影响储蓄的因素是很多的，如收入水平、财富分配状况、消费习惯、社会保障体系的结构、利率水平等，但其中最重要的无疑是居民个人或家庭的收入水平。

2．储蓄函数

储蓄函数是反映储蓄与收入之间依存关系的函数。储蓄与收入之间的依存关系，可以用储蓄倾向来表示，其公式是：$S=S(Y)$。

边际储蓄倾向（MPS）是指增加的储蓄在增加的收入中所占的比例。如果以MPS代表边际储蓄倾向，则$MPS=\Delta S/\Delta Y$，它是递增的。

平均储蓄倾向（APS）是指任一收入水平上的储蓄在收入中所占的比重，公式表示为：$APS=S/Y$。它也是递增的。

储蓄函数不是单独存在的，而是依赖于消费函数。储蓄可定义为收入减消费，所以，储蓄函数又可以由消费函数推导出来：

$$S=Y-C=Y-(a+bY)=-a+(1-b)Y$$

所以，线性储蓄函数为：$S=-a+(1-b)Y$ $(0<b<1)$，如图10–3所示。

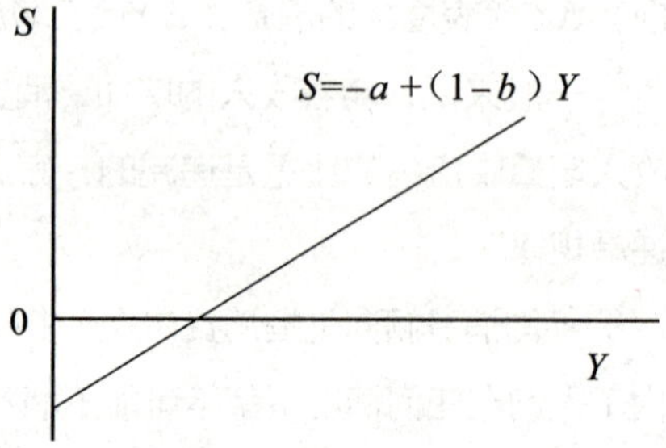

图10–3 线性储蓄函数

3．消费函数与储蓄函数的关系

（1）消费函数与储蓄函数互为补数，二者之和等于收入。

（2）APC和APS之和等于1，MPC和MPS之和等于1。

（三）投资需求

1．投资

经济学中所讲的投资，是指资本的形成，即社会实际资本的增加，包括厂房、设备和存货的增加，新住宅的建筑等，其中主要是厂房、设备的增加。

2．投资的影响因素

（1）资本的边际效率。资本的边际效率也就是预期收益率，简称rc，一般来讲，预期的收益率越高，企业就越愿意投资。

（2）利率。利率简称r，一般来讲，投资与利率是负相关反向变动关系。如果市场利息率为r，一项资本品的边际效率为r_c，那么该项资本品被用于投资的条件是：$r_c>r$。

3. 投资函数

为了研究方便，同时由于资本品价格的不确定性，我们假定资本的边际效率既定，则投资只取决于利率，则线性投资函数为：$i=e-dr$，用i来表示投资量，d是一个常数。在式中，e不随利息率的变动而变动，因而称它为自主投资；$-dr$则是由利息率变动引发的投资，故称为引致投资。利用线性的投资函数，可以把投资量随着利息率变动的曲线描绘成一条向右下方倾斜的直线，如图10-4所示。

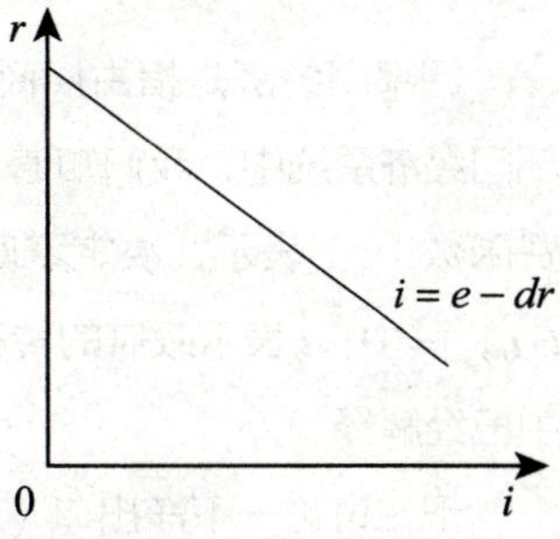

图10-4　投资曲线

（四）二部门经济均衡产出的决定

如图10-5所示，二部门经济的均衡产出决定于把投资和消费

$y=c+i$，$c=a+bY$联立方程就可以得到均衡收入：

$y=(a+i)/(1-b)$。

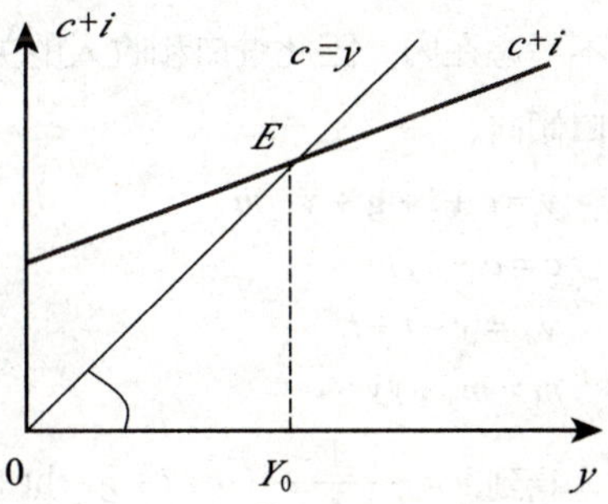

图10-5　二部门均衡收入的决定

三、三部门经济均衡产出的决定

在三部门经济系统中，构成总支出的项目包括：私人消费和投资、政府购买；总收入项目中包括：私人用于消费和储蓄的收入、政府的净税收。

政府购买通常由政府的政策目标决定，被假定为常量G_0。税收在这里泛指政府征收的税收与向家庭和厂商提供的转移支付之间的差额。税收主要有两大类：一类是定量税，它不随收入的变动而变动；另一类是比例税，它按收入的一定比例征收。为了简单起见，假定税收为定量税t。其次，在三部门经济中，政府对私人部门所产生的最重要的影响是通过税收对家庭收入的影响，即决定家庭部门消费和储蓄的收入不再是总收入y，而是可支配收入$y_d=y-t$。从而，消费函数为$c=c(y-t)$，投资用自主投资i，不随利息率的变动而变动，政府购买$g=G_0$。

利用总支出等于总收入条件，均衡的国民收入由下列条件得到：

$y=c+i+g$，$c=a+b(y-t)$联立方程组，从中得到均衡的国民收入为：

$y=a+i+g+bt/1-b$，如图10-6所示。

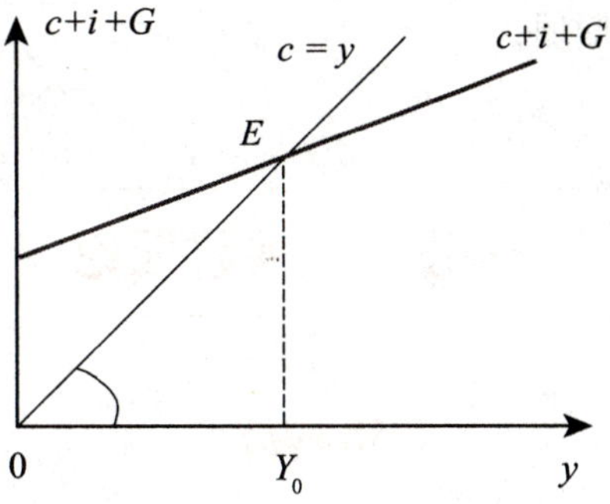

图10-6　三部门均衡收入的决定

四、四部门经济均衡产出的决定

四部门经济是指由厂商、居民户、政府和对外贸易这四种经济单位所组成的经济。在四部门经济系统中，我们知道，总需求就是总支出，因此，用总支出代表总需求。假设消费用消费函数（c）表示，决定家庭部门消费和储蓄的收入不再是总收入y，而是可支配收入$y_d=y-t+t_r$，其中，t_r表示政府的转移支付。假设投资i、政府需求g是外生变量，二部门和三部门经济中已经解释。

现在讨论一下净出口（$x-m$）。一般认为，当国民收入提高时，净出口会减少；而国民收入水平下降时，净出口会增加。因为，出口x是由外国的购买力和购买需求决定的，是一个外生变量。而进口m是随本国收入提高而增加的，因为收入提高，对进口消费品和投资品的需求就会增加。当然，影响进出口的还有汇率，汇率对进出口的影响将在以后章节介绍，在这里假定不考虑在内。因此进口和收入的关系可以写成：$m=m_0+\gamma y$。m_0表示自发性进口，γ表示边际进口倾向。

$$y=c+i+g+x-m$$
$$c=a+by_d$$
$$y_d=y-t+t_r$$
$$m=m_0+\gamma y$$

得到$y=\dfrac{1}{1-b+\gamma}(a+i+g-bt+bt_r+x-m_0)$，如图10-7所示。

五、均衡产出的变动

通过以上分析，可以得到关于国民收入变化的结论：假定其他条件不变，投资（i）、政府购买（g）、政府转移支付（t_r）和出口（x）任何一项的变化，将引起国民收入同方向变化。例如，$c+i+G+$（$X-M$）向上方移动，则均衡产出增加。

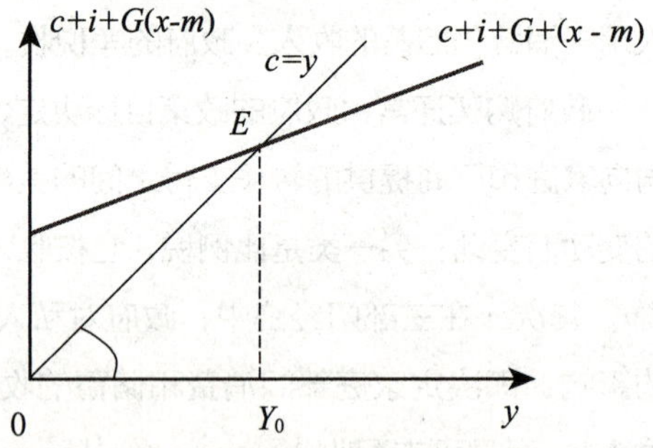

图10-7 四部门均衡收入的决定

任务二 乘数理论

一、投资乘数

投资乘数指收入的变化与带来这种变化的投资支出变化的比率，公式为$k=\Delta y/\Delta i$。

二、投资乘数的作用机制

在现实中，发现一个现象，往往投资增加100亿元，国民收入增加了5倍，这是为什么呢？因为100亿元投资增加时，企业购买最终产品100亿元，国民收入增加了100亿元，这是第一轮收入增加。这100亿元以工资、利息、利润和租金的收入形式到了生产这100亿元最终产品的要素所有者手中。现在假设边际消费倾向为0.8，则要素所有者有80亿元的收入用于购买最终产品，国民收入增加了80亿元，这是第二轮收入增加。企业得到80亿元，分配给生产要素所有者，再拿出收入的0.8即64亿元，用于购买最终产品，国民收入增加64亿元，这是第三轮收入增加。依次继续这个过程，最终国民收入增加为：

$100+100\times0.8+100\times0.8^2+100\times0.8^3+\cdots+100\times0.8^{n-1}$

$=100(1+0.8+0.8^2+0.8^{n-1})$

$=100/(1-0.8)$

$=500$（亿元）

所以$k=500/100=5$。

三、投资乘数及相关乘数的公式

由上面的例子可知：投资乘数=1/（1–边际消费倾向）或

$k=1/(1-MPC)=1/MPS$。

二部门经济中，在线性消费函数下，得到：

$y=\dfrac{a+i}{1-b}$ 求导得到：$k=\dfrac{\Delta y}{\Delta i}=\dfrac{1}{1-b}$

因为边际消费倾向是小于1的，所以从乘数公式可以看，投资乘数是大于1的。当投资支出增加，总收入将以k倍增加。边际消费倾向越大，或边际储蓄倾向越小，乘数就越大。

任务三　利率的决定与IS－LM曲线*

*IS–LM*模型是由英国现代著名的经济学家约翰·希克斯和美国凯恩斯学派的创始人汉森在凯恩斯宏观经济理论基础上概括出的一个经济分析模式，即“希克斯–汉森模型”，也称“希克斯–汉森综合”或“希克斯–汉森图形”。*IS–LM*模型在分析国民经济时，将国民经济的均衡看成实物方面的均衡和货币方面的均衡，即商品市场的均衡和货币市场的均衡的合成物。这一模型在理论上是对总需求分析的全面高度概括。

一、*IS*曲线

在任务一中我们假定利率是非生变量，现在我们再把利率因素考虑进来。*IS*曲线是描述商品市场达到均衡，即$I=S$时，国民收入与利率之间存在着反方向变动关系的曲线，如图10-8所示。

在图10-8中，横轴表示收入Y，纵轴表示利率r，*IS*曲线向右下方倾斜，表明商品市场实现均衡时，利息率与国民收入呈反方向变动，即利息率高则国民收入低，利息率低则国民收入高。

1．*IS*曲线的推导

*IS*曲线的推导有很多方法，代数法和几何法，我们在这里介绍代数法。

$I=S$　　均衡条件

$I=I(r)$　　投资函数

$S=S(Y)$　　储蓄函数

$I=S=Y-C$

$e-dr=-a+(1-b)Y$

$$r=\frac{a+e}{d}-\frac{1-b}{d}Y$$

2．*IS*曲线的变动

如图10-9所示，自发总需求的变动，即自发消费、自发投资的变动会引起*IS*曲线的平行移动。当自发总需求增加时，*IS*曲线向右上方平移，即从IS_0移动到IS_1；当自发总需求减少时，*IS*曲线向左下方平移，即从IS_0移动到IS_2。

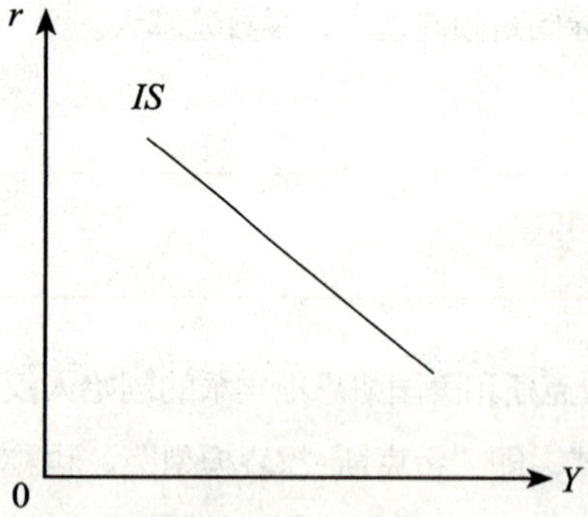

图10-8　*IS*曲线

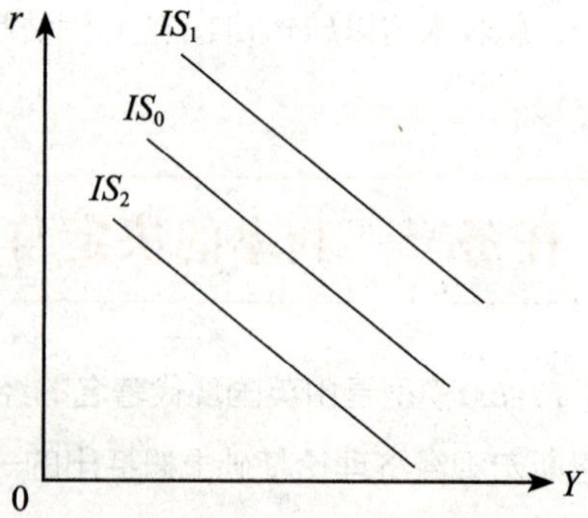

图10-9　*IS*曲线的变动

二、利率的决定与LM曲线

（一）利率的决定

古典学派认为：投资与储蓄决定利率。利率取决于资本市场可贷资金的供给与需求；均衡利率是使储蓄与投资相等的利率水平。凯恩斯认为：利率不是由资本市场上可贷资金的供需决定的，而是由货币的供需决定的。而货币的供给由中央银行控制，所以，央行的货币政策会对利率产生影响，进而影响国民收入。

1．货币需求

货币需求（L）是指人们为了一定的动机而需要持有一定数量货币的需要。根据动机的不同分为三种。

交易性货币需求是企业和个人进行正常交易而需要持有一定数量货币的需求。决定交易性货币需求货币量的关键因素是收入。

谨慎性货币需求是人们为了预防意外而需要持有一定数量货币的需求。决定谨慎性货币需求的关键因素是收入。

两者与收入是正相关系，可以合起来考虑，用L_1来表示：

$L_1=KY$，K为L_1对国民收入的敏感程度系数。

投机性货币需求是人们为了投机而需要持有一定数量货币的需求。也就是人们想利用利率水平或者有价证券价格水平的变化进行（获利性）投机。决定投机性货币需求的关键因素是利率，成负相关系，用L_2来表示：

$L_2=-hr$，h为L_2对利率的敏感程度系数。

三者合并：$L=KY-hr$。

2．货币的需求曲线

货币的需求曲线是反映货币需求与利率关系的曲线。如图10-10所示，L线是一条向右下方倾斜的曲线。

3．货币的供给与供给曲线

凯恩斯认为货币的供给由中央银行控制，是一个外生变量M，不受利率的影响。所以，货币的供给曲线是一条垂线，如图10-10中的M线。

4．利率的决定与变动

如图10-10所示，利率决定货币供求曲线的交点。即：$M=L=KY-hr$。当L与M发生变动时利率就要发生相应的变动，增加或是减小。

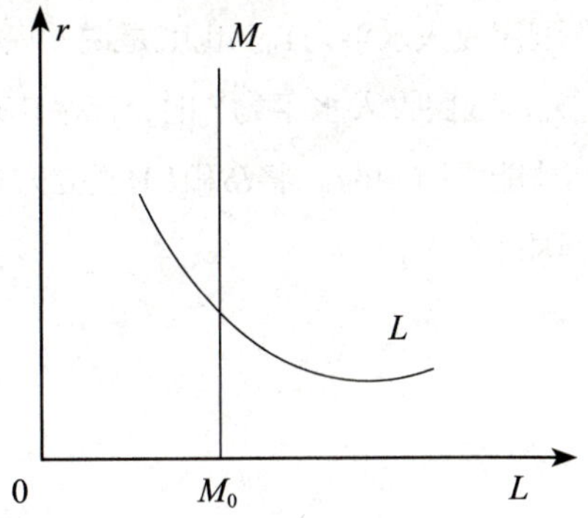

图10-10 货币需求与供给曲线

（二）LM曲线

1. LM曲线

LM是描述货币市场达到均衡，即$L=M$时，利息率与国民收入之间存在同方向变动关系的曲线，如图10-11所示。

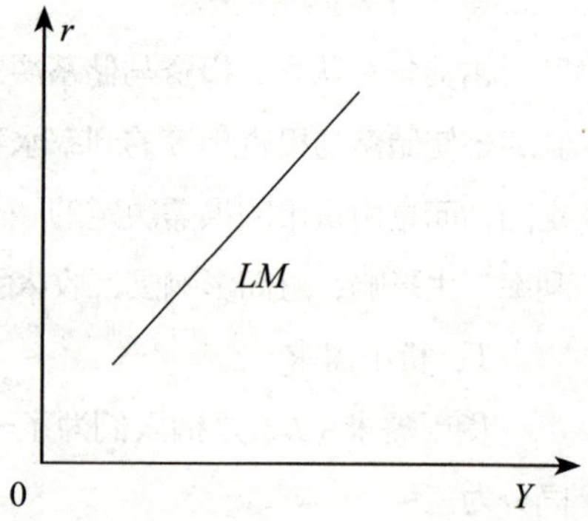

图10-11　LM曲线

在图10-11中，横轴表示收入Y，纵轴表示利率r，LM曲线向右上方倾斜，表明货币市场实现均衡时，利息率与国民收入呈同方向变动，即国民收入高则利息率高，国民收入低则利息率低。

2. LM曲线的推导

$M=L$

$L=KY-hr$

$$Y=\frac{M}{K}+\frac{h}{K}r$$

三、IS-LM模型

把IS曲线和LM曲线放在同一个图上，可以说明商品市场和货币市场同时均衡时，国民收入与利息率的决定，如图10-12所示。

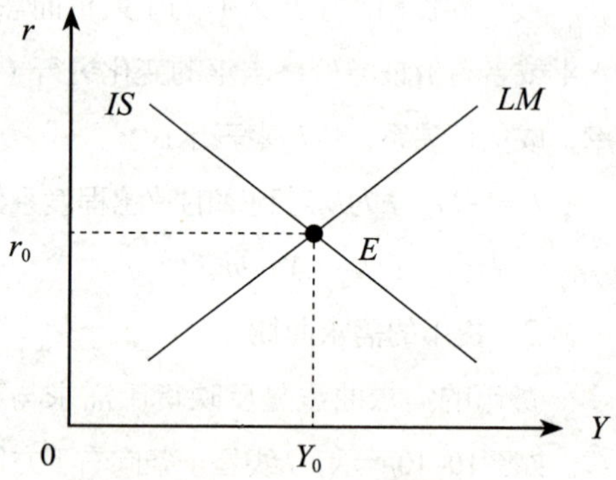

图10-12　IS—LM模型

在图10-12中，IS曲线与LM曲线相交于点E，在E点实现了商品市场和货币市场的同时均衡，这时决定了均衡的利息率水平为r_0，均衡的国民收入水平为Y_0。也就是说，只有在利息率为r_0，国民收入水平为Y_0时，商品市场和货币市场才能同时均衡。将IS和LM联立方程组就可得到国民收入。

任务四 总需求—总供给模型

一、总需求与总需求曲线

（一）总需求

总需求简称AD，是指在一般物价水平下，整个经济社会在一定时期内（通常为1年）对产品和劳务的购买总量。

（二）总需求曲线

在图10-15中，横轴表示国民收入Y，纵轴表示价格P，总需求曲线AD向右下方倾斜，表明总需求与一般价格水平呈反方向变动，即一般价格水平上升，总需求减少；一般价格水平下降，总需求增加。

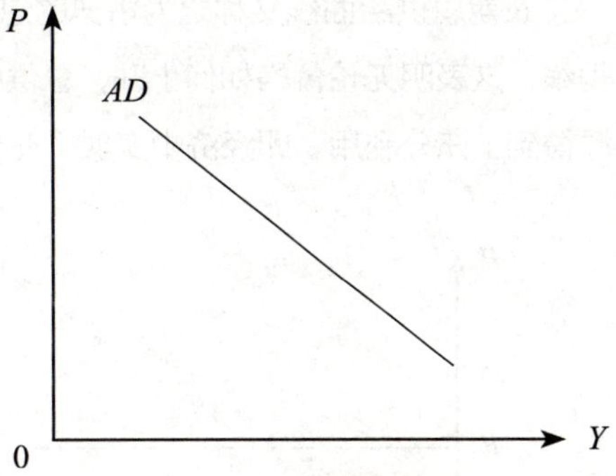

图10-15 总需求曲线AD

二、总供给

（一）总供给

总供给简称AS，是指在一般物价水平下，在一定时期内（通常为1年）由社会生产活动所提供给市场的产品和劳务总量。影响总供给的因素有很多，资本、技术、劳动及资源等，这些影响可以用宏观生产函数来表示，宏观生产函数又称为总量生产函数，是指整个国民经济的生产函数，它是表示总投入与总产出关系的函数。用公式表示：$Y=f(N, K)$其中，Y为总产出；N为总就业量；K为资本。

（二）总供给函数

总供给函数是用来反映总供给与价格关系的函数，一般表达式为：

$Y=Y_f+\lambda(P-E_P)$其中$\lambda=b/(1-b)a$，a为价格弹性企业的比重，b为价格黏性企业的比重，E_P为企业预设价格，Y_f为充分就业时的国民收入。

三、总供给曲线的形状

（一）短期总供给曲线

1．凯恩斯的总供给曲线

总供给曲线是一条平行于横轴的曲线，这表明在既定的价格水平下，可以供给任意的产量。这是因为在经济处于大萧条时期，总需求严重不足，产品严重过剩，同时由于价格的刚性和工资的黏性问题，总供给曲线是一条平行于横轴的曲线，如图10–16所示。

2．常规总供给曲线

它是一条向右上方倾斜的的曲线，如图10–18所示AS线中的E_1E_4。这是因为还未达到充分就业水平，价格的变动会引起总供给的变动。

（二）长期总供给曲线

长期总供给曲线又称之为古典的总供给曲线，如图10–17所示。古典的总供给曲线是一条垂线，这表明无论价格如何上升，总供给量都不会增加。这是因为价格与工资能迅速调整，资源得到了充分利用，即经济中实现了充分就业，总供给已无法增加。

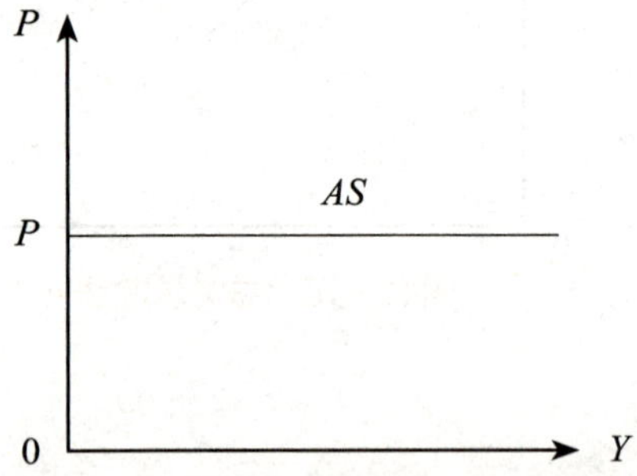

图10–16　资源未充分利用时总供给曲线

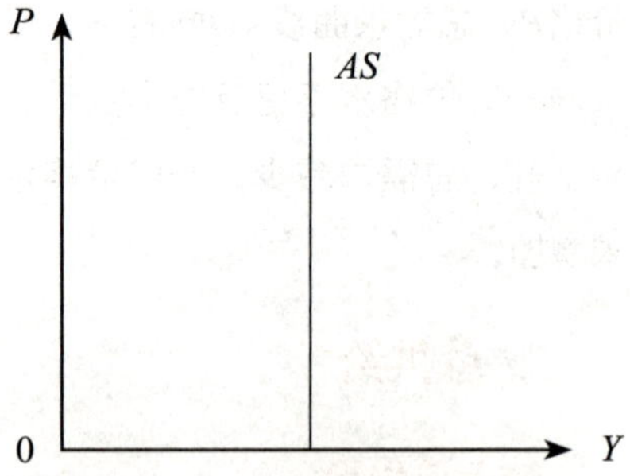

图10–17　古典的总供给曲线

四、国民收入的决定

将三条供给曲线结合起来就可得到完整的供给曲线，在图10–18中，国民收入决定于总供给与总需求，总需求曲线AD_3与总供给曲线AS相交于E_3，这就决定了均衡的国民收入为Y_3，均衡的价格水平为P_3。

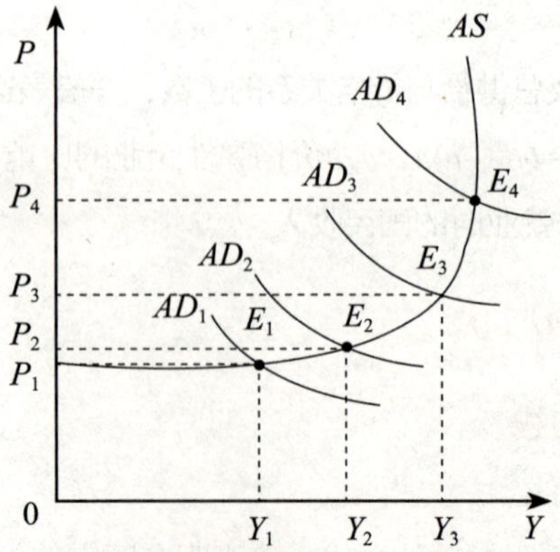

图10–18　总需求–总供给模型

五、总需求与总供给的变动对宏观经济的影响

理论上，对一个国家或地区在一定时期内社会总需求和社会总供给也应该是相等的，即社会总需求等于社会总供给，但是影响总需求与总供给的因素很多，会使总需求与总供给发生变动进而引起宏观经济失衡。如图10-18所示，在AD_4位置，我们发现总供给难以满足总需求仅仅是价格的上涨，而总产量并没有上涨，即通货膨胀，在AD_1位置，总需求小于总供给，表现为，物价下跌，国民收入减少，经济滑坡。现长期经济建设的实践表明，总需求过大，投资膨胀，经济增长过快，超过社会财力、物力、资源的承受能力，最终会引起经济上的大起大落，给国民经济造成巨大损失。因此，为促进国民经济持续快速健康发展，必须注意调控社会总需求与总供给的基本平衡。

习 题

一、名词解释

1．均衡产出或收入　2．总需求　3．总供给　4．边际消费倾向
5．平均消费倾向　6．边际储蓄倾向　7．平均储蓄倾向　8．投资乘数

二、选择题

1．边际消费倾向是（　　）。

A．总量可支配收入中用于消费的比例

B．当自发性消费增加1美元时，收入增加的数量

C．为使消费增加1美元，可支配收入必须增加的数量

D．当可支配收入增加1美元时，消费增加的数量

E．总消费中自主性消费的比例

2．消费函数的截距称为________，其斜率为________。（　　）

A．自发性消费，边际消费倾向　B．非计划消费，边际消费倾向

C．边际消费倾向，自发性消费　D．非计划消费，平均消费倾向

E．平均消费倾向，非计划消费

3．随着消费函数的斜率________，边际消费倾向________。（　　）

A．变陡，下降　B．变陡，不变　C．变平缓，不变

D．变陡，上升　E．变平缓，上升

4．假设可支配收入增加50美元，消费支出增加45美元，那么边际消费倾向是（　　）。

A．0.05　B．0.10　C．0.90

D．1.00　E．1.11

5．不存在政府的封闭经济中，假如投资与国民收入水平关系是________，总支出曲线的斜率将________边际消费倾向。（　　）

A．随之变化而变化的，等于　B．不相关的，大于

C．不相关的，等于　D．不相关的

E．随之变化而变化的，无关

三、计算题

1．假设某经济社会的消费函数为c=100+0.8y，投资为50（单位：10亿美元）。

（1）求均衡收入、消费和储蓄；

（2）若投资增至100，求增加的收入。

2．设投资函数为i=e−dr

当i=250（美元）−5r时，找出r等于10%、8%、6%时的投资量，画出投资需求曲线。

3．假设某经济社会消费函数为C=100+0.8Yd，投资I=50。

（1）求均衡收入；

（2）试求投资乘数。

四、论述题

1．试论述凯恩斯国民收入决定理论。

2．论述什么是乘数原理。

五、案例分析

战争与经济

“大炮一响，黄金万两”。震惊世界的“9·11”之后美英两国对阿富汗发动了军事打击。战争对经济美国经济产生了积极的影响，美国股市乃至经济借此一扫晦气。问题：这是为什么？

项目十一

失业与通货膨胀理论

学习目标

1．了解失业的种类

2．熟悉失业的代价及解决对策

3．掌握通货膨胀的种类及成因

4．掌握通货膨胀的效应

案例导入

金融危机以来全球主要国家的失业率

2008年9月15日美国第四大投资银行“雷曼兄弟”宣布破产，标志着由美国次贷危机所引发的金融风暴进入一个全球性的转折点。欧美发达国家的金融机构遭到重创，从而引起信贷增长下降，信贷紧缩又进一步导致实体经济的衰退。新兴经济体同样未能幸免于这个过程，由于它们的发展很大程度上依赖于对发达国家的出口，发达国家国内需求的降低必然反过来抑制新兴经济体的经济增长。经济衰退的直接结果之一便是全球性失业率的大增。据国际劳工组织的统计报告，到2009年年底全球失业人口突破两亿。全球主要经济体的失业率几乎都呈现走高的趋势。美国失业人口超过500万。欧元区失业率持续攀升，已经高达9.5%，是1999年9月以来的最高水平。部分发展中国家的失业率甚至达到两位数。失业浪潮冲击的既包括金融领域的高级白领，也包括建筑工人、矿工和制作外贸产品的工人等。欧洲央行管理委员会成员诺亚表示，失业率是威胁经济发展的主要因素。今后一段时期，全球经济会深陷个人消费不振和就业危机两者恶性互动的泥潭。如果就业市场迟迟不能改善，过高的失业率甚至会使经济复苏半途夭折。国际劳工组织预测甚至到2011年发展中国家的失业率都不会恢复到危机之前的水平。

任务一 失业理论

一、劳动人口界定

西方将劳动力定义为16～65岁，有劳动能力的人口。其中还要排除学生、现役军人、退休人员、失去劳动能力人员、不愿就业人员等。

二、失业的种类

按照国际劳工组织（ILO）的标准，失业是指在一定年龄之上，在参考时间内没有工作，目前可以工作而且正在寻找工作的人。按照这个定义衡量失业，必须有四个标准：第一，在一定年龄之上，即劳动适龄人口；第二，确认至少在过去的一周内已经没有工作；第三，目前可以工作，即有劳动的能力和可能性；第四，正在寻找工作，即本人有工作的要求。上述条件必须同时成立，才能构成完整的失业内涵。

（一）自愿失业

自愿失业指劳动者虽然有工作机会，但因不愿接受现行的工作条件而发生的失业。自愿失业一般不列入经济学讨论的范围，我们这里主要讨论非自愿失业。

（二）非自愿失业

非自愿失业是指劳动者虽然愿意接受现行的工作条件，但仍然找不到工作而发生的失业。非自愿失业我们通常将其分成两种：一种是自然失业；一种是需求不足型失业。

1．自然失业

自然失业是指经济中存在某些不可避免的原因而产生的失业。劳动力市场机制不完善，供求双方无法获取充分的就业供求信息，劳动力在寻找或者工作转换过程中常常需要时间和等待，或者由于劳动力本身素质等条件不符合劳动需求方的要求以及其他一些客观原因，在动态的市场经济中，有一部分劳动力常处于失业状态，这是难以避免的。这种失业主要又包括以下几种类型：

（1）摩擦失业。摩擦失业又称求职性失业，是因为劳动力市场运行机制不完善或劳动者在正常流动过程中而产生的失业，它通常被看作是一种求职性失业。摩擦性失业的主要特点是：一方面存在着职位空缺，另一方面却存在着与此数量对应的寻找工作的失业者。由于劳动力市场信息的不完备，导致厂商找到所需雇员或者失业者找到合适的工作都需要花费一定的时间。另外，在劳动者正常流动的过程中也会产生失业。比如，新、老工人交替的过程，由于某种原因放弃原来工作后正在求职的过程，还有转移到新地区需要重新找工作的过程。不论是哪种过程，劳动者从一种职业或行业向另一种职业或行业的转移往往会由于流动成本、职业技能、个人特长或居住地区等原因出现困难，因此也都需要花费一定的时间和精力，尽管同时存在着职位空缺，仍然会存在上述原因造成的失业。摩擦性失业在任何时期都是存在的和不可消除的，但西方经济学家认为摩擦性失业的存在与充分就业并不矛盾。

（2）季节性失业。季节性失业是由于某些行业生产的季节性变动所引起的失业。某些行业如农业、旅游和农产品加工业等，其生产的特点是具有季节性，即旺季所需工人多，淡季则所需工人少，这样就会引起具有季节性变动特点的失业。这些行业生产的季节性是由自然条件决定的，很难改变。季节性失业也被看作是一种正常失业。

（3）技术性失业。技术性失业指由于技术进步或采取了节约劳动的机器而产生的失业。在经济增长的过程中，由于技术的进步，越来越多的生产由原来的工人劳动变为由先进的设备代替。在劳动密集型的行业逐渐被资本密集型的行业替代的过程中，减少了对劳动力的需求，因此也就不可避免地产生了失业。这种技术性的失业在长期中是很重要的，属于这种失业的工人大都是文化技术水平低，不能适应现代化技术要求的工人。

（4）结构性失业。结构性失业是在经济结构的变化过程中，由于要素市场上对劳动力供给与需求在技术、工种、年龄、性别、地区等结构上的互不满足而引起的失业。这种失业的特点也是失业与职位空缺并存。

结构性失业与技术性失业有相同之处，即两种失业产生的原因都有技术的因素。但结构性失业产生的原因除技术进步排斥劳动力之外，它更强调的是由于国际竞争，非熟练工人缺乏培训，消费习惯改变，政府的财政、税收和金融政策等因素对失业的影响。结构性失业与摩擦性失业相比，二者也有相同点，即同时具有职位空缺和失业者。但结构性失业突出强调的是空缺职位所需的劳动技能与失业工人所具备的劳动技能不相符合，或空缺职位不在失业工人所居住的地区，或失业工人无力支付昂贵的培训费用和迁移费用；而摩擦性失业则是强调由于劳动力市场运行机制不完善，劳动供求双方得不到充分的就业信息而发生的失业。也就是说，尽管结构性失业工人能够获取有关职位空缺信息，仍无法实现就业。

2．需求不足型失业

需求不足型失业也称周期性失业，是指由于社会总需求不足而带来的失业。根据凯恩斯的分析,一个经济社会的就业水平取决于国民收入水平，而国民收入又取决于总需求。如果总需求不足，生产就会出现过剩，经济将陷入萧条。在这种情况下，厂商会减少生产，解雇工人，从而带来失业人数增加。资本主义在20世纪30年代经济大危机期间所发生的失业就是典型的需求不足型失业。

（三）隐蔽性失业

所谓隐蔽性失业是指表面上有工作，实际上对经济活动并没有做出贡献的人口。随着人口的增加，劳动力供给增多；同时伴随着科技进步，使各部门对劳动力需求相对减少，这样就导致了一些单位人浮于事，效率低下，部分人员的边际生产力为零，也就是说即使减少这些从业人员，产出也不会下降或者甚至上升，这就意味着存在隐蔽性失业。隐蔽性失业主要评价人力资源效率，不算作真正的失业。

三、失业的衡量

衡量一个经济社会中失业状况的最基本指标是失业率。失业率是失业者人数占劳动力总数的百分比，用公式表示为：

$$失业率=\frac{失业者人数}{劳动力总数}\times 100\%=\frac{失业者人数}{就业者人数+失业者人数}\times 100\%$$

类似地，就业率就是就业人数在劳动力总数中所占的比率。

各国在具体统计失业人数和失业率时，所用统计方法和具体规定不尽相同，而且统计所得到的结果也不能完全准确地反映失业的实际情况。如有的国家将愿意工作而没有工作的人（即使不积极寻找工作）都计入失业人数；有的国家只将那些领取失业救济金的人算作失业者；有些国家的失业统计数字是通过随机抽样调查得出的；各国对劳动力年龄范围的规定也不同。

四、失业的代价及解决失业的对策

1．失业的代价

失业问题对一国的经济、社会和政治等产生了巨大的负面影响。

从经济角度分析，失业的存在意味着劳动力资源的闲置，劳动力资源本身是具有时效性的，就是说本期可利用的资源不能移到下期使用，本期可利用的资源的闲置则是永久的浪费。同时，劳动力失业同时也伴随着机器设备、厂房等经济资源的闲置，造成全社会的生产能力利用不足，生产萎缩，产出下降。

从社会层面看，失业给失业者本身及家庭造成了损失。这种损失是双方面的。一方面是失业者和家庭收入的下降。尽管政府对失业者会发放失业津贴，但是毕竟是杯水车薪，而且失业津贴主要来自于政府税收，失业津贴的发放也就意味着间接给社会增加负担。另一方面，失业会给人的心理造成极大的创伤和痛苦，由此带来一系列社会问题。经济学家和社会学家根据调查认为，在严重的经济衰退中，即失业问题尖锐时，心脏病、酒精中毒、婴儿死亡、精神错乱、虐待儿童以及自杀的比率都会上升。

从政治角度看，当失业率增加时，作为政府，要相应增加转移支付，救济补助失业人口，加重政府的财政危机，这样势必会使民众对政府失去信任从而会直接影响到政府的威信甚至影响到政府政权的稳定。

从整个宏观经济层面上看，失业在经济上最大的损失就是实际国民收入减少。美国经济学家A.奥肯在20世纪60年代提出的奥肯定理，就很好地说明了失业率与实际国民收入增长率之间的统计规律。这一规律表明，失业率每增加1%，实际的国民收入就减少2.5%；反之，失业率每减少1%，实际国民收入则增加2.5%。在理解这一规律时应注意：第一，它表明了失业率与实际国民收入增长率之间反方向的变动关系。第二，失业率与实际国民收入增长率之间1∶2.5的关系只是一个平均数，在不同时期并不相同。第三，奥肯定理主要适用于没有实现充分就业的情况，即自然失业率与实际国民收入增长率之间的比率不符合这一规律要求。

2．失业的对策

不同原因产生的失业要采取不同的对策。

对于需求不足型的失业，一般采用宏观财政政策和货币政策来调节总需求，即“逆经济风向调节”。经济萧条，出现失业时，就要采取扩张的财政政策和扩张的货币政策，一方面增加财政支出，减少财政收入；另一方面通过各种货币政策工具扩大货币供应量，从而增加整个社会的投资需求和消费需求，促进经济增长消除失业。

对于求职性失业和结构性失业等非需求不足性失业则主要采取人力政策，包括提供就业信息，提供就业培训，反对就业歧视等。

任务二　通货膨胀理论

一、通货膨胀的概念、衡量及种类

（一）通货膨胀的含义

所谓通货膨胀是指总体物价水平在一定时期内持续的相当程度的上升过程。在理论界关于通货膨胀一般有两种观点：一种是货币主义的观点，认为通货膨胀是由于纸币发行过多导致的货币贬值的现象。另一种是物价学派的观点，认为通货膨胀就是指一种物价的普遍上涨现象。可见，货币学派是从通货膨胀产生的原因上定义，而物价学派则是从通货膨胀的表现形式上定义。我们在理解通货膨胀的定义时，要注意以下几点：

（1）总体物价水平上涨不是指一种或几种商品价格的上升，而是广泛地包括所有商品和劳务在内的平均价格上涨，但并不排除某些商品价格不变甚至下降。

（2）价格水平的上涨不是暂时的，而是持续一段时间。

（3）物价水平的上涨必须是较大幅度的上涨，而且是人们可以觉察到的。

在日常生活中，人们对通货膨胀普遍地存在着一些错误的认识。例如，认为通货膨胀就是指物价昂贵，这显然是错误的。通货膨胀不是指商品的绝对价格水平，而是指商品的相对价格水平，是指商品价格持续不断地上升。再如，认为通货膨胀就是指人们越来越贫穷，这同样是错误的，事实上，在通货膨胀期间，人们的收入和物价一样都会快速地上升，这使得人们的实际收入不一定下降。只有当一些人的收入增长低于物价的增长时，这些人才会变得比原来贫穷起来。

（二）通货膨胀的衡量

通货膨胀一般用物价指数来衡量，物价指数是表明某些商品的价格从一个时期到下一个时期变动程度的指数。物价指数一般不是简单的算术平均数，而是加权平均数。通常计算某一时期物价指数的公式是：

物价指数=$(\sum P_tQ_t\ /\ \sum P_0Q_t)\times 100$

其中，P_0、P_t分别是基期和本期的价格水平，Q_t是本期商品量。

则通货膨胀率=（本期价格指数－基期价格指数/基期价格指数）×100%。

（三）物价指数的种类

（1）消费物价指数，又称零售物价指数或生活费用指数，是衡量各个时期居民个人消费的商品和劳务零售价格变化的指标，是反映市场物价水平的最基本的指标。

（2）批发物价指数，是衡量各个时期生产资料（即资本品）与消费资料（即消费品）批发价格变化的指标。

（3）国民生产总值价格折算指数，是衡量各个时期一切商品与劳务价格变化的指标。关于这个指数我们在前面已经介绍过，它是名义国民生产总值与实际国民生产总值的比值，用这个比值减去1也可以得到通货膨胀率。

以上的三种物价指数都能反映出基本相同的通货膨胀率变动趋势，但由于各种指数所包括的范围不同，所以计算出的数值不尽相同。其中，消费物价指数（CPI）能直接反映居民生活水平的物价变动情况，与人们的日常生活密切相关，且其原始数据也较易采集，所以一般用消费物价指数来衡量通货膨胀。

相关链接

通货膨胀用什么来衡量?

目前大家关心是否出现通货膨胀，大都引用CPI数据，但CPI不够全面。通货膨胀是指价格的总体膨胀，而CPI衡量的只是消费类商品和服务，对于运用CPI或核心CPI我抱有疑问，尽管西方国家是以此为标准。西方国家恩格尔系数通常在20%以下，而我们食品消费占消费比重为40%甚至更高。所以我比较倾向于用GDP平减指数来测量通货膨胀。根据上半年数据，GDP平减指数达4.7%，新世纪以来仅次于2004年的6.9%，而同期CPI上涨只有3.2%。很多人认为当前CPI上涨的推动力主要是食品和农产品价格上涨。如以GDP平减指数测算，2007年上半年，第一产业平减指数上涨幅度是9.9%，确实很高，但从对整体GDP平减指数贡献看，第一产业贡献率不高，因为第一产业在整个国民经济中的比重较低。整个格局是，GDP平减指数上半年上升4.7%，其中第一产业9.9%，第二产业4.3%，第三产业4.1%；拉动率分别为第一产业0.9%，第二产业2.2%，第三产业16.%；贡献率分别为第一产业9.1%，第二产业51.2%，第三产业39.7%。通货膨胀用什么来衡量，是CPI还是GDP平减指数还有争论。但其中也有一些矛盾，比如食品占CPI的比重很大，而核心CPI又不包括食品等重要的消费品。那核心CPI能说明什么核心问题呢？我感觉从农产品看，通货膨胀应该是成本推动的，但从工业来看，应该是需求推动的，因为投资过热，贸易顺差等原因，这些都是需求。

资料来源：中国经济网

（四）通货膨胀的分类

按不同的标准可以把通货膨胀划分为不同的类型。

1．按照通货膨胀的严重程度划分

（1）爬行的通货膨胀，又称温和的通货膨胀。其特点是通货膨胀率较低，一般在10%以下，而且比较稳定。一般来说，爬行的通货膨胀的物价上涨率不超过2%～3%，而且不存在通货膨胀预期的状态。爬行的通货膨胀常常被看作是实现充分就业的一个必要条件。因此适度的通货膨胀从某种意义上说是有益无害的。

（2）加速的通货膨胀，又称奔腾式通货膨胀。其特点是通货膨胀率较高，一般在两位数以上，而且还在加剧。一旦奔腾式通货膨胀在一个国家形成，对该国经济的冲击是显然的，但未必是致命的。在有些时候，即使物价奔腾上涨，通货膨胀率高达100%，甚至200%，社会经济也会运行得非常良好。但是，出现奔腾式通货膨胀的危险在于人们对于通货膨胀有可能完全失控，就会出现超速通货膨胀。

（3）超速通货膨胀，又称恶性通货膨胀。其特点是通货膨胀率较高，一般要超过100%，价格持续猛涨，而且完全失去了控制，货币丧失了作为价值储藏的功能并且部分丧失了作为交易媒介的功能，会引起金融体系完全崩溃，经济崩溃，甚至政权的更迭。对于任何一个社会来说，超级通货膨胀必然是致命的。

2．按通货膨胀的表现形式划分

（1）公开性通货膨胀。这种通货膨胀是可以通过价格指数或通货膨胀率公开反映出来的一种价格上涨。

（2）隐蔽性通货膨胀。这种通货膨胀是指经济中存在着通货膨胀压力，但由于政府实行了严格的价格管制与实物配给制，通货膨胀并没有发生。一旦解除价格管制并取消配给，就会发生比较严重的通货膨胀。

3．按照对价格影响的差别划分

（1）平衡性通货膨胀。平衡性通货膨胀是指各种商品及劳务的价格都按相同比例上升，包括各种生产要素的价格，如工资率、利率、地租等。这种通货膨胀对单个经济主体的影响不大。

（2）非平衡性通货膨胀。非平衡性通货膨胀是指各种商品及劳务价格上涨幅度并不完全相同。这种通货膨胀对不同经济主体的影响不同。与平衡性通货膨胀相比，这种通货膨胀的存在更为普遍。

4．按是否可以预期划分

（1）预期到的通货膨胀。引入预期因素是20世纪70年代通货膨胀理论的重大进展。如果通货膨胀事先被完全预期到，那么各经济主体就将按照其预期来调整其行为。如工会要求增加工资，银行提高贷款利息等，这样通货膨胀在短期的扩张效应将不复存在。

（2）未预期到的通货膨胀。如果通货膨胀事先未被预期到，经济主体没有按照预期来调整行为，就会出现物价的上涨率超过工资增长率的增长幅度，从而导致厂商利润上升，会在短期内出现一种扩大就业、扩大总产量的效应。

5．按照通货膨胀的成因划分

按照成因可以将通货膨胀划分为四种类型：需求拉上的通货膨胀、成本推动的通货膨胀、供求混合推动的通货膨胀、结构性通货膨胀。接下来我们专门把它作为一个问题来介绍。

二、通货膨胀的成因

根据通货膨胀的形成原因，通货膨胀分为需求拉上的通货膨胀、成本推动的通货膨胀、供求混合推动的通货膨胀、结构性通货膨胀四种。

1．需求拉上的通货膨胀

需求拉上的通货膨胀，又称超额需求通货膨胀，是指总需求超过总供给所引起的一般价格水平的持续显著的上涨。需求拉上通货膨胀的理论是一种比较古老的通货膨胀理论，这种理论将通货膨胀解释为“过多的货币追求过少的商品”。我们可以用图11–1来说

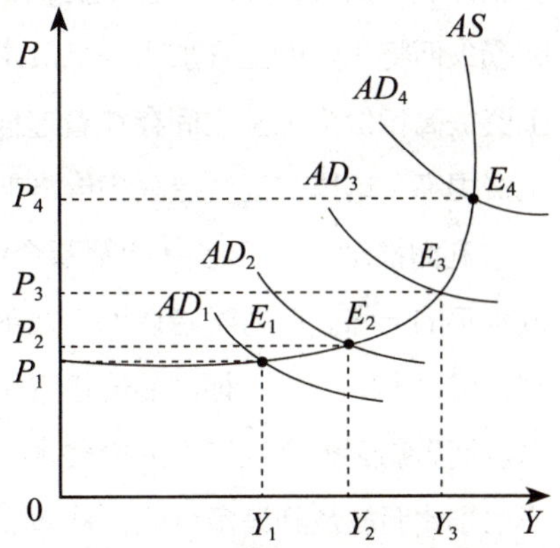

图11–1　需求拉上的通货膨胀

明这种通货膨胀的形成。

图中，横轴Y表示总产量（国民收入），纵轴P表示一般价格水平，AD为总需求曲线，AS为总供给曲线。总需求由消费需求、投资需求、政府需求和国外需求四个方面形成。当经济受到某种冲击，总需求增加时，总需求曲线要向右上方移动，但是当总需求增加后，是否会引起物价上升和通货膨胀，还需视供给方面的情况而定。当社会上存在着大量闲置资源时（包括大量劳动力闲置即失业存在），总供给曲线AS呈水平状，弹性很大。这表明，在这一时期，总需求的增加不会引起价格水平的上涨。如在图11-1中，产量从0增加到Y_1，价格水平却始终稳定在P_1的水平。当总产量达到Y_1以后，经济扩张到了一定的阶段，以致有些资源和技术变得稀少，这时候，总需求增加就会引起价格水平的上涨。如图11-1中，总需求曲线由AD_1至AD_2，至AD_3，物价水平也由P_1上涨至P_2，再至P_3，产出也由Y_1增加到Y_2，再到Y_3。价格由P_1上涨到P_2、P_3的现象被叫作瓶颈式的通货膨胀。但是由于这一时期的物价上涨是伴随着产出的增加而产生的，因此，这一时期的物价上涨又被称作“温和型通货膨胀”，而这种通货膨胀通常被西方经济学家认为是有利无害的。经济在产出达到Y_3时，实现了充分就业，即所有的资源都得到了充分利用，这时候总需求的增加就不会再带来总供给的增加，而只能产生一个结果，就是物价的上涨。如图11-1中，总需求曲线由AD_3移动至AD_4，产出已经达到极限Y_3，而物价则由P_3上升到P_4，这就是需求拉动的通货膨胀。西方经济学家认为，不论总需求的过度增长是来自消费需求、投资需求，或是来自政府需求、国外需求，都会导致需求拉上的通货膨胀。

2．成本推动的通货膨胀

成本推动的通货膨胀是指物价水平的上升是由生产成本的提高而推动的。它又可以细分为工资推动的通货膨胀、利润推动的通货膨胀和进口成本推动的通货膨胀三类。

工资推动的通货膨胀是指不完全竞争的劳动力市场上过高的工资所导致的总体价格水平的上涨。工资过高的主要原因是劳动市场上的“垄断者”——工会运用它所掌握的市场权力，通过集体谈判的形式要求增加工资，资方因惧怕工人罢工而同意增加工资，而同时为了避免利润的损失而将工资的上升加入产品成本转嫁给消费者，从而造成物价上涨。西方学者进而认为，工资提高和价格上涨之间存在着这样的因果关系：工资提高引起价格上涨，价格上涨又会引起工资提高。这样，工资提高和价格上涨形成了螺旋式的上升运动，即所谓工资—价格螺旋。

利润推动通货膨胀是指垄断企业和寡头企业利用市场势力谋取过高利润所导致的总体物价水平的上涨。西方学者认为，在不完全竞争市场上，垄断企业和寡头企业为了追求更大的利润，可以操纵价格，把产品价格定得很高。而某个行业产品价格的上升又会使其他行业提高成本从而影响到整个经济中的价格水平，或者某个行业产品价格的上升通过示范作用使其他行业产生攀比而波及到诸多行业，从而形成利润推动的通货膨胀。

进口成本推动的通货膨胀是由于进口商品价格提高，特别是重要原材料的进口价格过高，引起国内以该原材料为原料的产品的生产成本提高，从而引起了国内商品价格提高，最终导致总体物价水平上涨的现象。

3. 供求混合推动的通货膨胀

通货膨胀的形成不是单纯由需求因素引起也不是单纯由供给因素引起，它往往是需求和供给两方面因素共同作用的结果。如果通货膨胀是由需求因素引起的，即由于总需求的增加导致物价上升，但物价上升以后，往往又会迫使工会要求增加工资，使生产成本增加，从而引起成本推动的通货膨胀；如果通货膨胀是由成本推动最先引起，那么成本的提高又会导致物价上涨，这时如果总需求不相应增加就会导致大量商品卖不出去，而迫使企业收缩生产，解雇工人，成本推动的通货膨胀也就会中止。因此，成本推动引起的通货膨胀也只有在需求拉上的配合下，才能进行下去。

4. 结构性通货膨胀

结构性通货膨胀是指收入结构与经济结构不适应和错位引起的通货膨胀。包括以下四种类型：

（1）高成长性部门和行业因种种限制，不能获得资源和人力，导致资源价格和工资水平上升；而夕阳产业和衰退行业尽管资源和人力过剩，收入不仅不会下降，反而因攀比而上升，形成工资成本推动物价上涨。

（2）劳动生产率高的部门工资上升，其他部门向高增长部门看齐，使工资增长率超过劳动生产率而引起通货膨胀。

（3）劳动力市场的技术结构、地区结构、性别结构互不适应，而工资又存在刚性，从而使失业与空缺并存，最终导致通货膨胀。

（4）大国示范效应，导致小国向大国、强国看齐，同时非开放部门工资水平向开放部门看齐，最终通过工资水平和通货膨胀的国际传递导致通货膨胀。

三、通货膨胀的效应

如果通货膨胀是不能预期的和非均衡的，那么定会产生一系列后果。

（一）造成实际收入和实际财富的再分配

主要表现在以下几个方面：

（1）政府的“通货膨胀税收”。如果政府通过向中央银行借款进行财政融资的话，由此就会造成中央银行向社会过量增加货币供给，这时政府就获得了所谓的“通货膨胀税收”。这是因为，实际需要量的货币投放过多，必然形成超过实际社会总供给的过度需求，进而导致物价总水平上涨。这样，作为公众和企业来说，由于货币贬值，其所获得的货币收入的购买力下降而实际收入减少，作为政府来说，则是借助推动物价上涨的形式从社会公众和企业中获取了一笔额外的收入，其实质等于政府向社会变相征税。

（2）使收入和财富从社会的低收入阶层向高收入阶层转移。通货膨胀所造成的国民收入再分配，总的来说是有利于社会的高收入阶层而不利于社会的低收入阶层。大多数工薪阶层、靠退休养老金维持生计者、因失业和贫困而接受政府救济或保障的那些社会成员，由于其货币收入相对固定，即使收入有所调整也往往跟不上物价上涨的程度和幅度，因此在通货膨胀发展的过程中，往往处于不利地位。而高收入阶层和社会集团，如企业家、银行家、公司经理等，由于其收入主要来自于资产和利润收益，而这两者往往随价格上涨而相应上升，甚至超过物价上涨的幅度和速度，因此其实际收入水平通常不会因物价上涨而下降，反而更可能随物价上涨而提高。

（3）债务人受益而债权人受损。由于利息率的变动往往滞后于价格的变动，物价的上涨使得债务人能够用已经贬值了的货币偿还其所欠债务的本金和利息，从而减轻了债务负担；而债权人的利息、租金等预期收益，由于已经用合同契约的形式固定下来，即使有所调整也还是滞后于物价上涨幅度，因此其实际收益将会减少甚至出现负收益。

（4）改变工资和利润各自在国民收入中所占的相对份额，使工资所占的比重下降，利润所占的比重上升。这是因为随着物价水平的上涨，企业利润随之增长，使利润在国民收入中的比重上升。另一方面货币工资的增长由于存在货币幻觉、预期不准并相对滞后等因素却往往低于物价上涨率。因此在通货膨胀期间（尤其是物价总水平上升速度较快，幅度较大时），实际工资的增长往往停滞，使工资在国民收入中所占比重也随之下降。

（二）资源的重新配置

在通货膨胀过程中，那些价格上涨超过成本上升的行业得到扩张；而价格上涨慢于成本上升的行业将收缩。当价格上涨反映生产率的提高时，价格变动和资源的配置将更趋于合理，使各种资源由低利润部门向高利润部门集中；反之，如果通货膨胀使价格信号扭曲，无法正常反映社会供求状况，使价格信号失真，失去调节经济的作用时，通货膨胀将破坏正常的经济秩序，使价格失去核算功能，降低经济运行效率。

（三）国民收入和就业水平的变化

需求拉动产生的通货膨胀，在短期内，能促使厂商扩大生产规模，增雇工人，导致国民收入上升，失业率下降，同时通货膨胀使银行的实际利率下降，这又会刺激消费和投资需求，促进资源的充分利用和总供给的增加。可见，在短期内，通货膨胀对产出及就业具有一定影响，但是在长期内，通货膨胀与产出及就业之间并不存在必然联系。

以上是我们介绍的通货膨胀会给经济带来的影响。其实这些影响的大小还取决于物价上涨的程度。随着物价以温和、奔腾和超级的速度上升，通货膨胀对经济产生的影响，即对收入分配及产量和就业的影响程度就会越来越大。

任务三 失业与通货膨胀的关系

一、菲利浦斯曲线

英国经济学家W.菲利浦斯在研究了英国1861—1957年失业率和货币工资变动率之间的关系后，提出了一条用以表示失业率和货币工资变动率之间交替关系的曲线。由于货币工资增长率与通货膨胀之间存在着同方向变动关系，所以可以用通货膨胀率代替工资增长率。这样，就得到了表示失业率与通货膨胀率之间交替关系的曲线，称为菲利浦斯曲线，如图11–2所示。

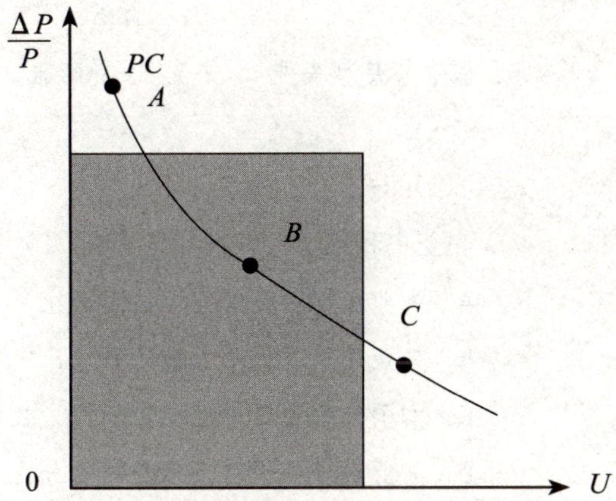

图11–2 菲利浦斯曲线

在图11–2中，横轴U表示失业率，纵轴$\Delta P/P$表示通货膨胀率，PC即为菲利浦斯曲线，A、B、C各点表示不同的通货膨胀率与失业率的结合。由于菲利浦斯曲线向右下方倾斜，斜率为负，因此可知当失业率较高时，通货膨胀率就低；反之当失业率较低时，通货膨胀率就高。

二、应用

图中阴影部分表示社会可接受的临界点。所谓社会临界点是指政府对失业率与通货膨胀率的“社会可接受程度的理解”。这个临界点表明在一定的失业率与通货膨胀率之下，社会是可以接受的，这时政府不用采取任何政策措施进行调节。但是如果失业率或通货膨胀率超过了这个社会临界点，政府则有必要进行调节，使之回到社会临界点之内。基于以上菲利浦斯曲线表明的失业率与通货膨胀率的交替关系，政府可以根据具体情况及政治、经济目标，采取不同的调控措施，有意识地进行“相机抉择”。具体做法是，当失业率较高时，如图中C点，超过了社会临界点，为社会不能接受时，就应采取扩张性财政与货币政策，以较高的通货膨胀率，换取较低的失业率，使C点向左上方移动进入临界点区域；而通货膨胀率过高时，如图中A点，也超出了临界点，则应采取紧缩性财政政策与货币政策，用较高的失业率换取较低的通货膨胀率，使A点向右下方移动进入临界点区域。而图中的B点则位于临界点内，说明该通货膨胀率和失业率的结合是社会可以接受的，政府不必采取措施进行干预。

习　题

一、名词解释

1．失业　2．自然失业　3．摩擦性失业　4．结构性失业

5．需求不足型失业　6．通货膨胀　7．菲利浦斯曲线

二、单项选择

1．失业率指（　　）。

A．失业人口占全部人数的百分比

B．失业人口占就业人数的百分比

C．本国失业人口占世界劳动力人数的百分比

D．失业人口占劳动力总数的百分比

2．劳动力总量包括（　　）。

A．所有失业和就业的工作年龄人口

B．总人口中除非工作年龄人口外的所有工作年龄人口

C．总人口数

D．所有失业的工作年龄人口

3．由于总需求不足而形成的失业属于（　　）。

A．摩擦性失业　B．结构性失业　C．周期性失业　D．自然失业

4．某人因为工作转换而发生的失业属于（　　）。

A．摩擦性失业　B．结构性失业　C．周期性失业　D．永久性失业

5．年通货膨胀率在10%以内的通货膨胀为（　　）。

A．温和的通货膨胀　B．奔腾的通货膨胀

C．超级的通货膨胀　D．以上都不对

6．如果经济中发生了未预期到的通货膨胀，那么（　　）。

A．债务人和债权人都受益　B．债务人和债权人都受损失

C．债务人受益而债权人受损失　D．债务人受损失而债权人受益

7．应付需求拉上通货膨胀的方法为（　　）。

A．收入政策　B．紧缩财政政策

C．扩张财政政策　D．减税

8. 最全面反映经济中物价水平变动的物价指数为（　　）。

A. 消费物价指数　　B. 生产物价指数

C. GDP平减指数　　D. 名义国内生产总值指数

9. 菲利浦斯曲线表示（　　）。

A. 失业与就业之间的关系　　B. 工资与就业之间的关系

C. 工资与利润之间的关系　　D. 失业与通货膨胀之间的关系

三、简答题

1. 失业的种类有哪些？
2. 失业的代价及解决对策是什么？
3. 通货膨胀的种类有哪些？
4. 通货膨胀的成因有哪些？
5. 通货膨胀的效应是什么？

四、案例分析

在20世纪80年代，阿根廷年通胀率平均达到450%，1990年年初之前的12个月其通胀率更飙升至20000% 。在这种情况下，经济活动的主要目的只是避免通胀吞噬一切。一位阿根廷商人约格这样描述道：通胀使你终日战战兢兢。人们不再关心生产力乃至技术，保护你的流动资产比包括技术在内的长期目标更重要，尽管你希望两者兼顾。这是通货膨胀不可避免的恶果，即货币疾病。你的钱分崩离析，将像癌症。你得过且过。当通货膨胀率超过每天1%，你别无选择。你放弃计划，只要可以支持到周末就会感到满足。然后我就会待在公寓里阅读有关古代板球比赛的书籍。人均而言，目前我们比1975年贫穷25%。真正的受害者是你看不见的穷人、老人和年轻人。他们被赶出大型火车站……那些人是阿根廷生活中的弃儿，像大海的浪花。阿根廷的高通胀终于出现一个充满希望的转机。1989年刚刚当选总统的梅内姆宣布了反通胀计划。此外，它还支持许多以市场为导向的经济改革，包括在1991年年初任命由哈佛大学培养的经济学家卡瓦洛为经济大臣。在20世纪90年代初期，通胀已降为每年30%左右。

问题：结合案例说明阿根廷通货膨胀的性质及其影响。

五、实训项目

1. 调查我国当代大学生的就业现状。
2. 如何提高我国大学生的就业率。

项目十二

经济周期与经济增长理论

学习目标

1. 了解经济增长的源泉
2. 了解发达国家经济增长的主要特征
3. 掌握新古典增长模型的含义
4. 掌握经济周期各个阶段的特征和类型
5. 熟悉乘数原理和加速原理的联系和区别

案例导入

次贷危机

2008年美国次贷危机迅速波及全球金融系统，引发了全球性的金融危机，进而导致了全球性的经济衰退，大量企业裁员，一些跨国企业面临着破产。我国经济增长速度从2007年的13.4%下降到2008年的9%，2009年的第一季度下降到了6%。东南沿海许多外向型企业停产、倒闭，农民工大量返乡，高校毕业生就业形势进一步恶化。我国经济如何走出低谷进入新一轮的增长，需要借助经济周期与经济增长理论加以分析。

任务一 经济周期理论

一、经济周期的含义

所谓经济周期又称经济循环和商业循环，是指国民收入及经济活动的周期性波动。为了便于分析，经济发展的周期性变动规律可以通过图12-1来表示。

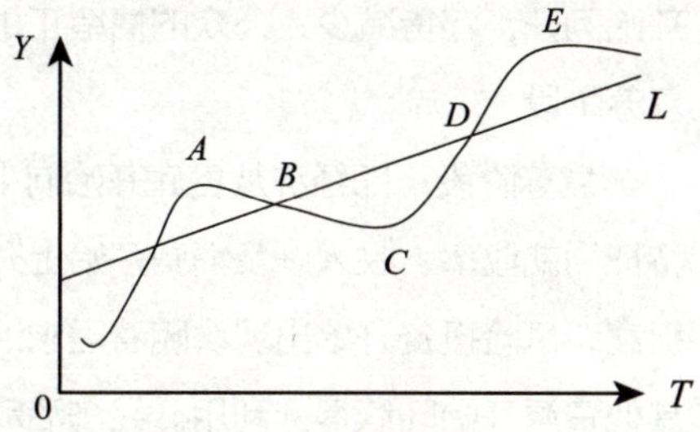

图12-1 经济周期曲线

图12-1中纵轴Y代表国民收入或经济活动水平，横轴T代表时期（年份），图中斜率为正的直线L是经济的长期增长趋势线。由于经济在总体上保持着或多或少的增长，所以经济增长的长期趋势是正斜率的。曲线$ABCDE$代表实际经济活动围绕长期趋势线上下波动的情况。趋势线以上为繁荣期区域，趋势线以下为衰退或萧条期区域。具体来说，A为顶峰，$A-B$为衰退，$B-C$为萧条，C为谷底，$C-D$为复苏，$D-E$为繁荣，E为顶峰。从$A-E$即为一个周期。$A-C$，即衰退与萧条，是收缩阶段；$C-E$，即复苏与繁荣，是扩张阶段。收缩阶段总的经济趋势是下降，扩张阶段总的经济趋势是上升，各阶段有各自的特点。

繁荣阶段：按照西方经济学的说法，假定开始时，经济处于繁荣阶段，这是国民收入与经济活动高于正常水平的一个阶段。其特征为社会有效需求持续增长，产品销售旺盛，批发厂商和零售商的存货减少，纷纷向生产厂家订货。生产者利润丰厚，投资活动得到刺激。随着投资的增长，信用扩张，就业率不断提高，失业率减少，劳动力和其他社会资源得到充分利用。与此同时，由于有效需求的增长以及对劳动和其他生产要素的需求增加，一般商品的物价水平及工资和利率逐渐上涨。一般来说，生产要素价格的上涨通常在物价上涨之后，因此，这并不会减少生产者的利润。换言之，通货膨胀一般都是先从产品开始，生产要素价格的上升引起的成本上升，可通过产品价格转嫁出去。因此，在繁荣阶段，生产者通常能够达到自己预期的目的，社会充满着乐观气氛。繁荣的最高点称为顶峰，这时就业与产量水平达到最高。繁荣阶段不可能总是长期持续下去，接下来的就是衰退阶段。

衰退阶段：即经济活动从扩张的高峰向下跌落的阶段。其特征为投资减少，生产下降，失业率上升，社会收入水平和有效需求也随之下降。同时，由于市场疲软，大量产品积压，导致一般商品物价下跌。由于物价下跌并不能刺激消费的有效增加，整个社会形成普遍的生产过剩，企业利润急剧下降，同时一些厂家开始停产、歇业或倒闭。批发商、零售商出现存货增加，减少对生产厂家的订货，进一步加剧生产收缩，随着衰退的不断加深，经济活动便进入萧条阶段。

萧条阶段：这一阶段可以说是衰退的持续发展时期，国民收入与经济活动低于正常水平。其特征为社会的投资继续下降，直至处于低水平的停滞状态。社会生产活动持续萎缩，物价继续下跌，失业率持续维持在最高点。企业利润极为低下，甚至亏损，更多的厂商倒闭。整个社会充满悲观情绪，对前途缺乏信心，因而厂商不愿冒险投资。与此同时，银行和其他金融机构出现大量资金过剩，而又无人愿冒风险进行借贷。整个经济动荡不稳，社会也不安定，往往诱发政治和社会危机。萧条的最低点称为谷底，这时就业与产量跌至最低，但股票与商品的价格开始回升，存货减少，公众的情绪正由悲观转为乐观，投资需求开始缓慢攀升，经济逐步转入复苏阶段。

复苏阶段：即经济从谷底开始向上回升的时期。其主要征兆是机器设备的更新和替换。其特征为就业率、收入以及消费开始上升。由于投资的增加带动生产和销售增加，企业利润有所提高，风险投资开始出现。随着需求的增加，生产不断扩张，萧条时期闲置的设备、劳动力及其他资源开始陆续得到利用。经济活动如此恢复到一定水平后，经济增长速度加快，整个经济又逐步走向繁荣阶段，又开始经济的又一个循环。

二、经济周期的类型

西方经济学家通过大量历史材料的研究，发现经济周期并非只有一种单一的模式，而是有多种类型。它们在发生的频率，上下波动的幅度，循环时间的长短等方面各不相同，具体来说，经济周期可分为以下几种类型。

1．长周期（康德拉季耶夫周期或长波）

关于经济发展中的长周期问题，早在19世纪末就有人着手研究，但最先明确地、系统地提出长周期的是苏联的经济学家康德拉季耶夫。1925年，他在《经济生活中的长波》一书中，根据美国、英国、法国和其他一些国家一百多年内的批发物价指数、利息率、工资率、对外贸易量、煤铁产量与消耗量等的变动，认为资本主义社会有一种为期50～60年，平均长度为54年左右的长期波动。这就是长周期，又称康德拉季耶夫周期。康德拉季耶夫对长周期的发现，在西方经济学界产生了深远的影响。特别是70年代初，西方各发达国家的经济步入了下降、停滞和缓慢增长的低潮，这更引起了经济学界对康德拉季耶夫周期的极大兴趣，称之为长波理论。

2．中周期（朱格拉周期或中波）

1825年，英国发生了世界上第一次资本主义经济危机，使得经济学家开始关注并着手研究这一问题。但当时的经济学家注意的并不是整个周期，而是衰退阶段所呈现出来的危机或恐慌。他们大多把危机作为一种独立的事件来研究。1860年，法国经济学家C.朱格拉在他的《论法国、英国和美国的商业危机及其发生周期》一书中系统地指出，危机或恐慌并不是一种独立的现象，而是经济周期性波动的三个连续阶段中的一个。这三个阶段是繁荣，危机和清算，这三个阶段反复出现形成周期现象。他对较长时期的工业经济周期进行了研究，并根据生产、就业人数、物价等指标，确定平均每一个经济周期为9～10年。这就是中周期，又称为朱格拉周期。美国经济学家A.汉森根据统计资料计算出美国1937年到1975年间，共有17个这样的周期，其平均长度为8.35年，并称之为“主要经济周期”。

3．短周期（基钦周期或短波）

1923年，美国经济学家基钦在《经济因素中的周期与倾向》一文中研究了1890—1922年间英国与美国的物价、银行结算、利率等指标，提出经济周期实际上有大周期和小周期两种。大周期即中周期，一个大周期包括两个或三个小周期。小周期平均长度约为40个月或3～4年。这一小周期即短周期，又称基钦周期。A.汉森根据统计资料计算出美国1807—1937年间共有37个这样的周期，其平均长度为3.51年，并称为“次要周期”。

4．库兹涅茨周期

1930年，美籍俄国经济学家库兹涅茨在《生产和价格的长期运动》一书中，提出了存在一种与房屋建筑业有关的经济周期。这种周期长度在15～25年，平均长度为20年左右，也是一种长周期，被称为库兹涅茨周期或建筑业周期。

5．熊彼特周期

熊彼特周期是对康德拉季耶夫周期、朱格拉周期和基钦周期的一种综合，更明确地主张长、中、短三种周期理论。在他看来，资本主义社会这三种周期是在时间和空间上并存且相互联系的。熊彼特认为，每一个长周期包括六个中周期，每一个中周期包括三个短周期。其中，短周期为40个月，中周期为9～10年，长周期为48～60年。他以其独具体系的“创新理论”为基础，以各个时期的主要技术发明、新资源的利用等作为标志，进一步把100多年以来的资本主义经济发展过程分为三个长周期：第一个长周期，从18世纪80年代到1842年，是“产业革命时期”，纺织工业的创新活动起主导作用；第二个长周期，从1842年到1897年，是“蒸汽和钢铁时期”；第三个长周期，从1897年到20世纪30年代末，被称为“电气、化学和汽车时期”。熊彼特的这种划分与康德拉季耶夫周期相吻合。在每个长周期中仍有若干中等创新活动所引起的波动，在每个中周期中还有若干较小的创新活动所引起的波动，相应地就形成了若干中周期和短周期。

三、经济周期性波动的原因

1．纯货币理论

纯货币理论是由英国经济学家霍特里提出的。霍特里认为，经济周期纯粹是一种货币现象，货币流通、货币量以及货币流通速度的波动直接决定了国民收入的波动。经济周期性波动完全是由银行体系交替地扩大和收缩信用造成的，只要改革信用制度，就能消除经济周期。

2．乘数—加速理论

诺贝尔经济学奖获得者、美国经济学家保罗·萨缪尔森用乘数—加速数相互作用原理来说明经济周期，并因此成为现代经济周期理论的代表之作。投资的增加或减少引起国民收入倍数扩张或收缩，且同方向变化，即乘数原理；国民收入的增加或减少又会反作用于投资，使投资的增长或减少快于国民收入的增长或减少，这是加速原理。可见，投资影响国民收入，国民收入影响投资，二者互为因果，国民经济周期性波动。

3．创新周期理论

这是由熊彼特提出的一种用技术创新来解释经济周期的理论。创新周期理论认为创新是经济周期波动的主要原因，即技术革新和发明不是均匀的、连续的过程，而是有其高潮和低潮，因而导致经济上升和下降，形成经济周期。

熊彼特认为经济周期实际上包括四个阶段：繁荣、衰退、萧条和复苏。他认为，创新提高了生产效率，为企业带来了盈利，引起其他企业仿效，形成创新浪潮，引起了对资本品需求的扩张。同时，由于银行要为创新提供资金，创新又引起了信贷扩张，经济出现繁荣。这种信贷扩张和对资本品的扩大需求促成了新工厂的建立和新设备的增加，进而又促进了生产消费品的部门扩张。这种扩张引起物价普遍上升，社会上出现了许多投资机会，出现了投机，从而失误和过度投资行为不可避免。随着创新扩展到较多的企业，盈利机会趋于消失，银行信用紧缩，对资本品的需求减少，经济开始出现衰退。由于技术革新与发明不是均匀连续的过程，此时创新处于其低潮阶段，经济不具有自行调整和恢复均衡的能力。因此，当经济中出现收缩而引起衰退时，紧接着出现的是一个病态的失衡阶段——萧条。萧条发生后，由于创新的低潮引起的经济反应逐渐消除，经济转向复苏，直至出现另一次技术创新浪潮，经济从复苏走向再次繁荣。

4．太阳黑子周期理论

太阳黑子周期理论认为太阳黑子周期性地造成恶劣的气候，使农业收成不好，影响了其他产业，从而使整个经济周期性地出现衰退，该理论由英国经济学家杰文斯以及穆尔等人提出并加以论证。

该理论认为，太阳黑子的活动对农业生产影响很大，而农业生产的状况又会影响工业及整个经济状况。太阳黑子的活动频繁会使农业减产，从而引起经济萧条；相反，太阳黑子活动减少则使农业丰收，从而引起整个经济出现繁荣。杰文斯等人用长期中太阳黑子活动周期与经济周期基本吻合的资料来证明太阳黑子的周期性决定了经济的周期性。然而现代经济学家认为这种理论难以成立。因为，太阳黑子对农业的影响是非常有限的，而农业生产对整个经济的影响也是有限的。

5．政治周期理论

波兰经济学家卡莱斯基认为，政府交替运行扩张性政策和紧缩性政策，是造成扩张和衰退交替出现的根源。政府企图保持经济稳定，实际上是在制造不稳定。当政府为了取得或接近充分就业的繁荣时，政府实行扩张性财政和货币政策，从而导致成本推动的通货膨胀。但在政治上，财政赤字和通货膨胀会遭到公众反对。于是，政府又不得不转而实行紧缩性财政和货币政策，这就人为地制造了一次停滞和衰退。但由于人民的不满，政府重新实行充分就业政策，从而再次导致通货膨胀，因而也就不可避免地出现另一次人为造成的衰退，如此周期循环。这种周期是政府干预经济所造成的新型的经济周期，其原因在于充分就业和价格水平稳定之间存在矛盾。

6．心理周期理论

心理周期理论认为，经济周期波动的原因在于公众心理反应的周期性变化，其主要代表人物是庇古和凯恩斯等。

他们认为，人在心理上都有一种“自生的周期”，使人的情绪在乐观和悲观之间反复交替出现，这种周而复始的情绪变动是难以控制的，它会对人们的消费行为和投资行为产生影响，乐观预期与悲观预期的交替就引起了经济周期中繁荣与萧条的交替。当任何一种原因刺激了投资活动，引起经济高涨之后，人们对未来的乐观预期一般总会超过合理的经济考虑下应有的程度，这导致过多的投资，形成经济过度繁荣。而当人们意识到因这种过度乐观的情绪所造成的错误时，人们又会产生不合理的过分悲观的预期。由此会过度减少投资，引起经济萧条。凯恩斯把有效需求不足，其中包括消费性需求不足和投资性需求不足，看成是经济周期的根源；把资本边际效率的变化说成是经济周期变化的主要原因；把对投资和生产起决定性作用的厂商看成是经济周期变化的主宰者。

7．消费不足周期理论

消费不足理论认为经济出现萧条的原因在于收入中用于储蓄的部分过多，用于消费的部分不足。储蓄过多和消费不足，又是由于国民收入分配过于不平均所造成的富人储蓄过度。同可以投资的数量相比，富人得到了过多的收入。解决的办法则是实行收入分配均等化的政策。

这种理论早期的代表人物是英国的马尔萨斯、霍布森和法国的西斯蒙弟。他们指出，使财产集中到少数所有者手中，过快的资本积累势必会因商品生产增长的速度超过为购买它们所必需的购买力的增长，而引起“有效需求”的相对缺乏而形成的商品的“普遍过剩”。这是一种历史悠久的理论，主要用于解释经济周期中危机阶段的出现以及生产过剩的原因，并没有解释经济周期整个形成过程。

8．投资过度周期理论

投资过度周期理论是一种用生产资料的投资过多来解释经济周期的理论，分为货币投资过度理论和非货币投资过度理论。所谓投资过多是指资本品和耐用品生产部门的发展超过了消费品生产部门的发展。该理论认为，无论是什么原因引起投资的增加，都会引起经济繁荣。因为投资的增加首先引起对资本品需求的增加及资本品价格的上升，从而更加刺激了对资本品（和耐用品）投资的增加。在这一过程中，因为需求与价格的增加都首先表现在资本品上，资本品（和耐用品）的增长速度高于消费品，引起经济扩张。正是由于生产消费品的产业与部门的发展速度相对低于生产资本品（和耐用品）的产业与部门，经济结构出现失衡现象。这种结构失衡最终会引起资本品生产过剩的危机，经济开始衰退。经济衰退时，资本品（和耐用品）的下降速度也高于消费品。无论是货币投资过度论，还是非货币投资过度论都同意上述看法。但在对最初引起投资增加的原因的解释上，货币投资过度论将其解释为货币量的增加；非货币投资过度论者认为，最初引起投资增加的是新发明、新市场开辟等非经济因素（如技术、领土等）。

任务二 经济增长理论

一、经济增长的含义

在宏观经济学中，经济增长最简单的定义通常用产量或产值的增加来描述，如定义为国民生产总值（GDP）的增加或人均国民生产总值的增加。美国经济学家S.库兹涅茨给经济增长下了一个经典性的定义：一个国家的经济增长，可以定义为给居民提供种类日益繁多的经济产品的能力长期上升，这种不断增长的能力是建立在先进技术以及所需要的制度和思想意识之相应调整的基础上的。库兹涅茨对经济增长的定义体现了经济增长最本质的内容。这一定义被广泛接受，并作为研究经济增长问题的出发点。

该定义包括以下三方面的含义。第一，经济增长的集中体现与结果是商品供给总量的不断增加，即国民生产总值的增加，这是经济增长的中心。若考虑到人口的增加与价格的变动，经济增长就是人均实际国民生产总值的增加。第二，先进技术是实现经济增长的源泉，技术进步是实现经济增长的必要条件。即，在影响经济增长的各种因素中，技术是最关键的，没有技术进步就没有现代经济增长。第三，技术进步固然重要，然而技术进步只是为经济增长提供了一种潜在的生产能力，要使这种能力变为现实，就必须有与之相适应的社会制度与意识形态。即，社会制度与思想意识要能够促进经济增长，人类的创造与革新才会有效地运用。

二、经济增长的衡量指标

一个国家经济增长速度的快慢，通常用经济增长率（$\bar{G}$）来表示。经济增长率也称经济增长速度，它是反映一定时期经济发展水平变化程度的动态指标，也是反映一个国家经济是否具有活力的基本指标。

经济增长率的计算比较简单，就是用报告期GDP减去基期GDP再除以基期GDP，一般用百分数来表示。计算公式为：

$$经济增长率\bar{G}=\frac{报告期GDP-基期GDP}{基期GDP}\times 100\%$$

由于经济增长在理论上是国民经济生产总量的增长，是产出数量的增加，而衡量一定时期经济产出总量的代表性指标就是GDP（或人均GDP），所以经济增长率用报告期GDP增量与基期GDP的比率表示。如果GDP的值都以现价计算，则计算出的增长率就是名义经济增长率；如果GDP的值都以不变价格计算，则以公式计算出的增长率就是实际增长率。在测算经济增长率时，一般采用实际经济增长率。实际经济增长率排除价格波动的影响，用不变价格计算，实际上是产量的增长率。不变价格指计算时扣除了价格变动因素的价格，是为了计算不同时期的价值指标而采用的某一固定时期的价格，便于对不同时期进行历史对比。不变价格又称“固定价格”或“可比价格”。

相关链接

为什么富国的生活水平高?

当你在世界各国旅行时，你会看到生活水平的巨大差别。在美国、日本或德国这样的富国，平均每人的收入是印度、印度尼西亚这样的穷国平均每人收入的十几倍。这种巨大的收入差异反映在生活质量的巨大差异上。富国有更多的汽车，更多的电话、电视机，更好的营养，更安全的住房，更好的医疗以及更长的预期寿命。即使在一个国家内，生活水平也随着时间推移而发生了巨大变化。在美国过去一个世纪以来，按人均实际GDP衡量的平均收入每年增长2%左右。虽然2%看来并不大，但这种增长率意味着平均收入每35年翻一番。由于这种增长，今天的平均收入是一个世纪以前的8倍左右。因此，普通美国人享有比他们的父母、祖父母高得多的经济繁荣。

用什么来解释这些呢？富国如何能确保自己的高生活水平呢？穷国应该采取什么政策加快经济增长，以便加入发达国家的行列呢？这些问题是宏观经济学中最重要的问题。我们应该分三步进行研究：第一，我们要考察人均实际GDP的国际数据，使我们对世界各国生活水平程度与增长的差别大小有一个大体了解。第二，我们考察生产率的作用，生产率是一个工人每小时生产的物品与劳务量。特别是，我们要说明一国的生活水平是由其工人的生产率决定的，而且，我们要考虑决定一国生产率的因素。第三，我们要考虑生产率和一国采取的经济政策之间的关系。

三、经济增长的源泉

（一）短期经济增长的影响因素

在短期内，一个国家或地区的经济增长主要取决于总需求。在一个国家或地区的资源没有被充分利用之前，即存在闲置资源的情况下，总需求的增加会拉动经济增长，相反，总需求的减少则会使经济增长的速度放缓，严重时甚至会导致经济出现负增长。但是，当一个国家或地区的资源已经得到了充分利用，即不存在闲置资源的情况下，总需求的增加通常只会导致经济过热和通货膨胀，而总需求的减少则会起到抑制经济过热和通货膨胀的作用。

（二）长期经济增长的影响因素

由于经济增长说明社会产出量增加，因此，影响长期经济增长的因素就是总供给。总供给的增长依赖于潜在产出的增长和生产成本的降低。潜在产出是指在合理稳定的价格水平下，使用最佳可利用的技术、最低成本的投入组合，并且资本和劳动力的利用率达到充分就业要求所能生产出来的物品和服务。潜在产出的增长依赖于资本、劳动等常规要素投入的增加以及创新和技术进步等。美国经济学家丹尼森把影响经济增长的因素分为两大类：生产要素的投入量和生产要素的效率。

1. 生产要素的投入量

生产要素包括劳动、资本和土地。由于土地可以被视为一种特殊形式的资本，因此，劳动和资本常常被看作影响长期经济增长的两个基本的生产要素。如果其他条件是一定的，那么一个社会投入的劳动数量和资本数量越多，产出就越多，经济总量的增长就越快。劳动的数量取决于劳动者多少和劳动时间，在劳动时间不变的情况下，取决于人口的增长。人口增加意味着生产物品和劳务的工人增加，同时也意味着有更多的人消费这些物品和劳务。在以手工劳动为基础的传统农业社会中，劳动是促进经济增长的最重要的因素，人口的增长和劳动效率的提高就成为经济增长最基本、最重要的源泉。资本的数量则主要取决于资本积累，包括资本积累的规模和资本积累的速度，也包括引进外资的数量。在工业化进程开始以后，随着机器大工业的产生和发展，资本积累和技术进步对经济增长的作用和贡献越来越大。

2. 生产要素的效率

如果生产要素投入的量不变，则要素的效率越高，经济总量的增加就越快。生产要素效率的提高，主要表现为劳动者素质的提高、机器设备的技术水平的提高以及劳动和资本两种要素结合方式的改进。在现代社会中，尽管资本积累对经济增长的作用依然不可低估，但技术进步、知识和人力资本的积累以及制度创新对经济增长的促进作用越来越大。主要表现为以下几点：

（1）技术进步，指通过技术革新、改造、新技术的应用、技术结构的调整和升级来提高生产要素的效率。

（2）制度创新，通常是指对现存的具体的社会经济制度（如政治组织、经济组织、税收制度、教育制度、经济体制等）以及对现存的企业制度的变革。

（3）管理效率的提高，指通过调整管理组织结构、改革管理方式来提高管理效率。

（4）人力资本，指通过教育和培训等方式增加人力资本含量来提高产出效率，再好的物质资本如果没有人会使用，它们对经济增长的作用也不大，现代社会普遍认为人力资本在经济增长中起核心作用。

四、经济增长模型

（一）哈罗德—多马增长模型

在现代经济增长理论中，建立最早且对其后影响最大的要数英国经济学家哈罗德和美国经济学家E.多马分别提出的经济增长模型，由于其结论基本一致，所以西方学者往往称其为哈罗德—多马经济增长模型。此模型以凯恩斯的储蓄—投资分析法为基础，将凯恩斯理论长期化和动态化。

1．哈罗德—多马模型基本假定

这一模型包括如下几个假定：第一，社会的全部产品只有一种，这种产品既可以是消费品，也可以是投资品，故该经济增长模型又称为一个部门的经济增长。第二，生产只使用两种生产要素，资本与劳动，且资本与劳动比率固定不变；由于技术系数固定，从而资本—产出比率亦固定不变。第三，技术状态既定，即不考虑技术进步对经济增长的影响。

2．哈罗德—多马模型的基本公式

哈罗德模型的基本公式是：

$G=s/k$

其中，G表示经济增长率，$G=\Delta Y/Y$；k表示加速系数，$k=I/\Delta Y$，I表示净投资，即资本增量投资（净投资），ΔY表示产出增量；s表示储蓄在国民收入Y中所占比率。

多马模型的基本公式是：

$G=s\sigma$

其中，σ表示加速系数的倒数，即$\sigma=\Delta Y/I$，其余符号同哈罗德模型。

因此，经济学家用这样的公式表示哈罗德—多马经济增长模型：

$G=s/k=s\sigma$

3．哈罗德—多马模型的含义

哈罗德—多马模型认为，要使经济均衡增长，则一个国家或地区每一时刻的储蓄应当全部转化为投资。可以在资本生产率既定时，通过改变储蓄比例或投资比例的方法改变经济增长率，反之亦然。该模型还认为由于投资能形成新的生产能力，所以投资具有两重性，即一方面可以增加总需求，另一方面可以增加总供给。

（二）新古典经济增长模型

美国经济学家R.索洛指出哈罗德—多马经济增长模型的“生产是在不变的要素比例的前提下发生”的这一假设前提难以实现，因此，他放弃了此假设，建立了新古典经济增长模型。对这一模型做出贡献的还有澳洲的经济学家T.斯旺和英国经济学J.米德。

新古典经济增长模型的理论特征是，该模型中既有凯恩斯经济学的成分，又有凯恩斯以前古典经济学的成分。它同哈罗德—多马经济增长模型的主要区别反映在下面两个假定上。

首先该模型仍然假定生产一种产品，且只有资本、劳动两种生产要素，且二者可以互相替代，即资本—劳动比率可以变动；其次，假定在任何时候，资本、劳动这两种生产要素均可得到充分利用，经济保持自由竞争和充分就业状态。

新古典经济增长模型从供给方面出发，把劳动的增长视为经济增长的决定因素。这一模型的出发点就是柯布—道格拉斯生产函数。根据该模型，经济增长不仅取决于资本增长率、劳动增长率、资本和劳动对产量增长的相对作用的权数，而且还取决于技术进步。在此，需要指出的是，该经济增长模型的局限性主要反映在该模型把技术作为外生变量来对待。

（三）罗默的新经济增长理论模型

1986年，罗默提出技术内生化经济增长理论。在该理论模型中，除了资本和劳动这两种生产要素，还列入了人力资本和技术水平这两个重要要素。其中所列入的劳动是指非熟练劳动，而人力资本是指熟练劳动，且人力资本用正式教育和在职培训等受教育时间的长度来表示。

罗默的新经济增长理论模型的含义在于：第一，一国要取得经济增长的成就，必须重视知识的进步与知识的积累，因为该理论认为知识进步是累积性的，技术水平的提高也是累积性的，发达国家在经济增长方面之所以比不发达国家具有优势，是因为其人力资本存量大大超过不发达国家。第二，保护知识产权、保护专利，激发更多的人从事技术研究工作，经济增长的可能性就更大。

由于罗默的理论尚未说清知识进步与技术进步之间的关系，故该理论还有待于继续完善。

五、关于经济增长的争论

一些经济学家注意到，一国（或地区）在经济增长的同时，也引起环境污染、资源耗竭、生态失衡等严重问题，进而对经济增长提出了异议。本书将简要介绍围绕着经济增长问题所引发的一些争论。

1．零增长论

“零经济增长理论”又称“经济增长极限理论”。在20世纪五六十年代，西方国家普遍接受了高速增长的模式，经济学家都热衷于建立增长模型来分析经济增长的来源。持续的经济增长既带来了空前的经济繁荣，也带来了滞胀、环境污染、资源耗竭、生态失衡等严重问题。这引起了许多学者的关注。1968年，意大利菲亚特公司董事长帕塞伊邀请西方发达国家和日本等国的“知识”机构的名流学者和社会活动家等人组成了一个非正式的国际协会，其主要议题是人类目前和将来的处境，特别是生态平衡和对资源的运用限度问题。这就是“罗马俱乐部”的由来。罗马俱乐部委托英国麻省理工学院管理学教授梅多斯把讨论成果写成报告，于1972年以《增长的极限》为书名，出版问世。这本书提出了一种对经济增长持悲观态度的理论。梅多斯小组认为按照当时的增长情况，在公元2100年前，增长就会停止。

梅多斯等人建立的“世界模型”是以系统动态学为理论基础的。组成世界模型这一系统的五个相互作用的子系统是人口、粮食供应、资本投资、环境污染和资源枯竭。梅多斯等人认为，人口、资本等经济增长因素的年增长量是按指数增长方式进行的，即按一定的百分比递增。

该理论认为，世界人口的急剧膨胀是人类面临的第一个严重威胁，与之紧密相关的是工业产量的增长。而工业生产的增长由于技术进步的推动，有日益加速的趋势，这导致资源的加速开发和超量应用，使许多不可再生资源日趋枯竭。而且经济增长和资源大规模开发的另一个严重后果是污染的日趋严重和生态环境的恶化。因此，梅多斯等人得出结论：如果人类按目前的人口、工业化、污染、粮食生产和资源消耗的增长趋势发展下去，将在100年内达到增长的极限。整个人类社会将彻底崩溃。这些学者认为，要避免世界经济的崩溃，就要采取措施，建立一个持续的生态平衡环境，控制经济的发展，实现“零经济增长”。

2．对零增长理论的批评

《增长的极限》一书出版后，立即引起西方学术界的激烈争论，下面简述有关学者对零增长论（增长极限论）的批评。

批评者的主要观点是：零增长并不能达到实现生态平衡的目的，只不过使人类推迟“世界末日”的到来。因为零增长条件下，社会效率将大大降低，社会的不平等性将大大加剧；且要实际零增长，必须采取严格的行政措施——这不可能在全球范围内实现。

西方经济学家认为，梅多斯等人的世界模型是否正确，取决于所选择的基本经济关系是否恰当，估计的参数是否正确，选择的基期是否适合，分析的方法是否合理，而梅多斯等人的世界模型在这些方面均有缺陷。所以有些学者认为零增长论（增长极限论）是新形势下的马尔萨斯人口论的翻版，梅多斯等人只是“带着计算机的马尔萨斯”。

上述零增长论说明了经济增长的不可能性。还有一些西方经济学家从价值判断的角度对经济增长的价值提出了怀疑。美国经济学家米香认为，为经济增长所付出的社会和文化的代价太大了。在他看来，经济的增长仅仅是物质产品的增加而不是幸福快乐的增加，因此，即使经济增长有可能实现，但也是不可取的。

经济增长不仅是一个经济问题，而且还是一个社会问题，对经济增长问题的争论实际上已经超出了经济学的范围。

习　题

一、名词解释

1．经济周期　　2．经济增长　　3．加速系数　　4．库兹涅茨周期

二、选择题

1．经济周期的主要衡量指标是（　　）。

A．利率波动　　B．通胀率波动

C．国民收入波动　　D．就业率波动

2．经济之所以会发生周性波动，是因为（　　）。

A．乘数作用　　B．加速数作用

C．乘数和加速数的交织作用　　D．外部经济因素的变动

3．一国在一段时期内GDP的增长率在不断降低，但是总量却在不断提高，从经济周期的角度看，该国处于（　　）阶段。

A．复苏　　B．繁荣　　C．衰退　　D．萧条

4．经济周期的四个阶段依次是（　　）。

A．繁荣 衰退 萧条 复苏　　B．衰退 复苏 繁荣 萧条

C．衰退 萧条 繁荣 复苏　　D．繁荣 萧条 衰退 复苏

5．增长的原因包括（　　）。

A．资本的积累　　B．劳动力素质的提高

C．技术进步　　D．以上都是

6．在新古典增长模型中，经济增长是由于（　　）。

A．技术进步导致人均产出持续增长　　B．高储蓄率

C．高人口增长率　　D．以上说法都正确

7．经济周期理论主要论述（　　）。

A．投资对潜在的产出水平的影响　　B．投资在短期内对总需求的影响

C．实际产出围绕潜在产出周期性的波动　　D．某段时期结构性失业的减少

8．经济增长的标志是（　　）。

A．失业率的下降　　B．先进技术的广泛应用

C．社会生产能力的不断提高　　D．城市化速度加快

9．50~60年一次的经济周期称为（　　）。

A．基钦周期　　B．朱格拉周期

C．康德拉季耶夫周期　　D．库兹涅茨周期

三、简答题

1．新古典增长模型是怎样论述一致性条件的实现机制的？

2．在新古典增长模型中，经济稳定增长的条件是什么？

3．经济周期各个阶段的特征是什么？

4．西方经济学家将经济周期分为哪些类型？

四、论述题

乘数原理和加速原理有什么联系和区别？

五、案例分析

2001年7月在意大利首都罗马举行的西方七国财政部长会议对未来世界经济增长持乐观态度。据意大利国家电视台报道，来自德国、法国、英国、日本、加拿大、美国和意大利的财政部长或经济部长7月在罗马举行的会议认为，未来世界经济增长速度或许将比人们原先估计的要略慢些，但它总体增长的态势是显而易见的。关于2001年西方七国自身的经济增长情况，与会者认为，在西方七国中，2001年美国经济增幅将明显减小，而2001年欧盟经济增长将高于美国，这是最近十年来欧盟经济增长首次超过美国。但与会者同时也指出，在欧盟内部，各成员国2001年经济增长的情况也不尽相同，德国2001年经济增幅将小于欧盟成员国平均数。2001年日本经济能否增长，与会者在讨论时未给予积极或乐观的评价。

问题：

1．什么是经济增长？

2．经济增长该如何衡量？

3．促进经济增长的因素主要有哪些？

六、实训项目

请大家分小组谈论目前中国所处的经济周期，以及世界相关主要国家所处的经济周期（比如美国，日本，新加坡等），并分别给出你们的依据。

项目十三 宏观经济政策

学习目标

1. 熟悉宏观经济政策的目标和工具
2. 了解商业银行创造货币的过程
3. 掌握货币政策的工具的种类和作用原理
4. 掌握财政政策的种类和作用原理
5. 掌握供给政策的内容

案例导入

肯尼迪的政策

20世纪60年代，肯尼迪总统采用凯恩斯主义经济学的观点，使财政政策成为美国对付经济衰退和通货膨胀的主要武器之一。肯尼迪总统提出削减税收来帮助经济走出低谷。这些措施实施以后，美国经济开始迅速增长。但是减税再加上1965−1966年在越战中财政扩张的影响，又使得产出增长过快，超过了潜在水平，于是通货膨胀开始升温，为此1968年国会批准开征了一项临时性收入附加税，对付不断上升的通货膨胀，并抵消越战所增开支的影响。

任务一 宏观经济政策目标与工具

西方经济学者认为，经济政策是指国家或政府为了增进社会经济福利而制定的解决经济问题的指导原则和措施，它是政府为了达到一定的经济目的而对经济活动有意识的干预。任何一项经济政策的制定都要依据一定的经济目的，宏观经济政策就是为了达到这些目的而制定的措施和手段。

一、宏观经济政策目标

宏观经济政策目标有四种，即充分就业、价格稳定、经济持续均衡增长和国际收支平衡。

1. 充分就业

充分就业是指在现有激励下，所有愿意工作的人都能找到工作的状态。西方经济学家通常以失业率高低作为衡量充分就业与否的尺度。由于自愿失业和不可避免的摩擦性失业的存在，使得自然失业率大于零。实现充分就业，就是要把失业率保持在自然失业率的水平，让自愿失业以外的所有愿意在现行激励下参加工作的人都能找到工作，就是最大限度的就业，即充分就业。

2. 价格稳定

这里的价格是指一般物价水平或者说总体物价水平，是一个宏观经济概念，它不同于个别商品价格。西方经济学家一般用价格指数来表达一般价格水平的变化。常用的价格指数有三种：消费物价指数、批发物价指数和国民生产总值价格折算指数（这三种指数我们在介绍通货膨胀衡量指标时介绍过）。由于通货膨胀对经济有不良影响，为了控制通货膨胀对经济的冲击，西方国家把价格稳定作为宏观经济政策的目标之一。需要指出的是，价格稳定不是指各种商品的价格固定不变，而是指一种价格相对稳定，即不出现持续地相当程度价格上涨或下降的现象。

3. 经济持续均衡增长

经济增长是指在一个特定的时期内经济社会所生产的人均产量和人均收入的持续增长，通常用一定时期内实际国内生产总值（GDP）的年均增长率来衡量。因为各国的经济增长发展阶段以及资源技术状况不同，增长速度也不同，因此很难用具体的增长率数值来规定经济增长。资本主义国家在第二次世界大战后经济增长速度变慢，而一些发展中国家经济增长速度加快甚至超过西方国家。一般来说，经济处于低发展阶段的国家增长率较高，而处于较高发展阶段的国家增长率则较低。

4. 国际收支平衡

在开放的经济中，国际收支平衡是一项具有重要意义的宏观经济目标。一国的国际收支状况不仅反映了这个国家对外经济交流情况，还反映出该国经济的稳定程度。如果国际收支出现赤字，一国外汇储备减少，政府就会被迫削减开支，导致失业率上升，经济增长率下降，对国民经济产生收缩性效应；如果国际收支盈余，外汇储备增加，政府就会增大财政开支，在失业率下降的同时，反而加剧国内通货膨胀，对国民经济产生扩张性效应。

以上这些宏观经济政策目标之间是有矛盾的。比如经济增长与通货膨胀之间的矛盾，物价稳定与充分就业之间的矛盾，经济增长与国际收支平衡的矛盾等。因此，宏观经济政策的制定者在制定目标时要确定重点目标，或者要善于对这些政策目标进行协调。不同经济流派的经济学家对政策目标的理解不同。凯恩斯主义经济学家较注重充分就业与经济增长，而货币主义经济学家则较注重物价稳定。而且西方政府在不同时期，经济政策目标的侧重点也不同。例如，美国在20世纪50年代偏重于充分就业与物价稳定，60年代偏重于充分就业与经济增长，70年代以后，则强调物价稳定和四个目标兼顾。

二、宏观经济政策工具

宏观经济政策工具是一国政府用来达到政策目标的手段。一般而言，宏观经济政策的工具有三种：总需求政策、总供给政策和对外经济政策。

1．总需求政策

总需求政策是通过调节总需求来达到一定政策目标的宏观经济政策工具。这也是凯恩斯主义所强调的政策工具。它主要是运用宏观的财政政策和货币政策来调节总需求从而实现充分就业的均衡。在总需求大于总供给，经济出现膨胀时，运用紧缩性的政策工具来抑制总需求：相反，当经济出现萧条、萎缩时，则运用扩张性的政策工具来刺激总需求。

2．总供给政策

总供给政策是通过对总供给的调节来达到一定政策目标的宏观经济政策工具。在长期内影响供给的主要因素是生产能力，即潜在产出。在短期内影响供给的主要因素是生产成本，特别是生产成本中的工资成本，而物价水平的高低又会直接影响到工人对名义工资的要求和实际工资的变动。因此，供给管理就包含了可以影响到工资和物价的收入政策，除此以外还包括能改善劳动力市场的人力政策和促进技术或效率改进的经济增长政策。

3．对外经济政策

在现实的开放经济中，各国经济间存在着密切的联系。一国经济政策目标的实现，不仅依赖于本国国内经济政策制定，而且有赖于对外经济政策的内容。如，一国通过制定对外贸易政策，实施贸易保护，鼓励本国产品出口，限制外国产品进口，或者通过汇率的调节作用影响本国产品在国际市场的竞争力，改变对外贸易状况，从而最终实现平衡国际收支和调节国际经济关系的目的。

任务二　财政政策

财政政策是指政府为了实现既定的宏观经济目标，对总需求进行控制的一系列政策工具的总称。

一、财政收入与支出

（一）财政支出

西方国家的财政支出按支出方式可以分为三类：政府公共工程支出、政府购买、政府转移支付。

1．政府公共工程支出

政府公共工程支出包括政府投资兴建铁路、公路、桥梁、水利工程等基础设施以及航空航天空间技术、邮电广播电视、体育文化卫生教育医疗等公共产品和半公共产品。

2．政府购买

政府购买主要指政府对各种产品和劳务的购买，又叫政府订货或政府采购。

3．政府转移支付

政府转移支付是指政府不以取得商品和劳务为目的的支付，包括政府对居民的各项福利支出，如失业救济、困难补助、特殊救助、生活必需品补助等支出；政府公债的利息支出以及农业补贴等。政府转移支付构成个人可支配收入的一部分。

4．赤字财政政策

财政赤字是指政府的财政支出大于收入的差额。传统的经济理论认为只有财政支出保持平衡才有利于经济运行。但是凯恩斯主义者认为，当国民收入低于充分就业的收入水平时，政府有义务实行扩张性的财政政策，以实现充分就业和缓解通货膨胀。而实行扩张性的财政政策，即减税和扩大政府支出，势必会造成财政赤字。因此必须放弃原有的财政收支要保持平衡的原则，主张以实现充分就业和消除通货膨胀为目标来制定财政预算。这样，赤字财政就成为财政政策的一项重要内容。

实行赤字财政不仅是必要的，也是可能的，因为：第一，公债的债务人是国家，债权人是私人经济主体，而国家与私人经济主体的根本利益具有一致性，国家对私人经济主体的负债即为自己对自己的负债；第二，政府的政权具有稳定性，因此债务的偿还是有保证的，不会引发信用危机；第三，债务是政府用来发展经济的，这就使得政府有足够的能力最终弥补赤字，偿还债务。

政府实行赤字财政是通过发行公债。公债可以由居民、厂商购买，可以由商业银行购买，也可以由中央银行购买。但是，对公债的购买者不同，产生的经济效应也不同。将公债直接卖给居民和厂商，等于把居民、厂商对商品的需求转移到政府手中，并不能使社会需求有多大增加；如果由商业银行购买公债，则等于减少了商业银行的信贷规模，间接减少了支出，抑制了总需求；把公债卖给中央银行，中央银行向财政部支付货币，财政部可以用这些货币来进行各项支出，如投资公共工程设施建设、政府购买或者用于转移支付，也可以作为发行货币的准备金，在金融市场上卖出。

（二）财政收入

财政收入包括税收和公债两部分。

税收主要包括个人所得税、公司所得税和其他税收。个人和公司所得税是以收益、利润和报酬等形式的所得作为课税对象，向取得所得的纳税人和公司征收的税收。个人所得税的课税范围包括工人和雇员的工资、薪金、退休金；经营取得的商业利润；利息收入、股息收入、租金收入和特许使用费收入等各种收入。公司所得税的课税对象是本国公司来源于国内外的收入和外国公司来源于本国境内的收入。其他税收如销售税、消费税、财产税、社会保险税、关税等。

税收按纳税方式可以分为直接税和间接税。直接税是指纳税人直接负担不能转嫁的税收，如个人所得税、社会保险税、遗产税等。间接税是指对商品和服务征收的，可由纳税人转嫁出去的税种，如货物税、销售税、消费税、关税等。税率的大小及其变动对经济活动，如对个人收入和个人消费将直接产生重大影响。

公债不同于税收，它是政府运用信用形式筹集财政资金的特殊形式，是政府对公众的债务或公众对政府的债权，包括中央政府债务和地方政府债务。中央政府的债务称为国债，有短期、中期、长期三种形式。短期国债一般通过出售国库券取得，主要进入短期资金市场，利率较低，期限一般为3个月、6个月、一年三种；中长期国债一般通过发行中长期债券取得，期限1年以上5年以下的为中期国债，5年以上的为长期国债。美国长期国债的期限最长为40年。中长期债券是西方国家资本市场上主要的交易手段之一。

二、财政政策的运用

财政政策的运用就是政府通过政府财政收入和支出的变化，影响总需求，进而对经济增长和国民收入水平产生影响。在运用财政政策来调节经济时，要先了解宏观经济的运行状况是处于萧条状态还是膨胀状态。当出现失业、萧条、需求不足时，应采用扩张性的财政政策；反之，在出现通货膨胀、需求过度时，应采用紧缩性的财政政策。

（一）扩张性的财政政策

扩张性的财政政策就是政府通过增加财政支出，减少财政收入来刺激总需求的宏观经济政策。具体来说就是，在经济萧条时，总需求小于总供给，经济中存在失业，政府就采取扩张性的财政政策，包括：增加政府公共工程支出与政府购买以刺激投资需求；增加转移支付以刺激个人消费需求；减少个人所得税（降低个人所得税税率）增加个人可支配收入，刺激消费需求；减少公司所得税（降低公司所得税税率），降低企业投资成本，刺激企业投资需求。这些措施的最终目的就是刺激投资和消费需求，从而拉动经济增长。

相关链接

减税刺激经济

1981年国会通过了里根总统提出的一揽子财政政策计划，包括大幅度降低税收，大力扩张军费开支而同时并不削减民用项目。这些措施将美国经济从1981-1982年的严重衰退中拯救出来，并进入1983-1985年的高速扩张。

（二）紧缩性的财政政策

紧缩性的财政政策就是政府通过减少财政支出，增加财政收入来抑制总需求的宏观经济政策。具体来说就是，在经济繁荣时，总需求大于总供给，经济中存在通货膨胀，政府就采取紧缩性的财政政策，包括：减少政府公共工程支出与政府购买以抑制投资需求；减少转移支付以抑制个人消费需求；增加个人所得税（提高个人所得税税率）减少个人可支配收入，抑制消费需求；增加公司所得税（提高公司所得税税率），提高企业投资成本，抑制企业投资需求。这些措施的最终目的就是抑制投资和消费需求，从而控制经济增长，缓解通货膨胀，实现物价稳定。

以上财政政策的运用是根据宏观经济运行的状况而有针对性地采取的措施，因此这种财政政策又被称为“斟酌使用的财政政策”或“ 逆经济风向行事的财政政策”。

三、财政政策的内在稳定器

内在稳定器或自动稳定器是指财政制度本身具有某些内在的自动调节经济、使经济稳定的功能。当经济出现波动时，内在稳定器就会自动发生作用，减轻经济萧条或通货膨胀的程度。具有内在稳定器作用的财政政策主要是：政府收入的自动变化、政府支出的自动变化、农产品价格维持制度。财政收入的自动变化主要是指税收，即个人所得税和企业所得税的自动变化，尤其是比例所得税是重要的一个自动稳定器。在经济繁荣时，整个国民经济运行良好，国民收入增加，税收会随着个人收入和公司利润的增加而自动增加；而当整个国民经济运行状况不好，经济出现萧条时，国民收入减少，税收也会随着个人收入和公司利润的减少而自动减少。并且税率越高，税收的自动稳定作用就越显著。当实行累进税率时，则自动稳定的效果将更明显。

内在稳定器在轻微的经济萧条和通货膨胀时，能起到良好的稳定作用，这种作用的发挥是自动地，无需政府做出任何决策。但是，它的作用是十分有限的。在经济萧条时期只能缓和经济衰退程度而不能扭转下降的趋势；在经济繁荣时期，也只能缓和物价上涨程度而不能扭转上涨趋势。此外，内在稳定器还具有一定的非灵活性，如税收易减不易增，福利费用易增不易减等。因此，自动稳定器只能对财政政策起到自动配合的作用，并不能代替财政政策。要消除通货膨胀或通货紧缩的缺口，保证经济的稳定，还需要政府有意识地运用财政政策来调节经济。

任务三 货币政策

货币政策又称金融政策，是指中央银行为了实现既定的宏观经济目标，对货币供给量进行控制，影响总需求的一系列政策工具的总称。

一、商业银行创造货币的功能

现代经济生活中的货币都是由银行体系创造和提供的。因此，要理解货币供给机制，就必须了解商业银行是如何创造存款货币的。商业银行的信贷活动是货币供给机制运作的基础。存款货币的运行不同于现金运行，它有自己的运行特点：一是存款货币都在银行体系内运行；二是存款货币在运行过程中能够自行扩张——存款总量的增加。

（一）原始存款和派生存款

为了理解存款货币的创造，首先来了解原始存款和派生存款的概念。原始存款是指商业银行吸收的现金存款或中央银行对商业银行贷款所形成的存款；派生存款是相对于原始存款而言的，是指由商业银行以原始存款为基础发放贷款而创造出来超过最初存款部分的存款，之所以称为派生存款，就是因为它是在原始存款基础上派生出来的存款。

（二）存款货币创造得以实现的两个基本条件

1．部分准备金制度

部分准备金制度是相对于全额准备金制度而言的。在全额准备金制度下，银行必须为增加的存款保持100％的现金准备，每增加一元存款就相应增加一元现金。比如某人存入1000元，银行存款负债增加1000元，同时其资产方的现金准备必须等量增加，银行不能把这笔资金贷放出去，也就没有多倍的存款创造。但在部分准备金制度下，银行吸收到的存款，并不需要为此保留等额的现金，而只是按存款的一定比例保留准备金，包括库存现金和在中央银行存款，其余部分可以发放贷款或投资，并由此形成多倍的存款创造。

2．非现金结算制度

在这种结算制度下，银行普遍采用转账结算，客户取得银行贷款后，通常不（或不全部）支取现金，而是转入其银行存款账户，客户就可以签发转账支票完成支付行为。或者说，银行接受了原始存款后，以转账方式向客户放款，而不是以现金方式放款，这样商业银行就会以原始存款为基础，创造出派生存款。如果没有转账结算制度，仅靠现金结算，那么银行接受了现金存款后，就要用现金贷款。假如全部贷出去，贷款和存款一致，就不会出现派生存款。

（三）存款货币的创造

在部分准备金和非现金结算的条件下，商业银行只要能够保持法定的存款准备金数量，就可以利用所吸收的存款发出新的贷款。在这一过程中，商业银行通过发放贷款，增加存款，再发放贷款，再增加新的存款，直到商业银行不能再发放新的贷款为止，整个银行体系的存款发生了多倍的扩张。

为了说明商业银行创造存款货币的过程，作如下假设：①银行只保留法定准备金，其余资金全部贷放出去；②客户的资金全部通过银行转账，没有提现的行为；③设法定准备金率为20％。

假设A银行收到甲客户交来一张10000元的支票，A银行通过代收这张支票使自己在中央银行的准备存款增加10000元，同时在客户甲的存款账户上增记10000元。这时A银行的资产负债状况如下：

A银行

资产	负债
在中央银行的准备金存款10000	存款10000

按照法定存款准备金率20％的要求，A银行只需持有2000元的存款准备，其余的8000元用于贷款。如果A银行贷出8000元给乙客户，并使A银行在中央银行的准备存款等额减少8000元。这时A银行的资产负债状况如下：

A银行

资产	负债
在中央银行的准备金存款2000	存款10000
贷款8000	

若乙客户用以支付丙客户的购货款，丙客户在B银行开户，B银行代收支票使自己在中央银行的准备存款增加8000元，同时增记客户丙存款8000元。这时B银行的资产负债状况如下：

B银行

资产	负债
在中央银行的准备金存款8000	存款8000

同样的道理，B银行贷款金额不得超过6400元。如果B银行贷出了这样的金额，并使其在中央银行的准备存款等额减少，则B银行的资产负债状况如下：

B银行

资产	负债
在中央银行的准备金存款1600	存款8000
贷款6400	

如此类推，银行C，D，E，……，将会依此吸收存款并相应增加在中央银行的准备金，从而也就有可能按照准备率20％的约束条件扩大贷款并相应创造出新的存款货币。这一过程一直继续下去，直到最初存入A银行的10000元原始存款全部转化为法定存款准备金为止，即银行体系的法定存款准备金总额等于原始存款（从增量的角度来说），这时整个银行体系没有了超额准备金，银行体系也就没有了存款货币创造能力。

整个银行体系的存款扩张如下：

银行	存款增加额	法定准备金	贷款增加额
A	10000	2000	8000
B	8000	1600	6400
C	6400	1280	5120
D	5120	1024	4096
E	4096	819.2	3276.8
…	…	…	…
合计	50000	10000	40000

根据上述过程，可以清楚地区别原始存款和派生存款这对概念。在例子中，银行A吸收的最初的10000元存款是原始存款；在原始存款基础上通过发放贷款扩大出来的40000元存款是派生存款。

银行存款货币创造机制所决定的存款总额，其最大扩张倍数称为派生倍数或存款乘数。一般说来，它是法定准备金率的倒数。存款扩张的这一原理，也称为存款乘数原理。若以K表示存款乘数，以r表示法定存款准备金率，R表示原始存款，D表示活期存款总额，则：

$$D=R\cdot[1+(1-r)+(1-r)^2+(1-r)^3+\cdots+(1-r)^n]\ (n\to\infty)$$

$$=R/r$$

$$K=\frac{D}{R}=\frac{1}{r}$$

例子中存款的扩张倍数是5倍（1/20%）。若r降为10%，则存款可扩至10倍；若r升至25%，则存款只可扩张4倍。说明法定准备率越高，存款扩张倍数越小；法定准备率越低，存款扩张倍数越大。

（四）影响存款扩张能力的因素

扩张能力的大小是由货币乘数决定的，而货币乘数是由以下因素决定的。

1．法定准备金率

前面已经推导出：$K=\frac{1}{r}$

2．超额准备金率

超额准备金是商业银行存款准备金中超过法定存款准备金的部分，超额准备金与存款总额之比即为超额准备金率。超额准备金的存在削弱了银行创造派生存款的能力，因此超额准备金率与货币乘数之间呈反方向变动关系。如果用e表示超额准备金率，则货币乘数公式变为：

$$K=\frac{1}{r+e}$$

3．现金漏损率

如果在存款派生过程中有客户提取现金，则现金就会流出银行体系，出现现金漏损，现金漏损使银行创造派生存款的能力下降。现金漏损与活期存款的比率即现金漏损率，用c来表示，则货币乘数公式变为：

$$K=\frac{1}{r+e+c}$$

二、货币政策的工具

在凯恩斯主义的货币政策中，中央银行能够使用的政策工具主要是：公开市场业务、再贴现及法定存款准备率。

1．公开市场业务

公开市场业务就是中央银行在金融市场上买进或卖出有价证券，其中主要有国库券、其他联邦政府债券，联邦机构债券和银行承兑汇票。买进或卖出有价证券的目的实际上是为了调节货币供给量。买进有价证券就等于中央银行发行货币，从而增加货币供给量；卖出有价证券就等于中央银行回笼货币，从而减少货币供给量。公开市场业务是中央银行稳定经济最重要也最常用的货币政策工具，是一种灵活而有效的调节货币量，进而影响利息率的工具。

相关链接

英格兰银行公开市场业务

19世纪初英国英格兰银行首先使用这种方式，当时只是为了稳定国库券的价格。1913年美国为了维持政府财政收支平衡也利用了公开市场业务。20世纪30年代美国将其确定为货币政策的主要工具。当政府认为市场的货币量偏多，可能导致经济过热造成通货膨胀时，中央银行就会通过在公开市场上卖出有价证券使货币回笼；当经济面临不景气，市场上的货币量供给不足时，中央银行就会通过买进有价证券增加市场货币量。可见，公开市场业务政策比较灵活，时效性强，容易实行。但要使公开市场业务有效发挥作用，国家的金融市场必须规范、完善、债券种类较多且具有一定规模，同时中央银行要有足够的实力在公开市场上进行买卖以达到干预市场的目的。

2．再贴现

再贴现是商业银行从中央银行贷款的方式。当商业银行资金不足时，可以凭借自身的收益资产（如政府债券或客户借款时提供的票据）向中央银行申请借款，即贴现。贴现的期限一般较短，为一天到两周。商业银行向中央银行进行贴现时所付的利率称为贴现率。这一般低于商业银行向客户贷款的利息率。贴现政策包括变动贴现率与贴现条件（其中最主要是变动贴现率），以调节货币供给量与利息率。中央银行降低贴现率或放松贴现条件，就可以使商业银行获取更多的资金，这样就可以增加它对客户的放款，放款的增加又可以通过银行创造货币的机制增加流通中的货币供给量，从而降低利率；相反，中央银行提高贴现率或者严格贴现条件就会使商业银行资金短缺，减少对客户贷款或收回贷款，贷款的减少又可以通过银行创造货币机制减少流通中的货币供给量，从而提高利率。

3．法定存款准备率

法定存款准备率是商业银行吸收的存款中用于准备金的比率，准备金包括库存现金和在中央银行的存款。中央银行变动准备率可以通过对准备金的影响来调节货币供给量与利息率。根据我们前面介绍的货币乘数原理，中央银行规定的法定准备率越低，货币乘数越大，商业银行创造的货币供给量也就越多，利息率就会下降；反之，法定准备率越高，货币乘数越小，商业银行创造的货币供给量越少，利息率就会上升。由于改变法定准备金比率会引起政策上过大或过分突然的变化，因此西方国家极少采用。

除此以外，货币政策工具还有：①道义上的劝告。指中央银行对商业银行在放款、投资等方面应采取的措施给予指导或告诫，以取得商业银行的配合。这种措施虽不具有法律的或行政的强制性，但通常是有效的，具有一定的约束作用。②证券信贷控制。也称垫头规定，指在购买有价证券时必须支付的最低现金比率，余下差额由经纪人或银行贷款垫付。③控制分期付款条件。中央银行规定消费者购买耐用消费品分期付款的条件，如规定应付现款的最低期限与付清贷款的最高期限。④控制抵押贷款条件。这种措施对控制住宅建造是一种有力的工具。⑤利息率的上限，控制商业银行对定期存款所支付的最高利息率，这样可以减少定期存款，使存款更多地转移到易于控制的长期存款或债券。

三、货币政策工具的运用

货币政策的运用主要是通过中央银行进行，针对不同的经济状况，中央银行分别采取紧缩性或扩张性的货币政策。

紧缩性的货币政策就是中央银行运用货币政策工具减少货币供给量，提高利率，从而抑制总需求的政策。扩张性的货币政策就是中央银行运用货币政策工具增加货币供给量，降低利率，从而刺激总需求的政策。

具体而言，在经济繁荣时期，总需求大于总供给，为了抑制总需求，就运用紧缩性的货币政策。其中包括在公开市场上卖出有价证券、提高贴现率并严格贴现条件、提高准备率等，这就可以减少货币供给量，提高利息率，抑制总需求；在经济萧条时期，总需求小于总供给，为了刺激总需求，就运用扩张性的货币政策。其中包括在公开市场上买进有价证券，降低贴现率并放松贴现条件，降低准备率等，这样就可以增加货币供给量，降低利息率，刺激总需求。

四、财政政策与货币政策的配合

财政政策与货币政策是市场经济国家调控经济运行的两个十分重要的经济杠杆。市场经济运行中出现的经济过热或通货膨胀，经济过冷或通货紧缩，以及“滞胀”等问题，都需要合理运用财政调控和货币政策来协调配合解决问题。在社会经济运行过程中，如何协调财政政策与货币政策的关系，怎样选择财政政策与货币政策的组合方式，都将影响到宏观经济调控的效果。财政政策与货币政策的组合方式可归纳为以下四种。

1. 紧缩性财政政策和紧缩性货币政策

这种组合方式又称“双紧政策”，该方式通过压缩投资、收紧银根等措施来减少和控制社会总需求，减缓国民经济的增长速度，是使经济降温和抑制通货膨胀的有效手段。在该组合中，财政税务部门通过采取增加税收、减少投资等增收节支的措施，金融部门通过减少贷款投放、加速回收贷款、回笼货币、控制货币供应量等有效措施来减少社会上流通中的货币量。该组合双管齐下，作用较为猛烈，除非经济运行明显过热和通货膨胀过于严重，应当慎用，以防引起经济震荡，造成“硬着陆”，使生产萎缩，效益过度下滑和市场疲软。

2. 扩张性财政政策和扩张性货币政策

这种组合方式又称“双松政策”，该方式通过扩大社会总需求，增加投资，促进消费，刺激经济复苏，加速国民经济的增长速度，是促进经济增温和治理通货紧缩的有效手段。在这种组合方式中，财政税务部门通过实行减税和增加支出，甚至实行赤字政策扩大投资支出，金融部门通过实行降低利率、调低存款准备金率和再贴现率、增加货币发行和贷款发放等措施来增加社会上流通中的货币量。当社会经济运行明显过冷，较长时间处于低谷徘徊，用单一扩张手段不能奏效时，可运用“双松政策”进行调控。运用此种组合方式要注意提防经济运行走向另一个极端而引起经济过热和通货膨胀的后果。

3．扩张性财政政策和紧缩性货币政策

这种组合方式又称“一松一紧政策”，财政部门收支宽松，但金融部门收紧银根，这种调控方式有利于刺激社会需求并抑制通货膨胀，但容易导致财政赤字的出现。主要适用于财政收支状况良好，但居民储蓄下降，市场物价上涨的经济运行状况。

4．紧缩性财政政策和扩张性货币政策

这种组合调控方式称“一紧一松政策”，该方式在增加财政收入、减少财政支出、实施盈余政策的同时，增加金融货币资金的供应量，这能有效抑制社会和个人的消费，扩大投资需求，有利于积累的增长和经济的发展，但不利于通货膨胀的消除。主要适用于财政收支严重失衡、存款过快增加、市场销售疲软、商品库存量过多等经济运行状况。

上述四种财政调控与货币政策组合方式各有利弊。社会经济运行的实际情况是纷繁复杂的，在实际应用时要根据社会经济运行的具体情况，选择最佳的搭配组合方式。

任务四　供给管理政策

上述宏观财政政策和货币政策，是需求管理的主要内容。20世纪70年代以后，西方经济学开始分析供给对通货膨胀的影响（即成本推动的通货膨胀理论）、滞胀经济问题以及劳动力市场结构对失业的影响，并根据这些分析提出了供给管理政策。

一、收入政策

收入政策主要是通过控制工资与物价来抑制通货膨胀的政策。该政策的出发点认为通货膨胀是由成本推动特别是工资推动引起的。因此，收入政策控制的重点是工资，还有与工资相关的物价，其方法有两种。

1．工资—物价冻结

政府采用法律手段禁止在一定时期内提高工资和物价。冻结时间长则一年半载，短则三个月。这种措施一般在特殊时期（例如战争时期）采用。在某些通货膨胀严重的时期也可采用，例如1971年美国尼克松政府曾宣布工资与物价冻结三个月，就是为了抑制当时的通货膨胀。

2．工资与物价指导线

政府规定工资指导线，要求企业、工会根据工资指导线确定工资增长率。企业要严格按照政府规定的工资、物价上涨的上限确定工人工资和产品价格的涨幅。如果工会或企业违反了规定，致使工资增长率和物价上涨率超过了指导线，政府将以税收或法律形式进行惩罚。这种做法在20世纪70年代以后被西方国家广泛采用。

3. 工资指数化

工资指数化是按通货膨胀率指数来调整名义工资，以保持实际工资水平不变。为了保持工人的实际工资不变，在工资合同中要确定有关"自动调整条款"，规定在一定时期内按消费物价指数来调整名义工资以避免或减少在经济发生通货膨胀时因工人实际工资水平下降而造成的损失。当然也可以通过其他措施按通货膨胀率来调整工资增长率。工资指数化有利于维持经济社会的稳定，但是在某些情况下也会引起工资成本推动的通货膨胀。

二、人力政策

人力政策又称就业政策或劳工市场政策，是一种旨在改善劳动市场结构，以减少失业的政策。

1. 人力资本投资

人力资本投资是指由政府或有关机构向劳动者投资，以提高劳动者的文化技术水平与身体素质，适应劳动力市场的需求。从长期来说，人力资本投资的主要内容是增加教育投资，普及教育。从短期来看，是对工人进行在职培训，或者对由于技术不适应而失业的工人进行培训，增强他们的就业能力。

2. 完善劳动力市场

劳动力市场的不完善（如劳动供求信息的不畅通、就业介绍机构的缺乏等）是产生失业的一个重要原因。因此，为了减少失业，政府应该不断完善劳动力市场，使劳动力市场的供求双方都能得到快捷、完备的就业信息，以保障工人找到满意的工作，企业得到所需的劳动力。

3. 协助工人进行流动

政府通过为社会提供充分的劳动供求信息、为劳动力提供必要的物质帮助和鼓励、制定有助于劳动力合理流动的优惠政策等措施，帮助劳动者在地区、行业及部门之间的流动，一方面有利于劳动资源的合理配置，另一方面则有利于减少由于劳动力地区结构和劳动力流动困难等原因造成的失业。

三、经济增长政策

1. 增加劳动力数量和质量

劳动力包括数量和质量两方面。增加劳动力对经济增长具有重要作用。增加劳动力数量的方法有提高人口出生率、鼓励移民入境等，提高劳动力质量的方法是增加人力资本投资，特别是教育和培训。

2．资本的积累

增加资本是提高劳动生产率的重要手段之一。因为资本的扩大，可以提高资本—劳动比率，即提高每个劳动力的资本装备率，有利于利用更先进的设备发展资本密集型技术。资本的积累主要来源于储蓄，因此政府应采取措施鼓励人口储蓄，一般而言，储蓄率高的国家经济增长率也高。

3．技术进步

技术进步在现代经济增长中发挥着越来越重要的作用。促进技术进步的措施包括：第一，国家对全国的科技发展进行规划协调。第二，国家直接投资于重点科学技术的研究工作。第三，采取鼓励科技发展的政策措施，如重点支持工业企业的科学研究，支持大学的产、学、研相结合，实行技术转让、加速科技成果推广等。第四，加强对科技人才的培养，其中包括加强与改革中小学基础教育；发展各种职业教育；发展改革高等教育；加强对在职科技人员的继续教育；引进国外的科技人才等。

4．计划化与平衡增长

各国通过制定本国经济增长的短、中、长期计划，并通过各种经济政策来实现经济中各部门的平衡增长。各部门之间的相关性，要求其间的协调增长以保持经济增长中的平衡。

习 题

一、名词解释

1. 财政政策　2. 扩张性财政政策　3. 紧缩性财政政策　4. 货币政策
5. 扩张性货币政策　6. 紧缩性货币政策　7. 货币乘数　8. 财政赤字

二、选择题

1. 中央银行规定的银行所保持的最低准备金与存款的比率是（　　）。
   A. 简单货币乘数　B. 货币乘数　C. 贴现率　D. 法定准备率
2. 中央银行提高贴现率会导致（　　）。
   A. 货币供给量的增加和利率提高　B. 货币供给量的增加和利率降低
   C. 货币供给量的减少和利率提高　D. 货币供给量的减少和利率降低
3. 经济中存在失业时，应采取的财政政策工具是（　　）。
   A. 增加政府支出　B. 提高个人所得税
   C. 提高公司所得税　D. 增加货币发行量
4. 宏观经济政策的目标是（　　）。
   A. 经济中没有失业
   B. 通货膨胀率为零
   C. 充分就业、物价稳定、经济增长、国际收支平衡
   D. 充分就业、物价稳定、经济增长，分配平等
5. 当经济中存在通货膨胀时，应该采取的财政政策工具是（　　）。
   A. 减少政府支出和减少税收　B. 减少政府支出和增加税收
   C. 增加政府支出和减少税收　D. 增加政府支出和增加税收
6. 如果政府把经济增长作为宏观调控的政策目标，通常要实行扩张性财政政策和货币政策，以刺激总需求，一般情况下会导致（　　）。
   A. 物价水平下降或通货膨胀　B. 物价水平上升或通货膨胀
   C. 就业机会减少或失业率高　D. 通货膨胀和就业机会增加
7. 设存款准备金率为10%，居民户和企业想把存款中的20%作为现金持有，则货币乘数是（　　）。
   A. 2.8　B. 3.3　C. 4　D. 10

8. 属于紧缩性财政政策工具的是（　　）。

A. 减少政府支出和增加税收　　B. 减少政府支出和减少税收

C. 增加政府支出和减少税收　　D. 增加政府支出和增加税收

9. 下列不具有内在稳定器作用的财政政策主要包括（　　）。

A. 政府收入的自动变化　　B. 政府支出的自动变化

C. 农产品价格维持制度　　D. 利率

10. 下列不属于货币政策工具的是（　　）。

A. 准备率　　B. 贴现率　　C. 税收　　D. 公开市场业务

11. 扩张性财政政策拉动的是（　　）。

A. 总供给　　B. 总需求　　C. 物价总水平　　D. 货币总供给

12. 当经济运行处于过热状态时，政府应当把（　　）作为宏观调控的主要政策目标实行适度从紧的财政政策和货币政策。

A. 促进经济增长　　B. 实现充分就业

C. 稳定物价水平　　D. 实现社会公平

13. 自动稳定器的功能是（　　）。

A. 稳定居民收入　　B. 缓解周期性波动

C. 稳定社会安定　　D. 稳定物价水平

14. 根据货币乘数公式，货币乘数的大小取决于（　　）。

A. 法定准备金率　　B. 利息率

C. 手持现金比重　　D. 存款规模

三、简答题

1. 宏观经济政策的目标有哪些？
2. 宏观经济政策的工具有哪些？
3. 财政政策的主要内容有哪些？
4. 财政政策内在稳定器的内容包括哪些？
5. 商业银行创造货币的过程是怎样的？
6. 货币政策的工具有哪些？如何运用？
7. 供给管理的主要内容有哪些？

四、计算题

甲客户将100万元存入开户行，使用货币乘数计算，该经济社会中的商业银行在央行20%法定准备金率规定下能“创造”出多少货币？

五、案例分析

美国1982年衰退中的货币政策

由于低失业率和第二次石油价格的冲击，1979年美国的年通货膨胀率上升到13%，对经济产生了不良影响，所以，美国联邦储备当局决定利用紧缩性货币政策来抑制这次通货膨胀。与以往不同的是，美联储倾向于关注准备金和货币供给的增长，而不是利率，以便能够迅速降低通货膨胀。通过这次政策，美国的货币供给量大幅度减少，利率上升到自南北战争以来的最高水平。随着利率的上升，投资及其他利率敏感性支出显著减少。这次政策确实对抑制通货膨胀产生了很好的效果，到1982年为止，通货膨胀率已降低到4%。但是，经济的进一步发展表明，紧缩性货币政策过于严厉，导致了经济的衰退，失业率超过10% 。

问题：

1．什么是货币政策？

2．中央银行实施货币政策手段主要有哪些？

3．中央银行实施货币政策对经济有什么影响？

六、实训项目

2008年11月9日，国务院常务会议公布扩大内需、加快基建投资等十项措施，预计2010年年底前投资4万亿元人民币。十大保经济措施包括：加大公营房屋、农村基建、交通、环境卫生及环保等投资，改善医疗教育，加大农业及低收入人士补贴等。2008年12月10日，中央经济工作会议强调必须将保持经济平稳较快发展作为2009年工作的首要任务，并首次提出扩大内需作为保增长的根本途径。会议提出2009年经济十大重点任务，包括实施积极财政政策及适度宽松货币政策、促进农业发展、推进经济结构调整、深化改革、维护社会稳定等。2009年1月12日，中央制定“一揽子”振兴经济计划，其中包括十大重点产业振兴计划，涉及钢铁、汽车、造船、石化、轻工、纺织、有色金属、装备制造、电信等产业。

问题：刺激经济增长的方式有哪些，其原理是什么？

参考文献

[1] 徐兆晖. 西方经济学[M]. 北京：首都经济贸易大学出版社，2010.

[2] 高鸿业. 西方经济学[M]. 北京：中国人民大学出版社，2014.

[3] 尹伯成. 西方经济学[M]. 上海：上海人民出版社，2003.

[4] 黄春兰. 经济学基础[M]. 长沙：湖南师范大学出版社，2012.

[5] 厉以宁. 西方经济学[M]. 北京：高等教育出版社，2000.

[6] 李政军. 西方经济学辅导[M]. 北京：中国人民大学出版社，2013.